रंगमहल के चार द्वार

रंगमहल के चार द्वार

मो. असलम ख़ान

वाणी
प्रकाशन

प्रकाशन के उत्कृष्टतम 61 वर्ष

सजिल्द पहला संस्करण : 2024

vaniprakashan.com

वाणी प्रकाशन
4695, 21-ए, दरियागंज, नयी दिल्ली-110 002
फ़ोन : + 91 11 23273167, 23275710
शाखाएँ
अशोक राजपथ, पटना-800 004, बिहार
कॉफ़ी हाउस कैम्पस, महात्मा गांधी मार्ग, प्रयागराज-211 001, उत्तर प्रदेश
महात्मा गांधी अन्तरराष्ट्रीय हिन्दी विश्वविद्यालय, वर्धा-442 001, महाराष्ट्र
sales@vaniprakashan.in
vaniprakashan@gmail.com

Rangmahal Ke Char Dwar
by Mohammad Aslam Khan

ISBN : 978-93-6287-785-7
Play

मूल्य : ₹ 695

जी.एस. ऑफ़सेट, दिल्ली-110 095 में मुद्रित

वाणी प्रकाशन का लोगो मक़बूल फ़िदा हुसेन की कूची से

आदरणीया

एच. भट्टाचार्या मैम

को

जिनका स्नेह और मार्गदर्शन

केन्द्रीय विद्यालय, ए.एम.सी. सेंटर, लखनऊ में

1972 से 1978 तक मिला, जो मेरे पूरे जीवन की पूँजी है।

भूमिका

रंगमहल का पहला द्वार 'अन्तिम प्रजा'

रंग महल के चार द्वार में सर्वप्रथम 'अन्तिम प्रजा' की भूमिका प्रस्तुत कर रहा हूँ, अक्टूबर, 2008 के महीने में कार के पीछे बैठा मैं शहर की नयी प्रगति को देख रहा था तभी एक नया विषय अचानक से मेरे मन-मतिष्क में बिजली की तरह कौंध गया, वह था—''किसी भी सरकार द्वारा चलाई जा रही जनहित योजनाएं।''

हमारे संविधान में किसी भी अपराध के लिए दण्ड की धाराएँ निहित हैं, थोड़ा विलम्ब ही सही हमारी मज़बूत न्याय प्रणाली मौजूद है, लेकिन वर्तमान शासक पूर्व की सत्ता द्वारा चलाई जा रही जनहित योजनाओं को घृणा, द्वेष, धर्म, जाति इत्यादि के नाम पर बन्द कर दें तो इस जन विरोधी कार्य के लिये क्या हमारे संविधान में कोई दण्ड है। नयी या पूर्व की सरकारें सभी के पास कुछ न कुछ अच्छी योजनाएँ तो रहती हैं, अब मुझे मेरा विषय और उसका शीर्षक तय हो चुका था बस एक रोचक कहानी का आवश्यकता शेष रह गयी थी, सो मैं अपनी कल्पनाओं के साथ 800 ईसा. पूर्व उत्तर भारत के सक्षम राष्ट्र 'बलपुर' में एक साल के लिए इन्हीं कल्पनाओं में डूबा रहा।

स्वाभाविक है कि बलपुर एक हिन्दू राष्ट्र था, जहाँ राजा अपनी प्रजा को सम्बोधित करने के लिए विशाल सिंहासन पर आते, तब राजपरिवार के विशेष अतिथि भी साथ होते, एक उत्सव सा वातावरण बन जाता। जहाँ राजा अपनी नीतियों की घोषणा करता, मन्त्रिमण्डल के विचारों से आपत्ति है तो समाधान बहस से न होने पर मताधिकार का प्रयोग भी होता। बलपुर में कई वर्षों से राजा की लोकप्रियता के कारण सत्ता परिवर्तन नहीं हुआ था, इसलिए अब मन्त्री भी शिथिल हो गये थे, मदिरापान, चरित्रहीनता, राजस्व में हेराफेरी का बोलबाला होने लगा। इन्हीं षड्णयंत्रों के कारण हत्या ने इस स्वाभिमानी राष्ट्र को भी कलंकित कर दिया।

दुर्बल सत्ता का प्रथम लक्षण धन के दुरुपयोग में दृष्टिगोचर होता है। जनहित योजनाओं को समाप्त करना दिशाहीन राजा की प्राथमिकता बन जाती है, यहाँ भी हत्या की जाँच अनिश्चितकाल तक बढ़ जाती है।

मुझे ऐसा प्रतीत होता है कि बलपुर और वर्तमान भारत व उसके विभिन्न राज्यों में कोई अन्तर नहीं रह गया है। जनहित योजनाओं को बन्द करना एक अपराध के समान है, हाँ अपने इस लोकतन्त्र में पाँच वर्ष बाद ऐसे अपराधी दलों को उखाड़ फेंकने के लिए 10 में से मात्र 1 उंगली का बटन दबाकर सरकार बदली जा सकती है।

अन्तिम प्रजा का अर्थ है राजा नहीं प्रजा ही अन्तिम है।

रंगमहल का दूसरा द्वार 'ग़ुलाम रिश्ते'

भारत-पाक विभाजन के समय को अपना विषय चुनना जोखिम भरा काम था, लेकिन मैं अपने इरादे से पीछे नहीं हटना चाहता था। यह कोई काल्पनिक नाटक नहीं है, क्योंकि दर्शक या पाठक इस विषय में सब कुछ जानते हैं सो नाटक तैयार करने के लिए उस समय के हालात को स्वयं समझने के लिए मुझे अध्ययन का सहारा लेना पड़ा।

गांधी जी द्वारा लिखित पुस्तक 'सत्य के प्रयोग अथवा आत्मकथा' (यरवदा जेल पुणे से), पं. जवाहर लाल नेहरू की लिखी 'मेरी कहानी—सम्पूर्ण' (लखनऊ व नैनी जेल इलाहाबाद से), 'लौहपुररुष सरदार वल्लभ भाई पटेल' तथा 'मौलाना अबुल कलाम आज़ाद की जीवनी' तथा भीष्म साहनी की 'तमस' और दो फ़िल्में निदेशक रिचर्ड एडेन्ब्रो की ऑस्कर विजेता फ़िल्म 'गाँधी' व इस्मत चुग़ताई द्वारा लिखित फ़िल्म 'गरम हवा' में अब भी मैं विषय में परिपक्व नहीं हुआ था तभी मेरे प्रकाशक बाहरी जी ने मुझे स्टेन्ली वॉलपार्ट की लिखी पुस्तक 'जिन्ना मोहम्मद अली से कायद-ए-आज़म तक' इस पुस्तक को लिखने में अंग्रेज़ी लेखक को 15 वर्ष लगे, यह पुस्तक आज़ादी के समय आन्दोलन विरोध व बँटवारे के कारणों का विश्लेषण करती है। 1885 में कांग्रेस का गठन क्या हुआ ब्रिटिश इंटेलीजेंस सतर्क हो गयी, अंग्रेज़ों ने होम मिनिस्टर को एक गुप्त सूचना भेजी कि 1857 के विरोध से हिन्दू-मुसलमानों के बीच जो फ़ासला बढ़ा हुआ था, वह कांग्रेस के

गठन के बाद कम हो रहा है। एक बार फिर इसके जवाब में गवर्नर जनरल ने एक सूचना भेजी जिसका उद्देश्य 'फूट डालो राज करो' था। जिसके फलस्वरूप 30 दिसम्बर, 1906 को ढाका में मुस्लिम लीग की स्थापना हो गयी, मुस्लिम लीग का मक़सद ही हिन्दुओं से अलग होकर पाकिस्तान चाहिए था तब भारत की छः करोड़ आबादी में मुस्लिम 20 प्रतिशत थे, वैसे तो सबसे पहले मौलाना आज़ाद ने ख़्वाब में पाकिस्तान देख लिया था। मुस्लिम, राजे-रजवाड़े, नवाब, ज़मींदार और साहिबे हैसियत लोग लीग से जुड़ने लगे। मुसलमानों का मध्यम वर्ग तथा किसानों ने लीग से दूरी बना ली।

1920 में जब अलीगढ़ में सर सैयद अहमद के स्कूल को अलीगढ़ विश्वविद्यालय का दर्जा मिल गया जहाँ जलसों, हॉस्टल के गलियारों और भोजनालय तक सर सैयद के पृथक् राष्ट्र के विचार पर चर्चा होती। जिन्ना ने 1913 में कांग्रेस की सदस्यता के साथ ही मुस्लिम लीग की सदस्यता भी ले ली, जबकि गांधी ने कलकत्ता कांग्रेस अधिवेशन में 31 दिसम्बर, 1929 को बागडोर स्वयं अपने हाथ में ले ली, अब जिन्ना के प्रयास विफल होने लगे। अंग्रेज़ स्वाधीनता पर तो लीग धर्म के माध्यम से आक्रमण कर रही थी, वक़्त घटता गया और हिन्दू-मुसलमानों का फ़ासला बढ़ता गया। गांधी जी के सन्-1942 'भारत छोड़ो आन्दोलन' के बाद सभी बड़े नेता जेल तो चले गये लेकिन देश में हाहाकार मच गया, उधर गोलमेज़ कॉन्फ्रेन्स 1930-31 में कांग्रेस, मुस्लिम लीग, अखिल भारतीय हिन्दू परिषद्, राजे-रजवाड़े (हिन्दू-मुस्लिम) और अम्बेडकर के बीच गहरे मतभेद के कारण प्राइम मिनिस्टर मैकडोनल्ड ने कहा कि आपके देश में कम्यूनल हॉर्मोनी नहीं है, सो कॉन्फ्रेन्स विफल हो गयी।

अन्ततः ब्रिटिश हुकूमत ने बँटवारा तो तय कर दिया, उससे पहले बैरिस्टर सर रेडक्लिफ़ जो सीमा आयोग के अध्यक्ष थे और भारत के भूगोल को नहीं समझते थे, ने बंटवारे की लकीर खींच दी। जिसने हिन्दू बहुल लाहौर को तथा पूर्वी बंगाल जहाँ मुस्लिम बहुल बंगाली रहते थे उन लोगों ने पाकिस्तान में मिलने का बड़ा विरोध किया, फिर 1971 में बंगलादेश नाम का राष्ट्र बना।

इस पुस्तक को लिखने की प्रेरणा मुझे मेरे स्वर्गीय पिता मोहम्मद रफ़ीक ख़ान से मिली जो सन्-1946-47 में लाहौर पाकिस्तान में आर्मी में तैनात थे, उनके पास पाकिस्तान में उच्च पद पर नौकरी, शादी, मकान और खेत का प्रलोभन था लेकिन

मेरे पिता जिन्ना और मुस्लिम लीग के सख़्त ख़िलाफ़ थे सो वह अन्य सैनिकों के साथ भारत चले आये।

रंगमहल का तीसरा द्वार 'खिलौनों की बारात'

'खिलौनों की बारात' वह नाटक है जिसने मुझे एक विशेष प्रकार का सम्मान दिलाया फिर वह दर्शक हो, निदेशक हो या कलाकार हो सबने इस नाटक को मेरे नाटकों में प्रथम श्रेणी में खड़ा कर दिया।

यह नाटक वसुधैव कुटुम्बकम् की आस्था को खण्डित होते देखता है। क्या आज हमारा समाज इन महान विचारों पर खरा उतर रहा है? कतई नहीं।

यही कोई 25-30 साल हुए होंगे जब खेल का मैदान सभी के लिए एक होता था, मोहल्ले में लोग एक-दूसरे के यहाँ जाते थे, विशेषकर मैं वर्णन करना चाहूँगा एक महिला अच्छी आपा का, जहाँ 20-22 बच्चे छोटे से बड़े पूरा दिन उस घर में रहते थे और वह अधेड़ उम्र महिला कहती थी कि यह रहा कैरमबोर्ड, साँप सीढ़ी, शतरंज, बैटबॉल देकर कहती थीं, देखो खेलो लेकिन शोर न मचाना, मैं तुम लोगों के लिए खिचड़ी बना रही हूँ, बच्चे भी थे तो आज्ञाकारी लेकिन शोर न मचायें यह सम्भव नहीं था, तो कुछ गली में क्रिकेट भी खेल लेते थे।

यह सब इसलिए सम्भव था क्योंकि तब लोग पड़ोसियों पर विश्वास करते थे कि बच्चे सुरक्षित हैं, अब यह व्यवस्था समाप्त हो चुकी है, जिस पार्क में पहले खेलने को लेकर धक्कामुक्की होती थी उस पार्क को सुबह-शाम सूना देखकर मुझे आश्चर्य नहीं होता क्योंकि मैं जानता हूँ कि हमारे समाज के पास टी.वी., कम्प्यूटर, मोबाइल, टेबलेट जैसी चीज़ों से फ़ुर्सत नहीं है, इसीलिए कई दिनों तक घर में मेहमान या रिश्तेदार नहीं आते, ऐसा नहीं है कि लोग मिलते नहीं हैं, बेशक मिलते हैं लेकिन किसी न किसी पार्टी में या शोक में, बस यही दो जगह हैं जहाँ हम साल में 2-4 बार एक-दूसरे से मिल लेते हैं।

अब बात रही 'खिलौनों की बारात' की। यह एक रिटायर्ड म्यूज़िक टीचर की कहानी है, जिसे बचपन से खिलौनों से प्यार था, वह जानती थी कि खिलौने, खिलौनों को देखकर ख़ुश हो जाते हैं, लेकिन किसी खिलौने की क्या मजाल जो 'एक शब्द बोल दे।' उसे अपने पोते-पोती के खेलने, पढ़ने, स्वास्थ्य व स्वच्छ रहने

का पूरा ध्यान है, अब जब बच्चे ग्रेजुएट होने के लिए बाहर गये तो यह वृद्ध महिला जो पूरे संसार को खिलौना ही मानती है उसकी सुरक्षा का समय आ गया है। नाटक का कथानक इसी विषय पर है।

रंगमहल का चौथा द्वार 'नवाब झूमर-II'

यह एक हास्य नाटक है, फिर हास्य नाटकों में सब कुछ काल्पनिक ही होता है, जैसे इस नाटक में एक रियासत के नवाब को इनके मित्र सर क्लाउड मार्टिन ने 200 गाँव के बदले बेल्जियम से मँगाकर एक बहुत बड़ा झूमर दिया, जिसे नवाब साहब ने अपने सक्षम कारीगर और मज़दूरों से दीवान-ए-ख़ास में टँगवा दिया और उसके अगले दिन ही रियासत का नाम झूमरपुर और नवाब साहब को नवाब झूमर के ख़िताब से सर मार्टिन ने नवाज़ दिया। चूँकि नवाब झूमर के कोई वारिस नहीं था और इनकी रियासत गोमती नदी के उस पार थी सो कई लखनऊ के लाखैरों ने कोशिश की, कि नवाब झूमर के वारिस बन जायें लेकिन सबको नवाब साहब ने धक्के मार कर निकाल दिया। अब विरासत के इस मामले में नवाब झूमर-II का दावा भी सामने आया तो इस बार फिर नवाब झूमर-II और उसके रहजन दोस्त रज्जब दोनों को नाव में बाँधकर लखनऊ की तरफ़ ढकेल दिया।

बस अब इसके आगे नाटक को पढ़ें और इसका आनन्द लें।

नोटः- मुझे आशा ही नहीं पूर्ण विश्वास है कि मेरे नाटक आपको जिस भी माध्यम से ग्रहण हों आप मुझे पत्राचार, ई-मेल, व्हाट्सएप व फ़ोन से अवश्य सम्पर्क करें।

अन्तिम प्रजा

पात्र परिचय

राजा बलपुर राष्ट्र	-	उत्तम नरेश
नवनियुक्त वर्तमान राजा	-	पृथ्वी नरेश
राजा कजनापुर	-	यशराज
गृहमंत्री	-	सोमपाल
वनरक्षक	-	शक्ति सिंह
वन कन्या	-	स्वपनिला
शिक्षक	-	ज्ञानगुरू
कृषि वैज्ञानिक	-	रंगास्वामी
ज्योतिष महाराज	-	प्रशांत
आदिवासी स्वंयभू नेता	-	चेतय्या
चेतय्या की महिला मित्र	-	जन माला
मुख्य अभियंता	-	उपदेश
सहायक अभियंता	-	जतिन

दृश्य एक

नेपथ्य से : महाराज राजकुमार रुकिए! ये अत्यन्त महत्त्वपूर्ण सूचना है। महाराज राजकुमार रुकिए!

राजकुमार : आप दोनों ने ऐसा क्या देख लिया, जिसे लेकर आप इतने अधीर हो रहे हैं।

सिपाही-1 : श्रीमान मैं और मेरे मित्र ने भोर में पहले शरीर निर्मित बोझ दूर किया।

राजकुमार : आगे।

सिपाही-1 : भोर तक सब ठीक था।

सिपाही-2 : लेकिन प्रात: जब मैं पूरब दिशा से महल की ओर आ रहा था तभी मेरे पाँव ठिठक गये।

सिपाही-1 : मैं पूरब सीमा से एक धूल का गोला देख उसे पड़ोसी राज्य 'कजनापुर' का आक्रमण समझकर एक पल चिन्तित हो गया।

सिपाही-2 : फिर तेज़ी से धूल का गोला महल की ओर चलने लगा। मुझे लगा कि वह मेरा पीछा कर रहा है।

सिपाही-1 : मैं और तेज़ चलने लगा, मेरी साँस फूल रही थी। मैंने दौड़ना शुरू किया।

सिपाही-2 : तेज़ दौड़ने के कारण हृदयगति बढ़ गयी, वो धूल का गोला तो मेरा विरोधी बन पीछे ही लगा हुआ था, तभी-तभी...

राजकुमार : क्या हुआ? क्या वह पड़ोसी राष्ट्र की सेना थी!

सिपाही-1 : नहीं महाराज, मैं तो राजमहल पहुँचने में सफल हो चुका था।

राजकुमार : तुम सीधे मेरे पास आ रहे हो?

सिपाही-2 : नहीं राजकुमार! नियमानुसार मैं सूचना देने के लिए श्रीमान सेनापति तक पहुँचा।

राजकुमार : तब सेनापति ने हमें सूचित करने की आवश्यकता क्यों नहीं समझी?

सिपाही-2 : श्रीमान मेरे 'धूल के गोले' वाली बात झूठ निकले तो मेरा सर कटवाकर बबूल के पेड़ पर टँगवा दें, मैं प्रेम से स्वीकार कर लूँगा।

(सेनापति का प्रवेश)

सेनापति : श्रीमान जी आपको उत्साहित करने वाली जो सूचना इस सिपाही द्वारा दी गयी, वह पूर्णतया सत्य है। सूचना मिली है कि महान योद्धा वनरक्षक अपनी एक सैन्य टुकड़ी के साथ वापस महल राजा महान् के निमन्त्रण पर आ रहे हैं। यह धूल का गोला उनके आने की सूचना है। ये देखिए! वनरक्षक यहीं आ पहुँचे।

(वनरक्षक का प्रवेश)

वनरक्षक : *(अभिवादन के पश्चात)* राजकुमार जी, सीमा पर सैनिक व जीव-जन्तुओं के साथ रहकर सीमा की रक्षा करते हुए दस वर्षों बाद प्रथम बार वापस आया हूँ— राजा महान् के आदेश पर।

राजकुमार : वनरक्षक तुम गुरुकुल के मेरे साथी हो। मेरे लिए तुम्हारा बड़ा महत्त्व है। तुम मेरे नाम से भी पुकार सकते हो।

वनरक्षक : नियमानुसार यह सम्भव नहीं है।

राजकुमार : जैसी तुम्हारी इच्छा! राजा महान् ने तुम्हें क्यों बुलाया?

वनरक्षक : कुछ वर्षों पूर्व आप शिकार पर पूर्व के वनों में गये थे, तब आपने स्वयं अपनी आँखों से वनकन्या को वन में तेज़ गति से दौड़ते हुए देखा।

राजकुमार : क्या अब वो वनकन्या तुम्हारे नियन्त्रण में है?

वनरक्षक : आपका अनुमान सत्य है।

राजकुमार : वनकन्या कैसे नियन्त्रण में आ गयी?

वनरक्षक : मैंने तुरन्त वनकन्या को घेरने का प्रबन्ध किया। 'शौर्य प्रयास' नाम के एक दल का गठन किया।

राजकुमार : शौर्य प्रयास! नाम तो बड़ा रोचक है।

वनरक्षक : दो बार तो हम लोग सफलता के बिल्कुल निकट पहुँच गये थे परन्तु सफल नहीं हो पाये थे। लेकिन मैं भी हार मानने वाला नहीं था। मेरी बुद्धि ने षड्यन्त्र की योजना बनायी। सो एक दिन जंगल के बीच ख़ाली भूमि को साफ करवाया और उस पर सैनिकों ने अनेक फूल उगा दिये।

फूलों की महक से स्वयं को ना बचा पाने वाला महिलाओं का लोभ उसे हमारे जाल में खींच लाया। वह हमारे नियन्त्रण में है। आप उससे महल द्वार पर मिल सकते हैं।

राजकुमार : नहीं वनरक्षक! उसे तो राजदरबार में ही ले आओ।

दृश्य दो

(राजदरबार)

राजा : वनकन्या को बुलाया जाय। *(हथकड़ी लगी नौजवान सुन्दर वनकन्या का राजदरबार में प्रवेश! वनकन्या को देख पूरा दरबार आश्चर्यचकित हो जाता है)*

राजा : वनकन्या! तुमने घुसपैठ कर हमारे नियमों को तोड़ा है। तुम पड़ोसी राज्य कजनापुर की गुप्तचर तो नहीं हो जो अपनी अर्थव्यवस्था से चिन्तित है और हमारी समृद्धि से ईर्ष्या रखता है। इसका दण्ड जानती हो?

वनरक्षक : राजा महान्! जब से इसे नियन्त्रण में लिया गया है, न कुछ खाती है न पीती है। बस मुस्कराती रहती है।

राजा : अपराधी अगर गूँगा या बहरा हो तो क्या वह अपने दण्ड से बच जायेगा?

वनरक्षक : तुम बोलती क्यों नहीं हो! ये दरबार तुम्हें दण्ड दे सकता है तो न्याय भी। *(वनकन्या मुस्कराती रहती है)*

राजा : इस वनकन्या को दण्ड देना हमारे महान राष्ट्र के नियमों में निहित है, मुझे दण्ड देने का पूर्ण अधिकार भी है। इस कन्या को...

वनकन्या : राजा महान् की जय हो! राजा महान् की जय हो! *(दरबार में शोर मच जाता है)*

राजा : अच्छा तो तुम बोल भी सकती हो, दण्ड का इतना भय है! अब मुँह खोल दिया है अपराधिनी तो अपने पक्ष में तर्क दो।

वनकन्या : राजा महान् मुझे इस पृथ्वी पर जन्म देने वाले सदा के लिए ऋणी बना गये। लेकिन मेरे पास जन्म का कोई साक्ष्य उपलब्ध नहीं है। अगर आप आज्ञा दें तो मैं दरबार में बैठे सभी महाशयों से प्रश्न पूछ अपने पक्ष में साक्ष्य इकट्ठा करने का प्रयास कर सकूँ।

राजा : आज्ञा तो है लेकिन दरबारियों को प्रश्न के उत्तर देने का अधिकार नहीं है। सो तुम्हारे प्रश्नों का उत्तर गृहमन्त्री जी देंगे।

वनकन्या : अगर किसी के माता-पिता का देहान्त हो गया हो तो कैसे सिद्ध होगा कि आप इस महान राष्ट्र की प्रजा हैं?

गृहमन्त्री : राष्ट्र के सूचना अभिलेखों में मेरा और मेरे पिता का नाम अंकित है।

वनकन्या : अगर आप में से कोई मानसिक रोग के कारण रास्ता भटक जाये तो दूसरे क्षेत्र के लोग उसे कैसे पहचानेंगे?

गृहमन्त्री : राष्ट्र में हर नागरिक के कन्धों पर गौरव चिन्ह अंकित है।

वनकन्या : यह चिह्न किस आयु में गुदता है?

गृहमन्त्री : पाँच वर्ष की आयु में।

वनकन्या : अगर पाँच वर्ष से पहले बच्चा खो जाये तो उसे कैसे पहचाना जायेगा? *(दरबार में ख़ामोशी छा जाती है)*

राजा महान् क्या गौरव चिह्न जैसी प्रथा आपके पड़ोसी राज्यो में भी है?

राजा : सन्धि के अनुसार चारों राष्ट्रों के अपने अलग-अलग चिह्न हैं। तुम दरबार का बहुमूल्य समय नष्ट कर रही हो।

वनकन्या : राजा महान् किसी भी दण्ड को भोगने के लिए तैयार हूँ मैं। मैं तो मात्र अपना पक्ष व अनुभव बता रही हूँ।

राजा : अच्छा! तो बताओ अपने अनुभव।

वनकन्या : राजा महान् भोर के पहले पहर से सूर्य अपने प्रकाश, शक्ति, विराट रूप और ऊर्जा से दिन भर पूरी पृथ्वी पर हाहाकार

मचाये रखता है। कोई उस पर दृष्टिपात नहीं कर सकता। लेकिन सन्ध्या होते-होते, वो घमण्डी सूर्य नपुंसक बनकर सन्ध्या के सामने घुटने टेक रात्रि को चरण स्पर्श कर पिछले द्वार से डरकर भाग जाता है। ठीक उसी घमण्डी सूर्य के समान, क्षमा करें राजा महान्! आप भी पड़ोसी राष्ट्रों को भय दिखाकर केवल बलपुर राष्ट्र को समृद्ध करना चाहते हैं। आपको पड़ोसी राज्यों से ईर्ष्या है, जिस कारण उनकी समृद्धि आपको रास नहीं आती।

राजा : *(क्रोधित होकर)* कदापि नहीं! यह तुम लोगों का भ्रम है और मेरे विरोधियों का मेरे विरुद्ध फैलाया जा रहा षड्यन्त्र है।

वनकन्या : एक बन्दी पर क्रोध न करें महाराज। आपका धैर्य चारों दिशाओं में प्रसिद्ध है। आज मुझे पूर्ण सन्तोष हो गया कि यह आपके विरोधियों का ही काम है।

राजा : वनकन्या संयम के साथ अपना पक्ष दरबार के समक्ष रखो। अच्छा तो होता कि हम वनकन्या की बातें धैर्यपूर्वक तब तक सुनें जब तक इसके बोलने की क्षमता समाप्त न हो जाय। *(दरबारी वनकन्या की बातों को सुनने के लिए विचलित हैं)*

वनकन्या : 6 वर्ष की आयु से मुझे सब याद है। जिस व्यक्ति के साथ मैंने स्वयं को वन में पाया वह कोई और नहीं मेरी माँ का दास था। वन में लगातार वर्षा, ।ज़ हवा, भयभीत करने वाले जानवर, पृथ्वी पर रेंगते सैकड़ों कीड़े, पक्षियों का अन्तहीन शोर! ऐसे असुरक्षित वातावरण में भी मैं अपने दास के साथ सुरक्षित थी। उस दास ने मुझे जीवन के ऐसे रहस्य बताये जिनसे मैं अनजान थी। जंगली जानवरों से बचना, प्रहार करना, पेड़ की शाखाओं से कूदकर स्वयं को बचाना, रात को अग्नि द्वारा जानवरों से बचना, दूध वाले जन्तुओं का दूध पीना, जीवित या मरे जानवरों का मांस खाना। कन्दमूल, फल और पौधों की लताएं आदि मेरे प्रिय भोजन हैं। मेरा वह दास परम ज्ञानी भी था। मेरी सुरक्षा के साथ-साथ उसने मुझे अनेक विषयों का ज्ञान भी दिया। धीरे-धीरे हमें यह आभास हुआ कि हम वन के उस भाग में

रहते हैं जो 'बलपुर' और 'कजनापुर' राष्ट्रों के मध्य निषिद्ध क्षेत्र है। सो प्रयास किया कि कजनापुर भाग जायें। पर हमें उनकी सत्ता पर विश्वास न था और उनके सैनिक भी क्रूर व निर्दयी हैं। जानवरों की हत्या कर उनकी सींग, खाल, हड्डी तक निकाल ले जाते हैं। अमूल्य वृक्षों का कटान कर अपनी सीमा में लाद ले जाते हैं।

हम दोनों डरकर आपकी सीमा की तरफ़ शरण लेने को भागते, लेकिन आपकी सीमा को भेदना सैनिकों व महान वनरक्षक के कारण सम्भव न था।

तभी एक दिन भीषण वर्षा में मेरे दास का देहान्त हो गया। मैं अपने पितातुल्य दास से बिछुड़ जंगल में अकेली थी। दास ने मुझे बताया था कि मैं कजनापुर की एक असहाय मृतक महिला की अवैध पुत्री हूँ। उस स्त्री को मृत्यु के समय तक कलंकित जन्मदाता का साथ कभी नहीं मिला। वन में मेरा जीवन कष्टदायक हो चुका था।

वनरक्षक महाशय ने मुझे छलपूर्वक अपने नियन्त्रण में कर इस महान राष्ट्र की धरती पर पैर रखने का सुअवसर दिया। क्या आप लोग ये चाहते हैं कि कोई ईश्वर का भेजा प्राणी केवल एक कक्ष में रहने को बाध्य हो! यात्रा प्रारम्भ होने का स्थान व अन्त होने का स्थान क्या एक हो। राजा महान्! मैं दासी बनकर रह लूँगी। मुझे दुबारा भयानक वन में न भेजें। मुझे डरावने वनों से मुक्ति दें, अपनी प्रजा बना लें। राजा महान् का निर्णय स्वर्णाक्षरों में लिखा जायेगा। राजा महान्, राजपरिवार, मन्त्रिगण, अतिथिगण, सैनिक और प्रजा की जय हो।

राजा : गृहमन्त्री क्या इस कन्या की पड़ताल ठीक से हो गयी है?

गृहमन्त्री : पड़ताल तो महिला सैनिकों द्वारा पूर्ण हो चुकी है, इसके शरीर पर किसी भी राष्ट्र का गौरवचिह्न अंकित नहीं है।

राजा : अर्थात् यह कोई गुप्तचर नहीं है।

गृहमन्त्री : प्रथम दृष्टया इस पर कोई आरोप नहीं बनता। निर्णय के लिए ऐसा विषय दरबार में आने का पहला अवसर है। राजा महान् से निवेदन करूँगा कि एक ऐसा न्यायसंगत निर्णय लें जिससे एक नि:सहाय महिला को मानव अधिकार के हितों का लाभ मिले।

राजा : इस कन्या ने दरबार में अपने अनोखे साक्ष्यों को प्रस्तुत कर यह सिद्ध कर दिया कि इसने राष्ट्र के किसी भी नियम को नहीं तोड़ा। साथ ही यह भाषा, वाद-विवाद, तर्क-वितर्क में ही केवल योग्य नहीं है। यह दौड़, छलाँग, तैराकी, तीर सन्धान आदि में भी पारंगत है।

मैंने अपने पूर्वजों की आत्मा से उचित निर्णय करने का निवेदन किया तो मैं हृदय से अपना मत इस 'वनकन्या' के पक्ष में देता हूँ। *(दरबार में ज़ोरदार तालियाँ)* अब तुम अपराधिनी नहीं हो, इस राष्ट्र का अंग हो। तुम्हें राजमहल में रहने का स्थान दिया जाता है और तुम्हारी योग्यताओं को देखते हुए तुम्हें मन्त्रिमण्डल में शामिल कर 'योजना विभाग' का पद दिया जाता है। एक बात और वनकन्या! मैं तुम्हें 'स्वप्नीला' नाम की उपाधि भी देता हूँ।

स्वप्नीला : राजा महान् की जय हो। राजा महान् की जय हो। *(पूरा दरबार भी राजा महान् की जय करता है)*।

राजा महान् के दर्शन मात्र से मेरे सारे कष्ट दूर हो गये।

गृहमन्त्री : स्वप्नीला तुम्हें अपने कन्धों पर गौरव चिह्न तत्काल अंकित करवाना होगा। *(गर्म गौरवचिह्न से स्वप्नीला को गोदा जाता है। गौरव चिह्न लगते ही स्वप्नीला की चीख़ निकल पड़ती है। थोड़ी देर में वह सामान्य हो जाती है)*

गृहमन्त्री : अब स्वप्नीला तुम नियमावली पुस्तक पर हाथ रख शपथ लोगी।

स्वप्नीला : ठीक है श्रीमान।

गृहमन्त्री : मैं स्वप्नीला बलपुर राष्ट्र की न्यायप्रणाली की शपथ लेकर यह घोषणा करती हूँ...

स्वप्नीला : मैं स्वप्नीला बलपुर राष्ट्र की न्यायप्रणाली की शपथ लेकर यह घोषणा करती हूँ कि मृत्यु के बाद नर्क में जाने को सदैव तत्पर रहूँगी क्योंकि स्वर्ग में जाने का अधिकार केवल राजा महान् व राजपरिवार को है, जिनकी मैं मात्र प्रजा हूँ।

(स्वप्नीला की शपथ के बाद सभी लोग बधाई देते हैं। राजकुमार बहुत अनुरक्त भाव से स्वप्नीला को देखता है।)

राजा : स्वप्नीला हम तुम्हारी राजभक्ति से प्रसन्न होकर तुम्हें इसी क्षण से राजकाज की मन्त्रणा में सम्मिलित करते हैं।

स्वप्नीला : राजा महान् की जय हो!

राजा : पिछले दरबार के विचार बिन्दुओं से मैं इस निष्कर्ष पर पहुँचा हूँ कि जो व्यक्ति अथवा समूह वन सीमाओं के मध्य वर्जित क्षेत्र में अवरुद्ध हैं, उन्हें मुक्त कर दिया जाय। अगर वह हमारी प्रभुसत्ता में विश्वास रखते हैं व गौरव चिह्न अंकित करवाने में आपत्ति न हो तो वह बलपुर राष्ट्र में कहीं भी रहकर विशाल भूमि और जलस्रोतों का उपयोग कर सकते हैं। हम उन्हें अपनी प्रजा मान पूर्ण सुरक्षा प्रदान करेंगे। यह मानवाधिकार मात्र होगा। *(राजा महान् की जय! राजा महान् की जय!)* जैसा कि स्वप्नीला ने दरबार को बताया, हमें कजनापुर के शासक व सैनिकों से अपने वनों की रक्षा करनी होगी। उनका इरादा हमारी भूमि को हड़पना है। इस कुचक्र का हमें जवाब देना होगा।

हमें यह नहीं भूलना चाहिए कि कजनापुर हमारा मित्र राष्ट्र है। कई वर्ष पूर्व वर्तमान राजा के विवाह समारोह में बतौर मुख्य अतिथि जाने का निमन्त्रण स्वीकारा था ताकि हमारी मित्रता स्थायी बन जाये।

सेनापति : राजा महान्, अगर आपका आदेश हो तो हम सम्पूर्ण वन सम्पदा को तत्काल अपने नियन्त्रण में ले सकते हैं।

ज्ञानगुरु : नहीं सेनापति जी, नहीं। 'सैनिक' और 'शस्त्र' रखने वाले व्यक्ति को अधिक संयम रखना चाहिए। राजा महान् युद्ध नहीं

मैत्री चाहते हैं। मेरा विचार है कि कजनापुर के राजा यशराज के पास विशेष दूत भेजे जायें।

सेनापति : पर ज्ञानगुरु, कजनापुर का राजा हमारे सन्देश, मैत्री और दूत को हमारी दुर्बलता समझ बैठेगा।

राजा : स्वप्नीला क्या तुम अपने विचार नहीं रखोगी?

स्वप्नीला : राजा महान्! जब आप कजनापुर गये थे तो वह एक शक्तिहीन राष्ट्र था। राजा के जिस युवापुत्र के विवाह में आप गये थे वही आज कजनापुर का राजा है। आप भली-भाँति जानते हैं कि उसने कजनापुर को बहुत शक्तिशाली बना लिया है। ऐसे में कजनापुर को अपने नियन्त्रण में करने की नहीं, उनसे मित्रता की आवश्यकता है।

सेनापति : तो फिर ये भी बता दो कि चन्द्रमा के पीछे स्वर्ग है या नर्क? दूध की नदियाँ हैं या परी महल, सैनिकों का जमावड़ा है या एक बूढ़े आदमी का चरागाह...

स्वप्नीला : अपना क्रोध दिखाकर आपने स्वयं अपने ऊपर प्रश्न चिन्ह खड़ा कर लिया है?

राजा : दूसरों की बात को ध्यान से अन्त तक सुनना हमारी परम्परा है सेनापति। दरबार को ग़लत सूचना देने का दण्ड जानती हो स्वप्नीला।

स्वप्नीला : जिसे राजा महान् के न्याय पर दृढ़ विश्वास हो, उसे दण्ड का भी आभास है। मैं यह कहना चाहती हूँ कि जहाँ तक मेरी जानकारी है, आपके पूर्व वंशजों ने कोसों लम्बी वन शृंखला पर अपना आधा ही नियन्त्रण माना है तथा आधा हिस्सा कजनापुर का है। हम अपने क्षेत्र को नियन्त्रण में ले लें और ज्ञानगुरु के प्रस्ताव को लागू करें यह श्रेष्ठ होगा।

राजकुमार : स्वप्नीला तुमने दो राष्ट्रों के मध्य सम्भावित युद्ध को टाल दिया है, धन्य हो।

राजा : स्वप्नीला तुम्हारे विचार प्रशंसनीय हैं, हाँ हमारी वन सीमा को सेनापति तत्काल अपने नियन्त्रण में ले विवाद को समाप्त

करें। इस विशाल कार्य के लिए जो श्रमिकों की आवश्यकता पड़ेगी, उसकी पूर्ति वन के विस्थापितों से की जायेगी।

ज्ञानगुरु : विस्थापितों के विषय में राजा महान् के विचार अति प्रशंसनीय हैं।

राजा : महाशय, अब मैं आप लोगों का ध्यान राष्ट्र के वार्षिकोत्सव की ओर ले जाना चाहता हूँ। इस अवसर पर निर्धनों को अन्न वितरण के अतिरिक्त खेलों की प्रतिस्पर्धा जीतने वालों को पुरस्कार दिया जाता है। पर ध्यान रहे पिछले वर्ष खेलों में हुए भ्रष्टाचार की जाँच अब भी चल रही है। दो मन्त्रिगण कारागार में अब भी बन्दी हैं व अन्य दोषियों पर वाद चल रहा है। उनकी सम्पत्ति राज सम्पत्ति में निहित कर दी गयी है।

इस वर्ष वार्षिकोत्सव गुप्तचरों की निगरानी में होगा। साथ ही मैं गृहमन्त्री को आयोजन का प्रमुख नियुक्त करता हूँ।

ज्ञानगुरु : श्रीमान मेरा सुझाव है कि अन्तरराष्ट्रीय ख्याति प्राप्त कृषि वैज्ञानिक रंगास्वामी जी को उनके अभूतपूर्व कार्यों के लिए सम्मानित किया जाये।

राजा : ज्ञानगुरु आपके प्रस्ताव पर निर्णय विचार-विमर्श के बाद अगले दरबार में होगा। लेकिन मेरा आपसे एक अनुरोध है।

ज्ञानगुरु : आदेश हो राजन्!

राजा : ज्ञानगुरु! आप स्वप्नीला को राजकाज की गहन दीक्षा देने का उत्तरदायित्व स्वीकार करें।

ज्ञानगुरु : अवश्य राजन्!

स्वप्नीला : राजा महान् की जय हो! दीक्षित होकर मैं राजपरिवार की उत्तम सेवा कर पाऊँगी। *(राजकुमार स्वप्नीला को गहरी दृष्टि से देखता है।)*

राजा : विसर्जन!

(राजा प्रस्थान करता है, उसके साथ-साथ स्वप्नीला व राजकुमार प्रस्थान करते हैं। सभा विसर्जित हो जाती है।)

दृश्य तीन

(ज्ञानगुरु का कक्ष)

(स्वप्नीला ध्यान की मुद्रा में अकेले बैठी है।)

(राजकुमार प्रवेश करता है।)

राजकुमार : *(धीमे स्वर में)* स्वप्नीला!

स्वप्नीला : *(चौंककर आँखें खोलती है)* आप यहाँ भी आ गये? गुरु के कक्ष में!

राजकुमार : तुम मुझसे दूर भागती रहोगी तो मैं भगवान के कक्ष में भी तुमसे मिलने आ जाऊँगा!

स्वप्नीला : मैं आपसे दूर कहाँ भाग रही हूँ?

राजकुमार : क्यों? कल मैं तुमसे मिलने स्नानघाट पर आया था तो तुम कितनी तीव्र गति से ओझल हो गयी थीं।

स्वप्नीला : पुरुष यदि महिलाओं के स्नानघाट पर मिलने आयेंगे तो महिला को तो लज्जावश भागना ही पड़ेगा!

राजकुमार : मैं स्नानघाट पर तुम्हारे सौन्दर्य का दर्शन करने नहीं आया था, तुमसे प्रश्न पूछना था!

स्वप्नीला : स्नानघाट पर आकर प्रश्न पूछने का क्या औचित्य है?

राजकुमार : तुमसे कहीं और भेंट करने का सुअवसर नहीं मिल रहा था।

स्वप्नीला : सुअवसर तो यहाँ भी नहीं है। कुछ ही पलों में ज्ञानगुरु मुझे दीक्षा देने हेतु उपस्थित होने वाले हैं।

राजकुमार : अच्छा! मैंने तो समझा था कि आज की दीक्षा का समय समाप्त हो चुका है!

स्वप्नीला : जी नहीं! दीक्षा का समय प्रारम्भ हो रहा है।

राजकुमार : अच्छा चलता हूँ! शीघ्र ही मुझे बात करने का अवसर प्रदान करो!

(खड़ाऊँ का स्वर। राजकुमार तीव्र गति से बाहर निकलता है।)

(स्वप्नीला उसे रहस्य-भरी दृष्टि से देखती है।)

(ज्ञानगुरु प्रवेश करते हैं, अर्थपूर्ण दृष्टि से स्वप्नीला को देखते हैं)

ज्ञानगुरु : स्वप्नीला!

स्वप्नीला : *(उठकर प्रणाम करते हुए)* गुरुदेव प्रणाम!

ज्ञानगुरु : समय पर आने का अर्थ है विद्यार्थी, शिक्षा और गुरु का पूर्ण सम्मान करता है, बैठ जाओ। पिछले सत्र में यह प्रश्न अनुत्तरित था, एक साधारण स्थान तीर्थ स्थान कैसे बन जाता है? प्रश्न उच्च श्रेणी का है अन्याय के विरुद्ध महान उद्देश्यों की प्राप्ति के लिए अपमान, भूख-प्यास, शारीरिक कष्ट, परिवार, समाज व धन सम्पत्ति की क्षति उठाने वाला महापुरुष, जब अन्याय पर न्याय का ध्वज फहराता है, तब समाज को कष्ट व अन्याय से मुक्ति दिलाने वाला वही स्थान तत्काल अथवा भविष्य में तीर्थ स्थान बन जाता है।

स्वप्नीला आज के सत्र में तुम्हें कुछ और प्रश्नों के उत्तर देने होंगे ताकि मैं तुम्हारे बौद्धिक स्तर को भली-भाँति जान सकूँ।

स्वप्नीला : प्रस्तुत हूँ गुरुदेव!

ज्ञानगुरु : सबसे बलवान कौन होता है?

स्वप्नीला : समय सबसे बलवान होता है।

ज्ञानगुरु : सुन्दर! अच्छा तो बताओ साधारण मनुष्य कब सन्त बन जाता है?

स्वप्नीला : जब एक शरीर का अन्त होता है तो उस शरीर की आत्मा जीवित रहती है। परन्तु लाखों में एक बार इस प्रक्रिया के विपरीत जीवित शरीर में आत्मा प्रवेश कर जाती है, जो आत्मा

उस शरीर के माध्यम से कष्टदायक सत्ता या व्यवस्था को प्रवचनों से परिवर्तित कर दे, बिना रक्त बहाये, क्रान्ति ला दे। उस शरीर को धारण करने वाला महापुरुष ही सन्त कहलाता है। *(ज्ञानगुरु प्रश्नों के उत्तर पर अत्यधिक प्रसन्न)*

ज्ञानगुरु : ठीक है, स्वप्नीला बताओ कि "सर्वश्रेष्ठ व्यवस्था का आधार क्या होता है"

स्वप्नीला : ज्ञानगुरु सर्वश्रेष्ठ व्यवस्था को दो भागों में बाँटा जा सकता है। पहले, व्यवस्था प्रबन्धक अथवा राजा के सिद्धान्त जिनसे सुदृढ़ नीतियों का जन्म होता है। दूसरे उन नीतियों का पालन कर जनहित की उपयोगी योजनाओं का क्रियान्वयन, जिसमें लिंग, रंग, जाति, भाषा, क्षेत्र आदि का भेद महत्त्व नहीं रखता।

ज्ञानगुरु : धन्य हो स्वप्नीले, धन्य हो। तुम बहुत योग्य विद्यार्थी हो!

स्वप्नीला : गुरुदेव मेरा भी एक प्रश्न है!

ज्ञानगुरु : पूछो योग्य स्वप्नीला!

स्वप्नीला : शास्त्रों में लिखा है कि पृथ्वी पर एक समय ऐसा भी आयेगा, जब विद्यार्थी अपने गुरुओं का सम्मान नहीं करेंगे?

ज्ञानगुरु : इसके दो प्रमुख कारण होंगे! पहला—जब विद्यार्थी समाज की दुष्प्रवृत्तियों से प्रेरित होकर अपने माता-पिता का अनादर करने लगेंगे। दूसरे तब जब गुरु विद्यार्थियों के भविष्य की अनदेखी कर धन अर्जन में लगकर अपना कर्तव्य भूल जायेंगे।

स्वप्नीला : आपके उत्तर से मुझे भविष्य के समाज की चिन्ता हो गयी है गुरुदेव!

ज्ञानगुरु : भविष्य की चिन्ता दूर करने के लिए हमें वर्तमान में ही प्रयास करने होंगे।

(राजसेवक का प्रवेश)

राजसेवक : गुरुदेव प्रणाम! आपको राजा महान् ने वार्षिकोत्सव आयोजन पर आवश्यक चर्चा करने हेतु तत्काल बुलाया है।

(ज्ञानगुरु और स्वप्नीला उठते हैं।)

दृश्य चार

(राजकुमार वार्षिकोत्सव स्थल पर प्रफुल्लित मन से दौड़ता, मुड़-मुड़ कर पीछे देखता पहुँचता है।)

राजकुमार : *(नेपथ्य की ओर देखकर)* स्वप्नीला ऐसा प्रतीत होता है तुम बहुत थक गयीं!

स्वप्नीला : आपने मात्र एक प्रहर में इतनी विशाल सुन्दर पुष्प वाटिकाओं और हाटों का भ्रमण करा दिया। इस प्रकार तो महाबली भी थक जाते। मैं तो दुर्बल नारी हूँ।

राजकुमार : इसका अर्थ है, अब तुम इस वार्षिकोत्सव स्थल का भ्रमण नहीं कर पाओगी!

स्वप्नीला : भ्रमण की बात तो दूर है, मैं अब यहाँ से हिल तक न पाऊँगी। इतना विशाल जनसमूह देख मेरा मन वैसे ही असहज हो रहा है।

राजकुमार : राजा महान् का आदेश था कि उनके इस मंच पर पधारने से पूर्व मैं तुम्हें इस स्थल का अवलोकन करा दूँ।

स्वप्नीला : यहाँ का अवलोकन मैं राजा महान् के लौट जाने के पश्चात कर लूँगी।

राजकुमार : तो चलो! मैं तुम्हारे लिए इस मंच पर कोमल शैया बिछा दूँ। तुम उस पर लेटकर अपनी थकान मिटा लो।

स्वप्नीला : आपकी यह कोमल शैया मुझे मृत्यु द्वार तक पहुँचा देगी।

राजकुमार : कैसा अनर्थ बोल रही हो?

स्वप्नीला : राजकुमार! राजा महान् निर्धनों को अन्न वितरण की परम्परा सम्पन्न कर चुके होंगे। कुछ ही पलों में वे इस विशाल जनसमूह को सम्बोधित करने, मन्त्रियों और दरबारियों सहित मंच पर पहुँच जायेंगे। मुझे मंच पर कोमल शैया पर शयन करते देख वे मुझे मृत्यु के द्वार ही पहुँचायेंगे।

(तभी राजा महान् के आने का संगीत प्रभाव सुनाई पड़ता है।)

राजकुमार : अरे! राजा महान् तो आ ही पहुँचे!

(राजा का जुलूस आता है। सभी लोग मंच पर पहुँचते हैं। मन्त्रियों के साथ वैज्ञानिक रंगास्वामी भी हैं।)

गृहमन्त्री : मैं महान् राष्ट्र बलपुर का गृहमन्त्री जिसको राजा महान् ने वार्षिकोत्सव मन्त्री भी बनाया है, पूरी जनता का स्वागत करता हूँ और वार्षिकोत्सव की बधाई देता हूँ। अब मैं राजा महान् को आमन्त्रित करूँगा कि वह आयोजन को प्रारम्भ करें।

राजा : धन्यवाद। मैं प्रिय वैज्ञानिक व अतिथि रंगास्वामी जी का, राजपरिवार, मन्त्रिगण, चारों मण्डलों से आये हुए प्रतियोगी व प्रजा का स्वागत करता हूँ और इस महान् आयोजन के लिए सभी को बधाई देता हूँ। इस महान राष्ट्र की 'प्रतिष्ठा' राजपरिवार, राजकुमार, मन्त्रिगण, सैनिक या स्वप्नीला आदि नहीं हैं। अगर हमारी प्रतिष्ठा कोई है तो वह है यहाँ की महान् प्रजा। *(राजा महान् की जय हो, राजा महान् की जय हो)* राजा और उसकी सत्ता शासक नहीं बल्कि प्रजा के सेवक होते हैं। *(राजा की जय हो, राजा की जय हो।)*

कृपया शान्त रहें। अब मैं महान् कृषि वैज्ञानिक को राष्ट्र की ओर से सम्मानित करने के लिए आमन्त्रित करता हूँ।

(राजा महान् वैज्ञानिक रंगास्वामी को स्मृति चिह्न व प्रशस्ति-पत्र भेंट कर गले लगाते हैं। जनसमूह राजा और कृषि वैज्ञानिक की जयकार लगाता है। सभी यथास्थान बैठते हैं।)

गृहमन्त्री : अब मैं महान् वैज्ञानिक रंगास्वामी के व्यक्तित्व और कृतित्व पर प्रकाश डालूँगा, ताकि राष्ट्र को पता चल सके कि हमने उन्हें क्यों सम्मानित किया। *(बहुत अतिरेकपूर्ण अन्दाज़ में भाषण शुरू करता है।)*

वैज्ञानिक रंगास्वामी का जन्म दक्षिण राज्य के एक साधारण किसान के घर में हुआ था। इनके पिता ने इन्हें सादा जीवन उच्च विचार का सिद्धान्त दिया। इन्होंने जीवन भर कृषि विज्ञान के अनुसन्धान से भाँति-भाँति के अनाजों के उत्तम बीज बनाये, जो आज राष्ट्र के काम आ रहे हैं। हमारे देश में चावल की कमी को पूरा करने के लिए इन्होंने साँवा चावल की प्रजाति बनायी है जिससे इतनी पैदावार होगी कि हम दूसरे देशों को चावल का निर्यात कर सकेंगे। *(सभी उपस्थित लोग तालियाँ बजाते हैं।)*

इस चावल के लिए बहुत अधिक पानी की आवश्यकता होगी। उसके लिए भी महान् वैज्ञानिक ने एक महान् योजना बनायी है। राज्य के उत्तर में बहने वाली अधिक जलयुक्त पावन नदी और दक्षिण में बहने वाली कम जलयुक्त अगाती नदी को एक उपनदी बनाकर जोड़ दिया जायेगा। तब पूरब, पश्चिम, उत्तर दक्षिण चारों ओर पानी ही पानी हो जायेगा, सिंचाई की कोई कमी न रहेगी। *(तालियों की गड़गड़ाहट।)*

राजा : *(खड़े होकर)* इस योजना का नाम अम्बल योजना होगा। इस राष्ट्र निर्माण में राजपरिवार आधा सहयोग देने का वचन देता है। क्या प्रजा भी परम्परानुसार आधा सहयोग देने को तैयार है? *(जनसमूह राजा की जयकार बोलता है।)*

मैं प्रजा को वचन देता हूँ कि इस योजना का शिलान्यास बहुत शीघ्र होगा। *(जनसमूह द्वारा जयकार)* उपनदी के निर्माण के स्थान का चुनाव हमारे परम योग्य उत्तराधिकारी स्व. ज्येष्ठ भ्राता के पुत्र हमारे प्रिय राजकुमार और हमारे राजमहल की शोभा स्वप्नीला द्वारा किया जायेगा। *(जयकार)* क्योंकि राजकुमार ने प्रकृति और भूगोल का गहन अध्ययन

किया है और स्वप्नीला तो प्रकृति की गोद में ही पली-बढ़ी है। *(जयकार)* इस योजना का प्रबन्धन स्वप्नीला करेंगी और निरीक्षण करेंगे राजकुमार! ये युगल जोड़ी हमारे राष्ट्र के उज्ज्वल भविष्य की पताका फहरायेगी। *(जयकार)*

स्वप्नीला : राजा महान्! इस महान् अवसर पर मैं भी कुछ अपने उद्गार व्यक्त करना चाहती हूँ। क्या मुझे अनुमति मिलेगी?

राजा : अवश्य!

स्वप्नीला : राजा महान् की जय हो! जिस राज्य में ऐसे महान् वैज्ञानिक मानवता के हित में आविष्कार करते रहते हैं और जिस राज्य के राजा इन आविष्कारों पर आधारित योजना चलाते हों, ऐसा राष्ट्र स्वर्ग समान है। इसके महान् राजा देवराज इन्द्र समान हैं। मुझे ऐसे राज्य का मन्त्री बनाकर और ऐसे महत्त्वपूर्ण उत्तरदायित्व सौंपकर महाराज ने मुझ पर जो उपकार किया है वह ईश्वर के वरदान से कम नहीं। मैं सौ जन्मों तक इस वरदान का ऋण नहीं चुका पाऊँगी। इसलिए राज्य और राजा परिवार की मैं तन-मन-धन से सेवा करने का वचन देती हूँ।

(जनसमूह राजा महान् की जय हो! स्वप्नीला की जय हो का उच्च घोष करता है।)

राजा महान्! मेरे प्रिय मित्र राजकुमार, मन्त्रिगण, महान् वैज्ञानिक रंगास्वामी और इस महान् राष्ट्र की जनता! मैं ऐसा अलौकिक वरदान पाकर अत्यधिक उल्लसित हूँ। यदि राजा महान् अनुमति देने की कृपा करें तो मैं इस उल्लास को नृत्य द्वारा व्यक्त करना चाहती हूँ।

राजा : अनुमति है!

(स्वप्नीला नृत्य करती है। राजा बहुत बारीकी से नृत्य का अवलोकन करता है। राजकुमार अत्यन्त मुग्ध हो जाता है। नृत्य समाप्ति पर लम्बी करतल ध्वनि होती है।)

राजा : स्वप्नीला, इस आकर्षक नृत्य शैली से मैं भली प्रकार परिचित हूँ। ये हमारे राष्ट्र की नहीं है। मैं इसे देखकर भाव

विमुग्ध हो गया और मेरा मन अतीत की मधुर स्मृतियों में खो गया।

स्वप्नीला : मैं कृतार्थ हुई महाराज!

राजा : स्वप्नीला! तुम्हारे नृत्य कौशल से चमत्कृत होकर मैं तुम्हें राष्ट्र के योजना मन्त्री के अतिरिक्त संस्कृति मन्त्री का कार्यभार भी सौंप रहा हूँ।

(सघन करतल ध्वनि! स्वप्नीला घुटनों पर बैठ राजा का वन्दन करती है। दृश्य समाप्त होता है।)

दृश्य पाँच

(कार्यस्थल)

(मुख्य अभियन्ता जतिन और सहायक अभियन्ता वार्तालाप कर रहे हैं।)

स. अभियन्ता : श्रीमन् कार्य तीव्र गति से चलने लगा। यदि राजकुमार इस स्तर पर निरीक्षण कर लेते तो अच्छा होता! शिलान्यास के बाद वे एक ही बार कार्यस्थल पर आये हैं।

मु. अभियन्ता : चिन्ता की कोई बात नहीं। राजकुमार इस योजना को लेकर कुछ अधिक ही तत्पर और गम्भीर हैं।

स. अभियन्ता : क्यों श्रीमन्?

मु. अभियन्ता : वे स्वप्नीला को यह विश्वास दिला देना चाहते हैं कि वे बहुत बुद्धिमान और कल्पनाशील हैं। इस राष्ट्र के इतिहास में वही सबसे उत्तम राजा सिद्ध होंगे।

स. अभियन्ता : राजकुमार ऐसा क्यों चाहते हैं श्रीमन्!

मु. अभियन्ता : बड़े मूर्ख हो भाई तुम! क्या कनिष्ठ प्रशिक्षण प्राप्त अभियन्ता का मूर्ख होना आवश्यक है!

स. अभियन्ता : ऐसा क्यों कह रहे हैं श्रीमन्?

मु. अभियन्ता : अरे, इतनी स्पष्ट बात को भी तुम अभी तक समझ नहीं पाये? राजकुमार राजसिंहासन के साथ-साथ स्वप्नीला के हृदयासन पर भी विराजित होना चाहते हैं!

स. अभियन्ता : परन्तु स्वप्नीला भी उन्हें इस रूप में चाहे तभी यह सम्भव हो पायेगा श्रीमन्!

मु. अभियन्ता : स्वप्नीला क्यों न चाहेगी! तुमने वार्षिकोत्सव समारोह में सुना नहीं—उसने कहा था ''मैं तन-मन-धन से राजपरिवार की सेवा करूँगी'' और कहा था, ''मेरे प्रिय राजकुमार!''

स. अभियन्ता : परन्तु क्या राजा महान् स्वप्नीला को भविष्य की महारानी बनाना चाहेंगे?

मु. अभियन्ता : मुझे लगता है इसका निश्चय तो उन्होंने उसी दिन कर लिया था जिस दिन स्वप्नीला को योजनामन्त्री बनाया था।

स. अभियन्ता : अच्छा! तो भीतर ही भीतर दूसरी योजना भी चल रही है!

मु. अभियन्ता : अब तुम समझ गये!

स. अभियन्ता : परन्तु श्रीमन्! यहाँ जो योजना चल रही है उसके विषय में मुझे एक शंका है!

मु. अभियन्ता : क्या?

स. अभियन्ता : वर्षाऋतु में अगाती नदी का प्रवाह प्रचण्ड हो जाता है। ऐसी स्थिति में यह प्रवाह उपनदी के प्रवाह को पलटकर पावन नदी में मिलेगा। उत्तरी क्षेत्र में बाढ़ हाहाकार मचा देगी।

मु. अभियन्ता : पुनः वही मूर्खता! क्या पाँच वर्ष की अपेक्षा तीन वर्षीय प्रशिक्षण वाले अभियन्ताओं का मूर्ख होना आवश्यक है?

स. अभियन्ता : क्षमा करें श्रीमन्!

मु. अभियन्ता : बाढ़ की इस भावी समस्या के लिए मैं राजा महान् के सामने एक बाँध परियोजना प्रस्तुत करने जा रहा हूँ।

स. अभियन्ता : *(बहुत प्रसन्न होकर)* अरे ये तो हमारे उज्ज्वल स्वर्णिम भविष्य की परियोजना हो जायेगी श्रीमन्!

मु. अभियन्ता : लेकिन हमें अत्यन्त सावधानीपूर्वक काम लेना होगा!

स. अभियन्ता : क्यों श्रीमन?

मु. अभियन्ता : वार्षिकोत्सव खेल योजना में करोड़ों स्वर्णमुद्राओं का भ्रष्टाचार

सामने आ गया। उसके प्रबन्धक और अभियन्ता आज बन्दीगृह में स्वर्णमुद्राओं का स्वप्न देख रहे हैं।

स. अभियन्ता : अरे, कहीं हमारे भ्रष्टाचार के भाग्य में भी ऐसा न हो?

मु. अभियन्ता : हम भ्रष्टाचार को परम गोपनीय रखेंगे। जैसे अन्धकार में हाथ को हाथ नहीं सुझाई देता।

स. अभियन्ता : श्रीमन्! भ्रष्टाचार करते समय तो प्रकाश की आवश्यकता होगी। अन्धकार में तो भ्रष्टाचार हो न पायेगा।

मु. अभियन्ता : पुनः वही मूर्खता! लगता है कनिष्ठ अभियन्ताओं का मूर्ख होना ईश्वरीय विधान है। तुम्हें ज्ञात नहीं। पाँच वर्षीय प्रशिक्षण में कुछ अतिरिक्त योग्यतायें प्राप्त हो जाती हैं। उसी योग्यता के बल पर मैं तुम्हें आश्वस्त करता हूँ कि मैं सम्पूर्ण परियोजना के सम्पूर्ण भ्रष्टाचार का सम्पूर्ण योगक्षेम वहन कर लूँगा।

स. अभियन्ता : धन्य हो श्रीमन! आप मु. अभियन्ता नहीं अभियन्ताओं के देवता हैं।

मु. अभियन्ता : चलो अब काम में तत्पर हो जाओ! राजकुमार और स्वप्नीला के प्रेमिल वार्तालापों की तरंगें निकट आने लगी हैं।

स. अभियन्ता : श्रीमन् धन्य! धन्य! अभियन्ता होकर भी आप कविता जैसी बातें कर लेते हैं।

मु. अभियन्ता : किस कविता की बात कर रहे हो?

स. अभियन्ता : कविता अर्थात् छन्द।

मु. अभियन्ता : उपहास बन्द!

(काम में तत्पर हो जाते हैं।)

स. अभियन्ता : श्रीमन् ये उपहास नहीं, आपकी योग्यता के प्रति मेरी श्रद्धा है। आपकी योग्यता के आधार पर ही मैं आपसे एक शंका निवारण चाहता हूँ।

मु. अभियन्ता : क्या शंका है तुम्हारी?

स. अभियन्ता : आप तो जानते होंगे, स्वप्नीला प्रायः उस तटस्थ वनक्षेत्र में

अकेली भ्रमण के लिए चली जाती है जहाँ से वो आयी है। कहते हैं कि महल का जीवन उसके लिए नीरस हो जाता है तो वह प्रकृति के बीच जाकर जीवनी शक्ति और प्रेरणा लेती है। ऐसा क्यों होता है उसके साथ? कभी-कभी राजमहल का भोजन भी नहीं करती। अपने विशेष सेवक से कन्दमूल फल मँगाकर खाती है। वो ऐसा क्यों करती है?

मु. अभियन्ता : मूर्ख ये नारीशास्त्र का विषय है, अभियन्ता शास्त्र का नहीं।

स. अभियन्ता : वो तो ठीक है पर ऐसी स्थिति में राजा महान् राजकुमार का विवाह उस वनप्रेमी नारी से क्यों करेंगे?

मु. अभियन्ता : ये राजनीति शास्त्र का विषय है, हमारा नहीं, *(घोड़ों के टापों की आवाज़)*

(मु. अभियन्ता हड़बड़ाकर नेपथ्य की ओर देखता है।)

दृश्य छह

(स्वप्नीला का कक्ष स्वप्नीला कक्ष में लगभग दौड़ती हुई सी प्रवेश करती है, वह बहुत विचलित है।)

स्वप्नीला : *(स्वगत)* ये कैसी अप्रत्याशित बात हो गयी। राजा महान् ने अचानक रात्रि भोज के समय दरबार बुला लिया। विश्वभ्रमण पर जाने और कभी न लौटने की घोषणा कर दी। ...अब क्या होगा। मेरे पास केवल आज रात्रि का समय है। भोर होते ही राजा महान् सदा के लिए प्रस्थान कर देगा। सम्भवतः उसकी अभिलाषा है कि मैं राजकुमार से विवाह कर लूँ...परन्तु मेरी अभिलाषा का उसे भान नहीं। ये तो अच्छा हुआ कि उसके सम्मुख मेरा नृत्य सफल हो गया। मूर्ख समझने लगा कि उसके जाने का सबसे अधिक दुःख मुझे है।

(नेपथ्य से सेवक का स्वर) देवि! स्वप्नीला क्या मैं प्रवेश कर सकता हूँ?

स्वप्नीला : आ जाओ! *(सेवक का प्रवेश)* दरबार से बाहर निकलते ही मैंने तुमसे जल लाने को कह दिया था, इतना विलम्ब क्यों हुआ?

सेवक : मुझे महाराज के शयनकक्ष में मदिरापात्र रखना था।

स्वप्नीला : मूर्ख! कहीं मेरे लिए तो मदिरा नहीं ले आया?

सेवक : नहीं देवि! मैं ऐसा पाप क्यों करूँगा! *(जल का पात्र रखता है।)*

स्वप्नीला : आज तुम्हें मेरा एक विशेष कार्य करना है!

सेवक : आज्ञा हो देवि!

स्वप्नीला : देखो! राजा महान् द्वारा राजमहल त्यागने की घोषणा से मेरा हृदय दुख के सागर में डूबा जा रहा है। इसी दुख के कारण आज मैं राजमहल का स्वादिष्ट भोजन नहीं कर पाऊँगी। तुमने मेरे उस सेवक का कुटीर तो देखा है जो मेरे लिए कन्दमूल फल लाता है।

सेवक : देखा है देवि!

स्वप्नीला : पवनवेग से उसके पास जाओ! उसके पास विशेष दुख की घड़ी के लिए शुद्ध खाद्य सामग्री पवित्र पात्रों में रखी हुई है। उसे ज्यों का त्यों तुरन्त लेकर आओ। तुम्हें इस विशेष सेवा का पुरस्कार मिलेगा। एक स्वर्णमुद्रा। *(एक डिब्बे से स्वर्ण मुद्रा निकालती है।)*

सेवक : देवि! जय हो! *(स्वर्णमुद्रा देखकर)* अरे! ये स्वर्णमुद्रा तो काले रंग की है।

स्वप्नीला : इसके ऊपर औषधियुक्त मधु का लेप है। इसको चूसने से स्वर्ण की पवित्रता भी हमारे भीतर चली जाती है। *(चूसकर दिखाती है।) (सेवक प्रफुल्लित होता है। स्वप्नीला उसे दूसरी लेपयुक्त स्वर्णमुद्रा देती है।)* लो! यह स्वर्णमुद्रा उस सेवक को देना! अन्यथा वह तुम्हें खाद्य सामग्री नहीं देगा।

सेवक : *(सेवक स्वर्णमुद्रा लेता है)* जय हो देवि! *(द्रुत गति से चल देता है।)*

(स्वप्नीला रहस्यभरी मुस्कान बिखरेती है।)

(रहस्यमय-उल्लासमय संगीत बजने लगता है। स्वप्नीला स्वयं को दर्पण में निहारती है। श्रृंगार करती है। फूल की माला गले में डालती है। बहुत सुन्दर दुपट्टा ओढ़कर स्वप्नीला भाव-भंगिमा के साथ मन्दगति से नाचती हुई दुपट्टा ओढ़ती है। उसका नृत्य मुखर हो उठता है। समयान्तराल को इंगित करने के लिए प्रकाश लुप्त और प्रदीप्त होता है। अन्त में दर्पण में

आत्ममुग्ध होकर देखती है। और उसके नेत्रों में विचित्र चमक उत्पन्न होती है।)

स्वप्नीला : आज मेरी वर्षों की अभिलाषा पूरी होगी!

सेवक : *(नेपथ्य से)* देवि! भीतर आने की आज्ञा चाहता हूँ!

स्वप्नीला : आ जाओ।

सेवक : *(प्रवेश कर)* लीजिए देवि! आपकी पवित्र खाद्य सामग्री!

स्वप्नीला : तुम दीर्घायु हो सेवक! ये लो अपना पुरस्कार। औषधियुक्त मधुलेपित स्वर्णमुद्रा!

सेवक : *(शीश नवाकर मुद्रा ग्रहण करता है।)* धन्य हो देवि! आपकी जय हो! *(पुनरावृत्ति करते हुए बाहर चला जाता है।)*

(स्वप्नीला थैले को लेकर रोमांचित होती है। फिर हँसने लगती है।)

हा! हा! हा! हा! मेरी पवित्र खाद्य सामगी।...एक वनैला अजगर! जो मेरा भोजन नहीं बनेगा, मेरी इच्छा से किसी और को काल का ग्रास बनायेगा। *(दो छोटे-छोटे डिब्बों को अलग-अलग हाथों में लेकर)*

एक डिब्बे की बूटी सुँघाने से यह निश्चेष्ट हो जायेगा और दूसरे डिब्बे की बूटी सूँघने से यह कुपित हो जायेगा। हा! हा! हा! हा!

(रहस्यमय सम्मोहनकारी संगीत में स्वप्निल नृत्य करती है।)

अब चलूँ अपने लक्ष्य की ओर...! वो मेरे नृत्य को देखकर अतीत की मधुर स्मृतियों में चला गया था। आज फिर नृत्य कर उसे अतीत में पहुँचाऊँगी। मदिरा का अत्यधिक सेवन कराकर उसे अचेत सा कर दूँगी। तब स्मरण कराऊँगी उसका घिनौना कृत्य! हा! हा! हा! नृत्य...

दृश्य सात

(अन्धकार में भयावह कोलाहल! राजा महान् की हत्या! राजा महान् की हत्या! धीरे-धीरे प्रकाश उभरता है। मंच पर उद्घोषक प्रवेश करता है और मंच का चक्कर लगाते हुए बोलता है।)

उद्घोषक : राजा महान् की हत्या! राजा महान् की हत्या! राजा महान् अपने शयनकक्ष में मृत पाये गये! राष्ट्र की जनता को आदेश दिया जाता है कि राष्ट्रीय शोक की घड़ी में सब शोक मनायें और राजा महान् की अन्तिम यात्रा में सम्मिलित होंऽऽऽ! राजा महान् की हत्या...!

(कहते हुए नेपथ्य में चला जाता है।)

राजकुमार : *(विह्वल होकर)* ज्ञानगुरु! इतनी चर्चा के बाद भी आप लोग नहीं बता पाये, महाराज की हत्या किसने की! क्या रात का अँधेरा ही महाराज के लिए काल बन गया! ज्योतिषी जी! क्या निकलता है आपकी गणना में?

ज्ञानगुरु : राजकुमार! धैर्य धारण करें!

गृहमन्त्री : ज्ञानगुरु भीतर हुई चर्चा और महाराज के शव की दशा के आधार पर मैं इस निष्कर्ष पर पहुँचा हूँ कि कोई अत्यन्त निकट का कुटिल व्यक्ति ही हत्यारा हो सकता है।

सेनापति : गृहमन्त्री जी! यह विचित्र हत्या है। मेरी सुरक्षा व्यवस्था का कोई भी सैनिक ऐसा नहीं कर सकता!

गृहमन्त्री : मेरा संकेत आपकी सुरक्षा व्यवस्था की ओर नहीं है।

सेनापति : तो क्या मेरी ओर आपका संकेत है?

ज्ञानगुरु : ये घोर निन्दनीय बात है! भीतर शयनकक्ष में राजा का शव अन्तिम संस्कार की प्रतीक्षा कर रहा है और मन्त्रिगण आरोप-प्रत्यारोप में व्यस्त हैं! हमें तत्काल दो महत्त्वपूर्ण प्रश्नों का उत्तर खोजना है। एक राजा की मृत्यु कैसे हुई, दूसरा राजगद्दी पर कौन बैठेगा?

सेनापति : राजा की स्वाभाविक मृत्यु नहीं, हत्या हुई है ज्ञानगुरु! मैंने हत्यारे की खोज में गुप्तचरों को लगा दिया है। बहुत शीघ्र उस राष्ट्रद्रोही का पता लग जायेगा।

गृहमन्त्री : लेकिन हमें दूसरे प्रश्न का उत्तर तत्काल खोजना होगा, क्योंकि राष्ट्र की महान् परम्परा के अनुसार राजसिंहासन एक पल के लिए भी रिक्त नहीं रह सकता। राजा का परिवार अनाथ हो सकता है लेकिन राष्ट्र अनाथ नहीं रह सकता।

सेनापति : राष्ट्र पर ऐसा कोई संकट नहीं कि मृत राजा के अन्तिम संस्कार से पहले नये राजा का चयन हो। इस अधीरता के पीछे किसी रुग्ण महत्त्वाकांक्षा की गन्ध आ रही है।

गृहमन्त्री : हाँ मेरी महत्त्वाकांक्षा है गद्दी पर बैठने की क्योंकि मैं सबसे योग्य हूँ।

ज्ञानगुरु : योग्यता का निर्णय सर्वसम्मति से होता है गृहमन्त्री जी! यदि आप सम्पूर्ण राष्ट्र से इस विषय पर मतदान करायेंगे तो सबसे अधिक मत मुझे प्राप्त होंगे।

गृहमन्त्री : शास्त्रों का ज्ञान होने से शासन की योग्यता नहीं आ जाती ज्ञानगुरु। *(सेनापति की ओर अर्थपूर्ण दृष्टि से)* और यदि कोई यह सोचे कि सेना का नेतृत्व कर लेने से शासन की योग्यता सिद्ध होती है तो यह उसकी मूर्खता है।

सेनापति : अपने स्वार्थ के लिए कूटनीति और चाटुकारिता में डूबे रहने वाले भी कभी योग्य शासक नहीं हो सकते।

(स्वप्नीला जो अब तक चुप थी, व्यथित हो जाती है।)

स्वप्नीला : बन्द करिये यह अनर्गल प्रलाप! सत्ता के मोह में आप लोग राजा महान् की इच्छा भूल गये। क्या आप लोग यह नहीं जानते कि स्व. राजा महान् राजकुमार को कितना चाहते थे। राजकुमार के माता-पिता और स्वयं महारानी तो वर्षों पहले दिवंगत हो गयी थीं। राजा महान् ने ही इन्हें अपने प्राणों की तरह पाल-पोसकर बड़ा किया। कल रात्रि को जब उन्होंने विश्व भ्रमण पर जाने की घोषणा की थी तो राजकुमार को ही अपना उत्तराधिकारी बनाया था।

गृहमन्त्री : महाराज ने अपने जीवित रहने की दशा में ही राजकुमार को उत्तराधिकारी बनाया था। राजकुमार राजा महान् के प्रतिनिधि के रूप में ही गद्दी पर बैठते। अब राजा की मृत्यु हो चुकी है। राज्य को एक पूर्ण शासक चाहिए, प्रतिनिधि नहीं।

ज्ञानगुरु : पूर्ण शासक भी राजकुमार ही होंगे। हम सच्चे निष्ठावान, राष्ट्रभक्त की तरह उन्हें शासन चलाने में सहायता करेंगे।

सेनापति : मैं ज्ञानगुरु के प्रस्ताव का सहर्ष समर्थन करता हूँ।

गृहमन्त्री : मुझे आपके प्रस्ताव पर कोई आपत्ति नहीं, किन्तु मुझे राष्ट्र के भविष्य की चिन्ता है। क्या राजकुमार को तत्काल राजा बनाया जाना राष्ट्र के लिए अशुभ तो नहीं होगा। इसलिए यह आवश्यक है कि ज्योतिषी इसी समय पत्रा देखकर विचार करें।

सेनापति : वो तो अभी राजा महान् की मृत्यु के कारण को लेकर ही पत्रा में उलझे हुए हैं।

ज्योतिषी : मैं उलझा नहीं हूँ सेनापति महोदय! मेरी गणना बड़े महत्त्वपूर्ण सूत्रों की ओर बढ़ रही है।

गृहमन्त्री : उसे अभी रोक दीजिए! आप अभी ये विचार कीजिए कि जिस राजा की दोपहर पहले मृत्यु हुई हो, क्या उसके पुत्र को राजा घोषित किया जा सकता है?

ज्ञानगुरु : राजकुमार स्व. राजा महान् के नहीं उनके बड़े भाई के पुत्र हैं!

गृहमन्त्री : लेकिन पुत्र से भी बढ़कर हैं।

ज्ञानगुरु : गणना के लिए प्रामाणिक तथ्य दिये जाने चाहिए।

ज्योतिषी : उचित कहा ज्ञानगुरु आपने! मैं इसी तथ्य को ध्यान में रखकर गणना कर रहा हूँ।

(ज्योतिषी किनारे बैठकर गणना करने लगता है। सब लोग विचलित होकर टहलने लगते हैं।)

(तभी एक सैनिक प्रवेश करता है।)

सैनिक : *(अभिवादन कर)* श्रीमन् सेनापति! राज्य का एक गुप्तचर आपसे भेंट करना चाहता है।

सेनापति : तत्काल भेजो! *(सब लोग एक-दूसरे को प्रश्नवाचक दृष्टि से देखते हैं)*

(गुप्तचर प्रवेश करता है।)

गुप्तचर : सेनापति महाराज! नगर में एक मदिरालय के निकट दो सेवक मृत पाये गये, जिनकी मृत्यु किसी विष का सेवन करने से हुई है। उनके पास एक-एक स्वर्णमुद्रा भी पायी गयी है।

(सभी लोग चौंकते हैं।)

गृहमन्त्री : तब तो निश्चित ही कोई भयानक षड्यन्त्र चल रहा है।

ज्ञानगुरु : मदिरालय के निकट मृत्यु होने का अर्थ कुछ और है। सम्भवतः उन्होंने विषैली मदिरा का सेवन किया हो।

गृहमन्त्री : लेकिन सेवकों के पास एक-एक स्वर्णमुद्रा होना सन्देह उत्पन्न करता है।

सेनापति : गुप्तचर तुम जाओ! मदिरा व्यापारी से मिलकर पूछताछ करो। मदिरा का परीक्षण करो और उन स्वर्णमुद्राओं को जाँच के लिए अधिकार में ले लो।

गुप्तचर : जो आज्ञा श्रीमन्! *(गुप्तचर तेज़ी से प्रस्थान करता है।)*

ज्योतिषी : ज्ञानगुरु! ज्योतिष की गणना के अनुसार राजकुमार को तत्काल राजा बनाया जाना अनिवार्य है अन्यथा राष्ट्र को दुर्भाग्य का

सामना करना पड़ेगा। परन्तु इसके साथ भविष्य के लिए एक परम्परा का निर्वाह भी अनिवार्य होगा।

ज्ञानगुरु : कैसी परम्परा?

ज्योतिषी : भविष्य में राजपरिवार के सदस्य को ही शासक बनना होगा, अन्यथा ग्रह-नक्षत्र कुपित होकर राष्ट्र का विनाश कर देंगे।

सेनापति : ऐसी परम्परा की बात ज्योतिष गणना में कैसे आ सकती है?

ज्योतिषी : अज्ञानी कभी ज्ञान पर विश्वास नहीं करते...।

सेनापति : तुम्हारा ज्ञान आडम्बर है। यह मैं अच्छी प्रकार से जानता हूँ। मैंने एक बार तुम्हारे ज्ञान की परीक्षा लेने हेतु तुमसे पूछा था—हम कितने भाई हैं। तुमने सही संख्या पाँच न बताकर चार कहा था। अपनी अज्ञानता की बातों को गणना में छुपा ले गये, कहा—मैंने तो आपके भाइयों की संख्या बतायी थी।

ज्योतिषी : सेनापति महोदय! यह मत भूलिये आपकी पुत्री के विवाह में कुण्डली बनाने का सौभाग्य मुझे ही मिला था।

सेनापति : कुण्डली बनाना तो मेरे घर की महिलाओं की आस्था का विषय था, उनकी आस्था का ध्यान रखकर मैंने तुम्हारे आडम्बर की कोई चर्चा न की।

ज्ञानगुरु : आप लोग शान्त हों! गृहमन्त्री जी! राजकुमार को राजा के पद की शपथ दिलायें।

गृहमन्त्री : राजकुमार! संयत हों! शपथ ग्रहण करें।

(स्वप्नीला राजकुमार को सहारा देकर उठाती है।)

गृहमन्त्री : मैं पृथ्वी नरेश...

राजकुमार : मैं पृथ्वी नरेश बलपुर राष्ट्र की न्याय प्रणाली की सौगन्ध खाकर घोषणा करता हूँ कि जीवन भर राजा के रूप में राष्ट्र की सेवा हेतु तन-मन-धन से अर्पित रहूँगा। किन्हीं कारणों से सत्ता छोड़ने पर राजपरिवार को ही सत्ता सौंपूँगा।

स्वप्नीला : हे! स्व. राजा महान्! राजा द्वितीय के कल्याण का वरदान दो!

ज्ञानगुरु : महाराज राजा द्वितीय अब आप राष्ट्र के नाम अपना प्रथम सन्देश देने की कृपा करें। तभी चयन की औपचारिकता पूरी होगी।

राजा : जैसा कि आप सभी जानते हैं राजपाट चलाने के लिए मेरा ज्ञान और अनुभव बहुत कम है। मुझे राजा महान् ने जो कुछ दायित्व सौंपा था, वह एक प्रकार से मेरा प्रशिक्षण ही था। लेकिन अब मैं राजा हूँ। मेरा राष्ट्र के नाम सन्देश इस प्रकार है—मुझे प्रजा की भलाई की योजनाएँ प्रिय हैं। प्रजा को भी अपने नरक के कष्ट कम करने के लिए राजपरिवार की सेवा करना अनिवार्य है। मैं घोषणा करता हूँ कि स्व. राजा महान् द्वारा चलायी जा रही अम्बल नदी योजना, तालाब और कुओं की खुदाई योजना चलती रहेंगी। परन्तु राजा महान् के हत्यारे को खोजना राष्ट्र की सबसे बड़ी योजना होगी। आप सभी अपने-अपने पद पर बने रहेंगे। मैं राजा के विशेषाधिकार का प्रयोग करते हुए इस ज्योतिषी को राजज्योतिषी का पद प्रदान करता हूँ। क्योंकि इन्होंने अभी-अभी अपनी गूढ़ ज्योतिष गणना से राष्ट्र को दुर्भाग्य से बचाया है। राजपरिवार के प्रति स्वप्नीला की स्वामिभक्ति को देखते हुए मैं इन्हें अपना विशेष सलाहकार नियुक्त करता हूँ।

ज्ञानगुरु : राजज्योतिषी जी! स्व. राजा महान् की अन्तिम यात्रा के शुभ मुहूर्त में कितना विलम्ब है?

राजज्योतिषी : केवल एक घड़ी का।

ज्ञानगुरु : महाराज राजा द्वितीय! स्व. राजा महान् की आत्मा की शान्ति के लिए पाँचवें दिन की सन्ध्या परम्परानुसार राजकीय भोज कक्ष में रात्रि भोज का आयोजन होगा जिसमें मन्त्रिमण्डल के साथ भोजग्रहण करने के पश्चात् ही आप राजकाज में संलग्न होंगे।

राजा : राजज्योतिषी! गणना कर बताइये कि हमारे राज्याभिषेक के शुभ होने का कोई संकेत प्रकृति में दिखाई पड़ने वाला है?

राजज्योतिषी : महाराज! मैं गणना कर चुका हूँ। दो दिन के भीतर वर्षा का होना सुनिश्चित है।

(सेवक का प्रवेश)

सेवक : महाराज! राजकीय श्मशान घाट पर हज़ारों जनता राजा महान् के शव की प्रतीक्षा कर रही है।

(राजा द्वितीय सबको चलने का संकेत करते हैं। राजा द्वितीय और स्वप्नीला आगे-आगे जाते हैं।)

दृश्य आठ

(राजकीय भोज कक्ष के बाहर का कक्ष)

(दो सेवक कालीननुमा आसनों को लपेटकर अपनी-अपनी पीठ पर लादे कक्ष में प्रवेश करते हैं। थक जाने के कारण आसनों को नीचे गिरा देते हैं, हाँफते हुए उन पर बैठ जाते हैं।)

सेवक-1 : हे भगवान! इतने भारी आसन!

सेवक-2 : इन्हीं पर बैठ, करेंगे आज विशेष भोजन!

सेवक-1 : राजा द्वितीय और दरबारीगण!

सेवक-2 : स्व. राजा महान् का होगा तर्पण!

दोनों : शान्ति! शान्ति! शान्ति! स्व. आत्मा की शान्ति!

सेवक-1 : अरे आम आदमी को मिलती सम्मान की रोटी!

सेवक-2 : तब तो शान्ति की कुछ युक्ति होती।

सेवक-1 : प्रजा तो जीवन भर कष्ट ही रही ढोती।

सेवक-2 : कमर तोड़ परिश्रम के बाद भी भूखे पेट ही सोती।

(दोनों आसनों के ऊपर ही सो जाते हैं।)

(राजज्योतिषी का प्रवेश)

राजज्योतिषी : अरे सेवको! ये क्या तुम यहाँ सो रहे हो! तुम्हें अपने प्राणों की चिन्ता नहीं है!

(दोनों हड़बड़ाकर उठ खड़े होते हैं।)

सेवक1 : श्रीमान्! हम सो नहीं रहे थे!

सेवक-2 : स्व. राजा महान् की शान्ति के लिए निद्रा जाप कर रहे थे।

राजज्योतिषी : जाप नहीं तुम पाप कर रहे थे! जैसा सेनापति वैसे ही उसके कर्मचारी! राजा द्वितीय को ज्ञात हो गया तो मृत्यु निश्चित है तुम्हारी! जाओ यथाशीघ्र अपना कार्य सम्पन्न करो।

(आसन उठाकर भीतर जाते हैं। राजज्योतिषी कक्ष में इधर से उधर देखते हुए भ्रमण करता है। फिर पत्रा देखकर कुछ गणना करता है।)

(स्वप्नीला का प्रवेश)

राजज्योतिषी : *(आश्चर्य से)* अरे! आप अभी से...

स्वप्नीला : आप भी तो पहले से आये हुए हैं।

राजज्योतिषी : मैं यहाँ की तरंगों का अध्ययन कर रात्रिभोज के शुभमुहूर्त की गणना कर रहा हूँ।

स्वप्नीला : मैं भी तो राजा की विशेष सलाहकार हूँ। इसीलिए भोज से पूर्व निरीक्षण करने आयी हूँ।

राजज्योतिषी : बड़ा अच्छा संयोग मिला! इस एकान्त में आपसे कुछ सामान्य बातें हो जायेंगी।

(दोनों सेवक प्रवेश कर सेवा में तत्पर से खड़े हो जाते हैं।)

राजज्योतिषी : क्या हुआ?

सेवक (दोनों) : कार्य सम्पन्न हो गया श्रीमन्!

राजज्योतिषी : अब यहाँ क्यों खड़े हो?

सेवक (दोनों) : आपकी सेवा में श्रीमन्!

राजज्योतिषी : हमें सेवा की आवश्यकता नहीं है। कक्ष के बाहर जाकर खड़े रहो!

(दोनों सेवक चल देते हैं।)

स्वप्नीला : एकान्त तो मुझे भी चाहिए था, आपसे बात करने के लिए, लेकिन सामान्य नहीं बहुत गहरी बात!

राजज्योतिषी : गहरी बात!...

स्वप्नीला : आपकी गणना के अनुसार रात्रिभोज के शुभमुहूर्त में अभी कितना विलम्ब है?

राजज्योतिषी : दो घड़ी का!

स्वप्नीला : इसे चार घड़ी तक बढ़ा दीजिए।

राजज्योतिषी : जी!

स्वप्नीला : इसे चार घड़ी तक बढ़ा दीजिये! हमें बात करने के लिए अधिक समय मिल जायेगा।

राजज्योतिषी : परन्तु गणना के अनुसार...

स्वप्नीला : हा! हा! हा! गणनाओं का सच तो कोई नहीं जानता ज्योतिषी महाराज! मुझे लगता है आप ज्ञान से अधिक अनुमान और वाक्चातुर्य के सहारे भविष्यवाणी करते हैं।

राजज्योतिषी : जी!...

स्वप्नीला : चिन्ता मत करिए! ये तो आपका महान् गुण है। मैं गणना कर कह सकती हूँ कि आपका ये गुण आपको राष्ट्र का सर्वशक्तिमान व्यक्ति बना सकता है!

राजज्योतिषी : देवि! ये आप क्या कह रही हैं?

स्वप्नीला : राष्ट्र के उज्ज्वल भविष्य के लिए राजकुमार के पक्ष में भविष्यवाणी की और उसे राजा बना दिया। तब तो राजज्योतिषी का पद पाना ही था। आपकी भविष्यवाणी के अनुसार वर्षा भी हो गयी। राजा द्वितीय अब आपके परामर्श बिना एक कण भी इधर-उधर नहीं हो सकते। अरे उस दिन पूर्वी पहाड़ी क्षेत्र के वातावरण को देखकर एक साधारण किसान भी वर्षा की भविष्यवाणी कर सकता था! हा! हा! आपके अनुमान और वाक्चातुर्य पर आधारित ज्ञान का पता तो मुझे उसी दिन चल गया था। सेनापति के साथ हुए आपके वाद-विवाद ने आपके

आडम्बर को उजागर कर दिया था। परन्तु राजा महान् की मृत्यु के शोक में डूबे राजा द्वितीय इस आडम्बर को नहीं समझ पाये।

राजज्योतिषी : देवि! मैं क्या कहूँ, समझ नहीं पा रहा हूँ।

स्वप्नीला : मैंने कहा ना! इसमें चिन्ता करने की कोई बात नहीं, ये तो आपका महान् गुण है। लेकिन अब इस गुण का उपयोग मेरी सलाह के अनुसार करना होगा अन्यथा आपके लिए अवश्य चिन्ता का विषय हो सकता है। प्राणों का संकट भी आ सकता है क्योंकि दरबार में आपके शत्रुओं की कमी नहीं। मैं महाराज के अत्यन्त निकट हूँ, तुम्हारी वास्तविकता महाराज को बता सकती हूँ।

राजज्योतिषी : *(विचलित होकर)* मेरी रक्षा करो देवि! मुझ पर दया करो।

स्वप्नीला : इतने दयनीय बनोगे तो मुझे अच्छा नहीं लगेगा। मैं तो तुम्हारी चतुराई पर मोहित हूँ। परन्तु मेरी कुण्डली में लिखा है कि मेरा पति राजा होगा। अर्थात् इस दिशा में तुम्हें मेरे कहे अनुसार प्रयास करना होगा।

राजज्योतिषी : देवि! मेरा जीवन तो अब तुम्हारे चरणों पर है। बताओ मुझे क्या करना होगा?

स्वप्नीला : राज्य के हित में जो भी कहूँगी उसी को तुम ज्योतिष गणना का फल बताकर घोषित करोगे। तुम्हारी पहली भविष्यवाणी होगी—समुद्री लहरों की विनाशलीला।

राजज्योतिषी : क्या?

स्वप्नीला : हाँ! शान्तिभोज के बाद जब कल पहली बार दरबार लगेगा तो स्व. राजा महान् की हत्या की जाँच राज्य का एकसूत्रीय कार्यक्रम घोषित किया जायेगा, तभी तुम भविष्यवाणी करोगे कि बहुत शीघ्र समुद्र का प्रलयंकारी प्रकोप राष्ट्र का विनाश कर देगा।

राजज्योतिषी : ये आप क्या कह रही हैं? इस प्रकार तो हत्या की जाँच पर दुष्प्रभाव पड़ेगा।

स्वप्नीला : देखो! मेरे पास तुम्हारे पूर्व जीवन की नीचता के पर्याप्त प्रमाण हैं। जो हत्या का सन्देह तुम्हारी ओर ले जायेंगे।

राजज्योतिषी : नहीं!!!

स्वप्नीला : याद रखो, मेरा सहयोग करोगे तो राजयोग मिलेगा, क्योंकि मैं तुम पर मोहित हूँ और मेरी कुण्डली में महारानी का योग है।

(ज्ञानगुरु का प्रवेश)

ज्ञानगुरु : आप लोग पहले से विद्यमान हैं!

स्वप्नीला : हम अपना-अपना दायित्व निभा रहे हैं।

राजज्योतिषी : ताकि सब कुछ सकुशल सम्पन्न हो।

ज्ञानगुरु : मैं भी अपना दायित्व निर्वाह करने ही आया हूँ। शान्तिभोज से पूर्व मन्त्रोच्चार से कक्ष को पवित्र कर दूँ। कल से तो पूरे मन्त्रिमण्डल के कन्धों पर हत्या की जाँच का दायित्व होगा।

राजज्योतिषी : ज्ञानगुरु! जाँच में पूरे मन्त्रिमण्डल के सम्मिलित होने से योजना कार्यों में रुकावट आ जायेगी।

ज्ञानगुरु : ठीक है! यह बात दरबार में रखी जायेगी। परन्तु एक निर्दोष राजा की हत्या राष्ट्र की बहुत बड़ी त्रासदी है।

स्वप्नीला : गुरुदेव! जाँच का परिणाम आने पर ही दोष-निर्दोष का भी निर्णय हो सकता है।

ज्ञानगुरु : *(चौंककर)* यह तुम क्या कह रही हो?

स्वप्नीला : आपकी दी हुई शिक्षा के आधार पर कह रही हूँ गुरुदेव!

राजज्योतिषी : ज्ञानगुरु! शान्तिभोज का शुभमुहूर्त निकट है। मैं राजा द्वितीय को सूचित कर दूँ।

(बाहर की ओर जाने लगता है।)

(तभी सेनापति का प्रवेश)

(सेनापति और राजज्योतिषी एक पल के लिए एक-दूसरे को गहरी दृष्टि से देखते हैं। राजज्योतिषी तुरन्त बाहर निकल जाता है।)

सेनापति : प्रणाम! शान्तिभोज की सुरक्षा व्यवस्था का निरीक्षण कर रहा हूँ।

ज्ञानगुरु : शान्तिभोज में सुरक्षा व्यवस्था की क्या आवश्यकता?

सेनापति : गुरुदेव! राजा महान् की मृत्यु के दिन से अभी तक मैं लगातार हत्या की जाँच में लगा हूँ। अभी तक का निष्कर्ष यह है कि अपराधी बहुत महत्त्वाकांक्षी है। राजा महान् के बाद राजा द्वितीय पर भी वह घात लगा सकता है। भोजकक्ष उसके लिए अनुकूल स्थान होगा।

ज्ञानगुरु : सेनापति मैं आपके प्रयासों की प्रशंसा करता हूँ। मेरा आशीर्वाद है आप यथाशीघ्र हत्यारे को खोज कर उसे प्राणदण्ड दे सकें।

स्वप्नीला : मेरी शुभकामनाएँ आपके साथ हैं सेनापति महोदय!

(सेनापति मुस्कराती दृष्टि से स्वप्नीला को देख तीव्रता से भीतर जाता है।)

ज्ञानगुरु : स्वप्नीला! तुम बहुत कुशाग्र बुद्धि हो! मेरी इच्छा है कि तुम सेनापति को हत्या की जाँच में सहायता करो।

स्वप्नीला : गुरुदेव! सेनापति की इच्छा के विरुद्ध ऐसा करना, स्वयं का अपमान करना होगा। हाँ! मैं इस हत्या की जाँच अपने स्तर पर प्रारम्भ करूँगी!

ज्ञानगुरु : तुम्हारी सफलता के लिए आशीर्वाद...!

(ज्ञानगुरु भीतर जाते हैं।)

(दो सेवकों का प्रवेश)

दोनों : महाराज राजा द्वितीय पधार रहे हैं!

(राजा, गृहमन्त्री, राजज्योतिषी का प्रवेश)

स्वप्नीला : अभिवादन स्वीकार हो राजन्!

राजा द्वितीय : *(गृहमन्त्री और राजज्योतिषी)* आप लोग भीतर चलें। मुझे स्वप्नीला से कुछ मन्त्रणा करनी है।

(गृहमन्त्री और राजज्योतिषी भीतर चल देते हैं।) राजा सेवकों को बाहर जाने का संकेत करता है। *(सेवक बाहर चले जाते हैं।)*

राजा द्वितीय : स्वप्नीला! आज औपचारिक शोक की अवधि समाप्त हो गयी। अब मुझे तुम्हारी निकटता की आवश्यकता है। अब अन्तर्मन की भावनाओं को प्रकट करने का उचित समय आ गया है।

स्वप्नीला : आप उचित कह रहे हैं राजन्! राजा के रूप में कल आप पहली बार दरबार का संचालन करेंगे। तभी आप पूर्ण राजा होंगे। मैं चाहती हूँ कि आपके पूर्ण राजा बनने के बाद ही मैं आपके समक्ष अपना अन्तर्मन प्रस्तुत करूँ।

राजा द्वितीय : ठीक! इसके लिए तुम्हें मेरे शयनकक्ष में आना चाहिए।

स्वप्नीला : अवश्य!

राजा द्वितीय : आओ, एक बार आलिंगनबद्ध होकर अपने मिलन की भूमिका बनायें।

नेपथ्य से : *(मन्त्रोच्चार),* ऊँ अपवित्रो पवित्रो वा...

स्वप्नीला : अभी नहीं! स्व. राजा महान् की आत्मा दुखी होगी। आइये उनकी शान्ति की प्रार्थना करें।

(दोनों का भीतर प्रस्थान)

दृश्य नौ

(राजा द्वितीय का शयनकक्ष)

(दो सेवक तीव्र गति से प्रवेश कर कक्ष में औषधि, मदिरा आदि के पात्र रखते हैं।)

सेवक-1 : और कोई सामग्री तो नहीं रह गयी?

सेवक-2 : मेरे विचार से सारी सामग्री आ चुकी है।

सेवक-1 : बड़े आश्चर्य की बात है आज महाराज औषधि और मदिरा का एक साथ सेवन करना चाहते हैं!

सेवक-2 : जितना बड़ा आघात उन्हें लगा है उसको ठीक करने के लिए दोनों का सेवन आवश्यक है।

सेवक-1 : हाँ! ठीक कहते हो! राजा के रूप में पहली बार दरबार का संचालन और ऐसा घोर संकट!

सेवक-2 : लगता है स्व. राजा महान् की आत्मा कुपित है!

सेवक-1 : शान्तिभोज में अवश्य कोई त्रुटि रह गयी होगी!

सेवक-2 : बन्धु! त्रुटियाँ तो पूरे राजकाज में बसी हुई हैं!

सेवक-1 : हाँ! अन्याय और भोग-विलास की जड़ें बहुत गहरी धँसी हुई हैं।

सेवक-2 : जनता की आशाएँ! पिसी हुई हैं! पिसी हुई हैं!

सेवक-1 : चलो! अब इस शयनकक्ष से निकल चलो... अधिक देर यहाँ रहने से हम ही पीस दिये जायेंगे!

(राजा द्वितीय का प्रवेश)

(सेवक सिर झुकाकर चले जाते हैं।)

(राजा द्वितीय मदिरा और औषधि का सेवन करता है।)

राजा द्वितीय : हे स्वर्गवासी राजा महान्! मुझे तो दरबार में पहले ही दिन विपत्तियों ने आ घेरा। आपके हत्यारे का पता लगाकर उसे दण्डित करना मेरा पहला दायित्व था। लेकिन मैं क्या करूँ! राष्ट्र के ऊपर महाविनाश के बादल मँडराने लगे हैं। महाज्ञानी राजज्योतिषी ने समुद्री प्रलय की भविष्यवाणी की है! राजा महान् मुझे इस संकट से उबारिए!

(स्वप्नीला का प्रवेश)

स्वप्नीला : जी हाँ! अब स्व. राजा महान् ही राष्ट्र को इस संकट से उबारेंगे।

राजा द्वितीय : आओ स्वप्नीला! आओ! मुझे तुम्हारे सान्निध्य की परम आवश्यकता है।

स्वप्नीला : उससे अधिक आपको राजनीति को समझने की आवश्यकता है। कुशल शासक होने की आवश्यकता है।

राजा द्वितीय : यही तो मेरी दुर्बलता है। मुझे क्या पता था कि मैं इतनी कम आयु में राजसिंहासन पा जाऊँगा! राजा महान् की आकस्मिक मृत्यु न होती तो मुझे राजकाज के प्रशिक्षण का समय मिल जाता या मैं तुम्हारी तरह असाधारण बुद्धि और ज्ञान का स्वामी होता।

स्वप्नीला : चिन्ता न करें राजा द्वितीय! मैं और राजज्योतिषी आपका भरपूर सहयोग करेंगे।

राजा द्वितीय : मैं तुम्हारा उपकार जीवनपर्यन्त न भूलूँगा! मुझे संकट के भँवर से शीघ्र निकालो स्वप्नीला! राजा महान् के हत्यारे का शीघ्र पता लगाना है। जनहित की योजनाओं को सुचारु रूप से चलाना है। जिसमें अनुमान से कहीं अधिक धन और श्रम का व्यय हो रहा है। तुमने आज दरबार में गुप्तचरों का समाचार सुना—चेतय्या नाम का एक आदिवासी नायक जो कभी राज्य का बड़ा सहयोगी था, अब असन्तुष्ट हो रहा है और बहुत

शीघ्र राज्य पर समुद्री प्रलय का प्रकोप बरसने वाला है परन्तु सेनापति! राजा महान् की हत्या की जाँच को राष्ट्र का प्रथम दायित्व बता रहे हैं। उनके ऊपर तो हत्या की जाँच का उन्माद सा छाया हुआ है।

स्वप्नीला : जी हाँ! इस उन्माद की ज्वाला में वो आपको भस्म करना चाहता है।

राजा द्वितीय : क्या?

स्वप्नीला : जी! उसकी योजना है कि वह आपको हत्यारा सिद्ध कर दे!

राजा द्वितीय : किस आधार पर?

स्वप्नीला : आपका और स्व. राजा महान् का शयनकक्ष आमने-सामने है!

राजा द्वितीय : मात्र इस आधार पर मैं हत्यारा सिद्ध हो जाऊँगा?

स्वप्नीला : राजसिंहासन का उत्तराधिकारी होना इससे बड़ा आधार है।

राजा द्वितीय : लेकिन सेनापति मेरे विरुद्ध ऐसा क्यों करेंगे? उनकी मुझसे क्या शत्रुता है?

स्वप्नीला : महत्त्वाकांक्षा मनुष्य को किसी भी स्तर तक गिरा सकती है।

राजा द्वितीय : क्या तात्पर्य है तुम्हारा?

स्वप्नीला : सेनापति स्वयं राजसिंहासन पर बैठने के लिए व्याकुल है! गृहमन्त्री को सरलता से रास्ते से हटा लेगा। ज्ञानगुरु को सिंहासन की कोई चाह नहीं। केवल आप ही उसके प्रतिद्वन्द्वी हैं। इसलिए आप पर हत्या का आरोप सिद्ध कर वह अपने रास्ते का अन्तिम व्यवधान भी हटा देना चाहता है।

राजा द्वितीय : स्वप्नीला! मैं कैसे दुर्भाग्य और कुचक्र में घिरा जा रहा हूँ! मेरा हृदय डूबा जा रहा है!

स्वप्नीला : धैर्य धारण करें राजन्! मैंने कहा था मैं तन-मन-धन से राजपरिवार की सेवा करूंगी!...*(मदिरा का प्याला भरकर देती है)*

राजा द्वितीय : आहा! तुम्हारे हाथों मदिरा का सेवन! ईश्वर का अद्भुत वरदान! *(तीव्रता से पी जाता है।)*

(स्वप्नीला तुरन्त ख़ाली प्याले को भरती है।)

राजा द्वितीय : इसे तुम्हारा प्रेम समझकर पीता हूँ। *(पुनः तीव्र गति से पीता है।)* स्वप्नीला मुझे संकटों से बचाओ! सेनापति से बचाओ!

स्वप्नीला : राजन्! आपके सारे संकटों का समाधान मैंने और राजज्योतिषी ने खोज लिया है। आप कल दरबार में घोषणा करेंगे कि स्व. राजा महान् ने आपको स्वप्न में दर्शन दिये और एक माह के भीतर अपनी अष्टधातु की विशाल मूर्ति बनाने का आदेश दिया...।

राजा द्वितीय : इससे क्या होगा?

स्वप्नीला : पूरी बात सुनिये! राजा महान् ने आपसे कहा—मूर्ति बनाने से स्वर्ग के देवता प्रसन्न होंगे! वे समुद्र के प्रकोप को शान्त कर देंगे।

राजा द्वितीय : स्वप्नीला मेरी चेतना डूबी जा रही है। मैं ऐसी असत्य घोषणा करने का साहस नहीं जुटा पा रहा हूँ। राजज्योतिषी को बुलवाओ!

(स्वप्नीला ताली बजाती है।)

(सेवक का प्रवेश)

सेवक : आज्ञा देवि!

स्वप्नीला : राजज्योतिषी को बुलाओ।

स्वप्नीला : *(राजा से)* राष्ट्र को संकट से बचाने के लिए झूठ बोलना पुण्य का काम है।

(राजज्योतिषी भीतर आता है। राजा अर्द्धमूर्च्छित की अवस्था में है।)

राजज्योतिषी : अभिवादन स्वीकार करें महाराज!

राजा द्वितीय : राजज्योतिषी! ये कैसा विचित्र उपाय सोच लिया!

राजज्योतिषी : राजा और राज्य पर चारों ओर से घिर आये संकट को देखते हुए, यही सर्वोत्तम उपाय है! एक तीर से कई सन्धान होंगे महाराज! धर्मभीरु जनता जनहित की योजनाओं को भुलाकर अष्टधातु की मूर्ति हेतु अपना सर्वस्व न्यौछावर कर देगी। राष्ट्रभक्त चेतय्या का विद्रोह शान्त हो जायेगा। अन्यथा उसे

बन्दी बना लिया जायेगा। सेनापति को मूर्ति निर्माण का सम्पूर्ण दायित्व सौंप दिया जाय तो उनके लिए यह धनार्जन का भरपूर अवसर होगा। वे स्वप्न में भी राजा महान् की हत्या का आरोप आप पर नहीं लगा पायेंगे।

राजज्योतिषी : अति उत्तम! राजज्योतिषी अति उत्तम! तुमने मेरे सारे संकट दूर कर दिये। बस अब तो मेरी एक ही अभिलाषा है—स्वप्नीला को महारानी के रूप में देखना!

राजज्योतिषी : आपकी अभिलाषा अवश्य पूरी होगी।

राजा द्वितीय : स्वप्नीला! अब मैं सोना चाहता हूँ! एक बार और मुझे अपने कोमल हाथों से मदिरापान करा दो...!

स्वप्नीला : अवश्य महाराज! अवश्य! *(पिलाती है।)*

(राजा सो जाता है।)

राजज्योतिषी : अब हमारे मिलन का मार्ग प्रशस्त हो चुका है। बलपुर के महाराज-महारानी बनेंगे हम दोनों।

स्वप्नीला : कल दरबार में घोषणा होते ही ग्रामीण अंचलों में गुप्तचरों द्वारा समाचार प्रसारित कर दिया जाय कि दुष्ट राजा ने स्वयं को बचाने के लिए सारी जनहितकारी योजनाएँ रोक दी हैं। सेनापति ने अकूत धन अर्जित करने के लिए मूर्ति निर्माण का कार्य अपने हाथ में ले लिया है। जब चेतय्या के साथ-साथ लाखों ग्रामीणों में विद्रोह की आग भड़केगी तो हम अवसर का लाभ उठाकर उसकी मशाल अपने हाथों में ले लेंगे।

राजज्योतिषी : इसका तात्पर्य यह है कि हमारे महाषड्यंत्र का अन्तिम चरण इसी क्षण प्रारम्भ हो चुका है!

स्वप्नीला : हाँ! अब एक पल का भी विराम सम्भव नहीं! हमारे मार्ग का सबसे बड़ा व्यवधान सेनापति है। इसलिए हमें पल-पल सावधान रहने की आवश्यकता है।

राजज्योतिषी : विदा राजा द्वितीय!

स्वप्नीला : अब कल दरबार में मिलेंगे। *(खिलखिलाती है।)*

(दोनों का प्रस्थान)

दृश्य दस

(पार्श्व में कोलाहल)

(चलो! चलो! तुरन्त चलो! चेतय्या बुलावत है! चेतय्या के घर पर पहुँचो सब लोग)

(लोग मंच पर एकत्र होते हैं! चेतय्या का प्रवेश)

समवेत स्वर : नमस्कार चेतय्या! नमस्कार!

चेतय्या : आप सबको भी मेरा नमस्कार स्वीकार होवे! भाइयो! बड़े संकट की घड़ी आन पड़ी है। राजधानी से लगातार बुरे समाचार आ रहे हैं। ऐसे ही चलता रहा तो सबका जीवन नष्ट हो जायेगा। हमारा पूरा देश नष्ट हो जायेगा।

ग्रामीण-1 : चेतय्या ठीक कह रहा है। जब से नया राजा बना है तब से राजकाज में बड़ा गोलमाल होने लगा है।

ग्रामीण-2 : सुना है, नया राजा तो बिल्कुल मूर्ख और निकम्मा है!

ग्रामीण-3 : अरे! राजा मूर्ख है तो है! दरबार में तो एक से बढ़कर एक विद्वान मन्त्री हैं! वो क्या कर रहे हैं?

ग्रामीण-4 : सबके सब सत्तासुख भोग रहे हैं। इसलिए जैसा राजा कह रहा है, वैसा ही कर रहे हैं!

चेतय्या : भाइयो! अब इस बहस का समय नहीं रहा! मैंने आपको यहाँ निर्णय के लिए बुलाया है कि अब हमें क्या करना चाहिए! स्व. राजा महान् ने पहले जनहित योजनाओं के लिए प्रजा के ऊपर अनिवार्य योगदान का बोझ लादा! राजा द्वितीय ने

जनहित योजनाओं को बन्द कर दिया। अब देश को दैवी प्रकोप से बचाने के लिए स्व. राजा महान् का अष्टधातु स्मारक बनाया जा रहा है जिससे प्रजा पर कर का बोझ दुगना हो गया है।

एक : अब हम राजदरबार को एक फूटी कौड़ी भी ना देंगे।

सभी : नहीं देंगे! नहीं देंगे!

जनमाला : *(जो अब तक चुपचाप थी)* चेतय्या! तुम सदा राष्ट्रभक्ति के साथ राजभक्ति के भी गीत गाते रहे! इसीलिए राजा महान् की खोखली नीतियों और झूठे प्रजा प्रेम को समझ नहीं पाये। अरे बाढ़-अकाल के प्रकोप दूर करने की योजनाएँ और पैदावार बढ़ाने की योजनाएँ तो सैकड़ों बार घोषित होती रहीं, सैकड़ों बार भूमिपूजन होते रहे, लेकिन योजनाएँ पूरी कभी नहीं हुईं!

चेतय्या : ये सब मैं भी जानता हूँ भाई जनमाला! मेरा सिद्धान्त है जब तक हो सके बुराई को अच्छाई से जीतने का जतन करना चाहिए। जब बात ना बन पाय तो फिर सीना तानकर अन्याय का विरोध करना चाहिए। अब समय आ गया है–हम सब एकजुट होकर प्रजाविरोधी शासन को समाप्त कर दें।

मुझे लगता है राजा को हमारे विरोध का समाचार तोड़-मरोड़ कर बताया जा रहा है। ग्राम प्रान्तर में कई बार गुप्तचरों का आना-जाना भी हुआ है। हो सकता है हमारे विरोध को रोकने के लिए वे हमें लालच के जाल में घेर लें, हमारे बीच फूट डाल दें या फिर हमें बन्दी बना लें। लेकिन हम उनकी कोई भी चाल सफल नहीं होने देंगे।

जनमाला : वे हमारे बीच फूट नहीं डाल सकते!

भीड़ : कभी नहीं! कभी नहीं!

(घोड़ों के टापों की आवाज़)

चेतय्या : *(दौड़कर नेपथ्य की ओर देखता है)* हमारा अनुमान सही निकला! सशस्त्र सैनिक आ रहे हैं!

जनमाला : हम भागेंगे नहीं, इनसे टक्कर लेंगे।

एक : लगता है ये चेतय्या को बन्दी बनाने आये हैं!

जनमाला : छू नहीं पायेंगे ये चेतय्या को! भाइयो! शस्त्र उठा लो! चेतय्या को गोल घेरे में ले लो!

(लोग नेपथ्य से लाठी-भाले लेकर आते हैं! चेतय्या को गोल घेरे में ले लेते हैं।)

(सैनिकों का प्रवेश)

प्रधान सैनिक : चेतय्या कौन है?

जनमाला : क्या काम है चेतय्या से?

प्रधान सैनिक : उस पर विद्रोह का आरोप है! राजा द्वितीय ने उसे बन्दी बनाकर राजदरबार में उपस्थित करने का आदेश दिया है।

चेतय्या : राजा द्वितीय पर अन्याय, अत्याचार, भोग-विलास और प्रजा के धन की लूट का आरोप है! उसे कौन बन्दी बनायेगा?

प्रधान सैनिक : तुम कौन हो?

चेतय्या : मैं ही हूँ चेतय्या! *(घेरा तोड़कर सैनिक के पास आता है।)*

प्रधान सैनिक : *(सहायकों से)* बन्दी बना लो इसे!

चेतय्या : हाथ न लगाना मुझे! नहीं तो जीवित न लौट पाओगे!

जनमाला : चारों ओर देखो! घरों की छत पर, मुँडेरों पर, पेड़ों पर! हर तीर-भाले के लक्ष्य पर तुम सबका जीवन है! *(चारों को देखकर भयभीत)*

चेतय्या : डरो नहीं हम तुम्हारी हत्या नहीं करेंगे। हम स्वयं राजा से मिलने राजदरबार में आ रहे हैं! इस राष्ट्र को बचाने के लिए यह आवश्यक हो गया है, आओ हमारे पीछे-पीछे!

(चेतय्या और जनमाला आगे बढ़ते हैं)

जनमाला : चेतय्या की जै!

भीड़ : जै...जै...जै...

(नारे चलते रहते हैं। आगे-आगे चेतय्या, जनमाला, बीच में सैनिक और पीछे जनसमूह चलता है।)

दृश्य ग्यारह

(मन्त्रिगण दरबार में तनावपूर्ण मनःस्थिति में इधर-उधर टहलते हुए चिन्तन में डूबे हैं।)

(सैनिक का प्रवेश)

सैनिक : राजा द्वितीय पधार रहे हैं!

(राजा का प्रवेश, सब लोग अपना-अपना स्थान ग्रहण करते हैं।)

राजा द्वितीय : राष्ट्र पर अभूतपूर्व संकट के कारण यह आपात बैठक बुलायी गयी है। सेनापति ने स्मारक निर्माण योजना प्रारम्भ न कर इस संकट की आग में घी डाल दिया है।

सेनापति : राजन्! राजकीय कोषागार का धन समाप्त हो चुका है। ऐसे में स्मारक का कार्य प्रारम्भ करना असम्भव है।

राजा द्वितीय : धन की कमी को दूर करने के लिए चावल के निर्यात का जो निर्णय लिया गया था उसका पालन क्यों नहीं हुआ?

सेनापति : राजन्! चावल के भण्डार को देखने के बाद ज्ञात हुआ कि उसकी मात्रा बहुत कम है। निर्यात करने पर हमारी प्रजा के लिए भुखमरी की स्थिति आ जायेगी।

राजा द्वितीय : तो स्मारक कैसे बनेगा?

सेनापति : राजन्! ऐसी दशा में स्मारक बनाना उचित नहीं!

राजा द्वितीय : तुम्हारी मति मारी गयी है सेनापति! यदि स्मारक नहीं बनेगा तो समुद्र की प्रलयलीला सम्पूर्ण राष्ट्र का विनाश कर देगी। प्रजा की भूख को शान्त करने के लिए पूरे राष्ट्र की बलि नहीं दी जा सकती।

गृहमन्त्री : महाराज ठीक कह रहे हैं! स्मारक निर्माण अनिवार्य है।

ज्ञानगुरु : नहीं! पहले समुद्री प्रलयलीला की वैज्ञानिकता परखी जानी चाहिए, उसके बाद इस बात की जाँच होनी चाहिए कि स्मारक बन जाने से प्रलय कैसे शान्त होगा! एक डरावनी भविष्यवाणी और स्वप्न की माया के कारण अबोध प्रजा के जीवन से खिलवाड़ नहीं किया जा सकता।

राजा द्वितीय : ज्ञानगुरु! राजज्योतिषी ने अभी तक जितनी भविष्यवाणी की हैं वो सब सच निकलीं! यदि हम उनकी इस भविष्यवाणी की अनदेखी करेंगे तो यह आत्मघात होगा।

गृहमन्त्री : राजन्! राजाज्ञा मिलने पर भी स्मारक निर्माण न कराना और प्रजा का पक्ष लेकर राजा के विरुद्ध जनमत तैयार कराना एक षड्यन्त्र प्रतीत होता है।

सेनापति : षड्यन्त्र तो आपके इस कुटिल आरोप के पीछे दिखाई पड़ता है। आप स्वयं स्मारक निर्माण प्रभारी बनना चाहते हैं। महाराज! मैं गृहमन्त्री की महत्त्वाकांक्षा के लिए इस दायित्व से त्यागपत्र देता हूँ।

ज्ञानगुरु : राजन्! आपकी और राष्ट्र की भलाई इसी में है कि स्मारक निर्माण की योजना स्थगित कर दी जाय।

राजा द्वितीय : ज्ञानगुरु! यह स्व. राजा महान् की आत्मा द्वारा बताया गया उपाय है। आत्माएँ कभी झूठ नहीं बोलतीं। यदि हमने उनकी बात न मानी तो समुद्र के प्रचण्ड प्रलय से राष्ट्र को कौन बचायेगा?

ज्ञानगुरु : समुद्र का प्रलय अभी दूर है। उससे बचने के लिए जो प्रयास किया जा रहा है उसके फलस्वरूप प्रजा के प्रचण्ड विरोध का प्रलय राजदरबार और राजसिंहासन को भस्मीभूत कर देगा।

राजा द्वितीय : ऐसे महान् कार्य के लिए विरोध करना घोर पाप है। प्रजा को इसका दण्ड भोगना पड़ेगा। हमने इस महान्याय का शुभारम्भ कर दिया है। हमारे गुप्त सैनिक जननायक चेतय्या को बन्दी बनाकर ला ही रहे होंगे।

ज्ञानगुरु : राजन्! क्षमा करें! न्यायप्रियता की घोषणा करने वाले राजसिंहासन से अन्याय हो रहा है।

राजा द्वितीय : कैसा अन्याय हो रहा है?

ज्ञानगुरु : स्मारक निर्माण के लिए मन्त्रिमण्डल की स्वीकृति नहीं ली गयी! और प्रजा के कष्टों को सामने रखने वाले जननायकों को मन्त्रिमण्डल से परामर्श के बिना बन्दी बनाया जा रहा है।

राजा द्वितीय : ये कोई अन्याय नहीं है! मैंने केवल संविधान में दिये गये विशेषाधिकार का प्रयोग किया है।

ज्ञानगुरु : इसकी भी सूचना मन्त्रिमण्डल को होनी चाहिए थी।

राजा द्वितीय : मैंने अपनी विशेष सलाहकार स्वप्नीला और राजज्योतिषी को ये सूचना दे दी है।

(स्वप्नीला और राजज्योतिषी सिर झुकाते हैं।)

गृहमन्त्री : मुझे भी राजा द्वितीय ने सूचना देकर कृतार्थ किया है।

ज्ञानगुरु : मैं राष्ट्र का वरिष्ठतम मन्त्री हूँ मुझे सूचना क्यों नहीं दी गयी? सेनापति को सूचना क्यों नहीं दी गयी?

राजा द्वितीय : आपकी ओर से किसी विरोध की आशंका न थी और सेनापति अब हर बात पर विरोध करने लगे हैं। इसलिए आप दोनों को सूचना नहीं दी गयी।

सेनापति : महाराज! मेरे लिए राष्ट्रहित सर्वोपरि है। मैं वही करूँगा जो राष्ट्र के लिए हितकर होगा। जो राष्ट्र के लिए हितकर होगा, वही राजा के लिए भी हितकर होगा। इसलिए मेरा जो भी विरोध होगा वह आपके लिए हितकर होगा।

राजा द्वितीय : *(उपहास करते हुए)* तो बताइये! इस समय मेरे लिए क्या हितकर है!

सेनापति : स्व. राजा महान् की हत्या की जाँच!

राजा द्वितीय : *(क्रोधित होकर)* बार-बार वही प्रलाप! हत्या की जाँच! हत्या की जाँच! क्या हत्या की जाँच से समुद्री प्रलय रुक जायेगा! प्रजा का विद्रोह रुक जायेगा! जनहित योजनाएँ पूरी हो जायेंगीं।

ज्ञानगुरु : राजन्! धैर्य धारण करें। आप तो आत्मा के अस्तित्व पर विश्वास करते हैं! तनिक सोचिए! हत्यारे को अभी तक दण्ड न दिये जाने के कारण स्व. राजा महान् की आत्मा कितनी तड़प रही होगी। हो सकता है इसी कारण राष्ट्र को इन संकटों का सामना करना पड़ रहा हो।

राजज्योतिषी : ज्ञानगुरु क्षमा करें! यदि ऐसा होता तो स्व. राजा महान् ने जब राजा द्वितीय को स्वप्न में दर्शन दिये थे तो वे यही बात कहते। स्मारक निर्माण की बात न कहते।

स्वप्नीला : इससे यह भी प्रमाणित होता है कि स्व. राजा महान् की मृत्यु अकाल मृत्यु योग से हुई है, हत्या के कारण नहीं।

राजज्योतिषी : यही सत्य है! मेरी ज्योतिष गणना भी इसी निष्कर्ष पर पहुँची है। यदि मैं पहले ही राजज्योतिषी नियुक्त हो जाता तो मैं अकालमृत्यु योग की समय रहते भविष्यवाणी कर देता और राजा महान् के जीवन को बचाने हेतु अनुष्ठान भी कर देता।

ज्ञानगुरु : आप राष्ट्र को वर्तमान संकटों के भँवर से निकालने का अनुष्ठान क्यों नहीं कर देते जिससे स्मारक निर्माण का धन बच जाय। प्रजा भी करों के बोझ से मुक्त हो जाय! जनहित योजनाएँ पुनः चल पड़ें।

राजा द्वितीय : ज्ञानगुरु! स्मारक निर्माण स्व. राजा महान् की आज्ञा है उसे कभी नहीं टाला जा सकता।

राजज्योतिषी : अब अनुष्ठान किया जाना भी अनिवार्य हो गया है, क्योंकि स्मारक निर्माण में हो रहे विलम्ब के कारण संकट और भी गहरा गया है *(पत्र देखकर)* राजा द्वितीय को एक पहर बाद से ही इक्कीस दिनों तक एकान्त जाप करना होगा।

स्वप्नीला : देख लीजिए सभी विद्वान् मन्त्रिगण! जो लोग राष्ट्रभक्ति और राजभक्ति की दुहाई दे रहे हैं, उन्हीं के कारण राष्ट्र और स्वर्गीय राजा महान् की आत्मा के कष्ट निरन्तर बढ़ते जा रहे हैं।

राजा द्वितीय : अब यह अपराध क्षम्य नहीं होगा! गृहमन्त्री आप तत्काल स्मारक का निर्माण कार्य अपने हाथ में ले लें। सेनापति को आदेश है कि वे चेतय्या सहित सारे विद्रोहियों को प्राणदण्ड दें। ज्ञानगुरु! आपको आदेश है कि सारे कार्यों का निरीक्षण करें। जो आदेश की अवहेलना करे उसे प्राणदण्ड देना सुनिश्चित करें। मैं इक्कीस दिन के एकान्त जाप हेतु संलग्न हो रहा हूँ।

सेनापति : महाराज! बस एक पहर और! एक पहर बाद इस राष्ट्र के लिए मैं स्वयं अपना सिर धड़ से अलग कर दूँगा! मैं राजा महान् के हत्यारे को सामने लाना चाहता हूँ।

गृहमन्त्री : बिना जाँच किये आप हत्यारे को सामने कैसे ले आयेंगे!

सेनापति : गृहमन्त्री जी जिस क्षण से राजा महान् की हत्या का पता चला मैं उसी समय से लगातार हत्या की जाँच कर रहा हूँ क्योंकि स्वर्गीय राजा महान् हर रात को मुझे स्वप्न में दर्शन देते हैं, कहते हैं उस महत्त्वाकांक्षी को शीघ्र प्राणदण्ड दो जिसने मेरी हत्या की है और अब राष्ट्र को विनाश की ओर ले जा रहा है! मुझे उस महत्त्वाकांक्षी हत्यारे का पता चल गया है।

राजा द्वितीय : *(घबराकर)* कौन है वह हत्यारा! कहाँ है?

सेनापति : इसी दरबार में है।

(सब एक-दूसरे को आशंकित-सशंकित दृष्टि से देखते हैं।)

(स्वप्नीला अपनी घबराहट छिपाने हेतु मुस्कराती है।)

राजा द्वितीय : *(घबराकर)* मेरी राजसिंहासन पर बैठने की कोई महत्त्वाकांक्षा नहीं थी, न ही कोई आशा। मुझे परिस्थितियों ने सिंहासन पर बिठाया है।

ज्ञानगुरु : महाराज! धैर्य धारण करें। आप पर कोई आरोप नहीं लगाया गया है।

गृहमन्त्री : *(क्रोध से पागल होकर)* तो क्या वो हत्यारा मैं हूँ! मैं जिसने सदा स्व. राजा महान् के चरणों में रहना अपना धर्म माना। सबसे योग्य होने पर भी कम अनुभवी राजकुमार को सिंहासन सौंपने में सहयोग किया!

राजज्योतिषी : *(क्रोध में ही)* क्या मैं हत्यारा हूँ जिसने स्वयं ज्योतिष का विधान बताया कि केवल राजपरिवार का सदस्य ही सिंहासन पर बैठ सकता है!

स्वप्नीला : *(बिलख-बिलखकर)* क्या ये अबला वनकन्या हत्यारी है जिसने राज्य की प्रजा के सामने राजपरिवार की तन-मन-धन से सेवा करने का संकल्प लिया है, जो ये भली-भाँति जानती है कि राजसिंहासन पर बैठना उसके लिए सौ जन्मों तक असम्भव है!

ज्ञानगुरु : आप लोग इतने अधीर क्यों हो रहे हैं! जब कुछ ही पलों में सारी सच्चाई सामने आने वाली है, ऐसी स्थिति में क्रोध, भय और आँसू मन की दुर्बलता के परिचायक हैं।

सेनापति : स्वप्नीला! रोइये मत! आप तो अपने अद्भुत नृत्यकौशल से दूसरों को आनन्द प्रदान करना जानती हैं। ऐसा व्यक्ति कैसे रो सकता है। आँसू पोंछिए! स्व. राजा महान् तो आपका अद्भुत नृत्य देख भावविमुग्ध हो गये थे और अतीत की मधुर स्मृतियों में लीन हो गये थे। वार्षिकोत्सव समारोह में!...दरबार में उपस्थित सभी महानुभावों को इसका स्मरण होगा।

ज्ञानगुरु : हाँ स्मरण है! *(अन्य लोग भी कहते हैं।)*

सेनापति : स्वप्नीला! क्या आपने उसके बाद भी कभी राजा महान् के सम्मुख नृत्य प्रस्तुत किया? ...स्मरण करिए!

राजा द्वितीय : सेनापति आप कैसी अनर्गल बातें करने लगे! हत्यारे को प्रस्तुत करना छोड़ आप नृत्य-संगीत की बातों का रस ले रहे हैं!

सेनापति : महाराज क्षमा करें! मेरी बातों से इनके हृदय को गहरा आघात लगा है। इसलिए मैं इनके दुख को कम करने का प्रयास कर रहा हूँ। बताइए स्वप्नीला! क्या आपने कभी बाद में भी राजा

महान् के सामने नृत्य प्रस्तुत किया था? बताइए! उसका स्मरण कर आपका दुख कम होगा! मन प्रफुल्लित हो जायेगा!

स्वप्नीला : *(रोते हुए)* हाँ! जब उन्होंने विदेश भ्रमण की घोषणा की थी। मुझे अपने शयनकक्ष में बुलवाया, उन्होंने अत्यधिक मदिरा का सेवन किया था! मुझसे कहा विदाई के इस शुभ अवसर पर मुझे एक बार वही नृत्य दिखा दो!

सेनापति : आपने अपने कक्ष में आकर अपनी सबसे सुन्दर ओढ़नी धारण की! पैरों में घुँघरू बाँधे!...है ना!

स्वप्नीला : ...जी!

सेनापति : उस दिन आप राजा महान् की घोषणा से बहुत दुखी थीं! है ना!

स्वप्नीला : जी!

सेनापति : इसीलिए आपने उस दिन राजमहल का स्वादिष्ट भोजन ग्रहण नहीं किया!

स्वप्नीला : जी!

सेनापति : आपने अन्त:कक्ष के एक सेवक को अपने उस सेवक के पास भेजा जो आपके लिए कन्दमूल फल लाया करता था!

स्वप्नीला : ...जी! जी!

सेनापति : सेवक आपके लिए पवित्र खाद्य सामग्री कंदमूल फल की एक भारी टोकरी ले आया!

स्वप्नीला : हाँ! मैंने कई दिन तक वही भोजन किया!

सेनापति : आप महान् हैं स्वप्नीला!...आप वही भारी टोकरी उठाकर राजा महान् के कक्ष में ले गयीं और नृत्य करने लगीं, ताकि राजा महान् पवित्र खाद्य सामग्री का सेवन करते हुए नृत्य का आनन्द ले सकें। आपने उन्हें अत्यधिक मदिरापान भी कराया।

स्वप्नीला : जी!...जी!

सेनापति : उसके बाद आपने वह अद्भुत नृत्य किया! राजा महान् उसे देखकर भावविमुग्ध हो गये। अतीत की मधुर स्मृतियों में चले

गये...उसके बाद कुछ ऐसा हुआ कि वे सदा के लिए इतिहास बन गये!

राजा द्वितीय : क्या तात्पर्य है आपका? क्या राजा महान् की मृत्यु नृत्य देखने से हुई? कैसी हास्यास्पद बात कर रहे हैं आप!

स्वप्नीला : सेनापति! आप करुणा और सहानुभूति का मुखौटा लगाकर मुझे अपनी बातों के जाल में जकड़ रहे हैं! बताइए, आप किसे बचाने के लिए मेरे दैवी नृत्य को हत्यारा घोषित कर रहे हैं?

गृहमन्त्री : ऐसा प्रलाप तो दण्ड से भयभीत अपराधी करते हैं अपनी रक्षा के लिए!

सेनापति : मैं स्वयं अपना सिर धड़ से अलग करने का वचन दे चुका हूँ तो मुझे किस दण्ड का भय होगा गृहमन्त्री जी!

राजा द्वितीय : *(क्रोधित होकर)* पहेलियाँ न बुझाइए! हत्यारे को प्रस्तुत करिए!

सेनापति : हत्यारा आपके सामने है, ये अबोध वनकन्या स्वप्नीला!

स्वप्नीला : *(क्रोध से फुँफकारती हुई)* ये कैसा घिनौना आरोप है! क्या प्रमाण है आपके पास? मैं आपकी सच्चाई परखने के लिए हर बात को स्वीकार करती चली गयी! सत्य तो यह है कि मैं राजा महान् के शयनकक्ष में गयी ही नहीं।

राजा द्वितीय : सेनापति! क्या तुम्हारी बुद्धि भ्रष्ट हो चुकी है! क्या तुम पागल हो गये हो?

ज्ञानगुरु : सेनापति! यथाशीघ्र प्रमाण प्रस्तुत करें। महाराज को और दरबार को तनाव मुक्त करें।

सेनापति : *(अपने कमर की पोटली खोलते हुए)* महाराज! स्व. राजा महान् के शयनकक्ष में ये वस्तुएँ प्राप्त हुईं! ये स्वप्नीला की ओढ़नी में टँके कुछ सितारे! केशों में गुँथे हुए कुछ फूल! जिसका उपयोग महल के भीतर केवल स्वप्नीला करती हैं।

राजा द्वितीय : इनसे केवल यह सिद्ध होता है कि स्वप्नीला राजा महान् के कक्ष में गयीं। हत्या भी उसने की ये सिद्ध नहीं होता!

सेनापति : आगे के प्रमाण बहुत भयावह और आश्चर्यचकित करने वाले हैं राजा द्वितीय! स्व. राजा महान् की शैया पर एक अजगर के शरीर का तरल पदार्थ पाया गया। दो बूटियों के अंश पाये गये। अजगर की एक विशेष प्रजाति उस एक बूटी से शान्त और एक बूटी से कुपित हो जाती है। कुपित होकर अजगर भूखा न होने पर भी जिसे पाता है उसे ही जकड़कर, उसकी श्वास क्रिया को रोक देता है और उसके प्राण ले लेता है। फिर दूसरी बूटी सुँघाकर उसे निश्चेष्ट कर दिया जाता है। स्वप्नीला की उस भारी टोकरी में पवित्र खाद्य सामग्री नहीं एक ऐसा ही अजगर था। स्वप्नीला ने इसकी योजना बहुत पहले बना ली थी। वह प्राय: प्रकृति प्रेम की आड़ लेकर वनप्रदेश में इसी उद्देश्य से जाती थी। लेकिन वन से अजगर का प्रबन्ध करने वाले और महल के भीतर अजगर पहुँचाने वाले सेवकों की इसने मधु और विष लेपित स्वर्णमुद्रा देकर हत्या कर दी। उन दोनों सेवकों की जिह्वा पर इस विष का अंश पाया गया।

राजा द्वितीय : परन्तु वो अजगर कहाँ है?

सेनापति : राजमहल के उपवन में जहाँ केवल स्वप्नीला भ्रमण करती है—वह अजगर राजा महान् की हत्या के तीसरे दिन निश्चेष्ट पाया गया जिसे एक वृद्ध सपेरे को बुलाकर सौंप दिया गया। उस सपेरे ने बताया कि इसे बूटी से कुपित करने के बाद निश्चेष्ट किया गया है।

(स्वप्नीला भाग जाती है। साथ में राजज्योतिषी भी चला जाता है।)

सेनापति : *(नेपथ्य की ओर गरजकर)* सैनिको! इन दोनों को जीवित पकड़कर ले आओ! यदि ऐसा सम्भव न हो तो अपने शस्त्रों की प्यास बुझा लेना!

ज्ञानगुरु : स्वप्नीला के साथ राजज्योतिषी भी भाग गये! हे ईश्वर यह कैसा अविश्वसनीय षड्यन्त्र है।

सेनापति : महाराज! देख ली आपने! अपने विशिष्ट सलाहकारों की राष्ट्रभक्ति और राजभक्ति!

(अचानक बाहर कोलाहल)

नेपथ्य से : मूर्ति नहीं हमें भोजन दो! भोजन दो! भोजन दो!

मत चूसो तुम रक्त हमारा, पानी दो तुम जन जन को! जन जन को!

राजा द्वितीय : ये बाहर कैसा कोलाहल है!

सेनापति : आपके गुप्त सैनिक चेतय्या को बन्दी बनाकर ला रहे हैं! उसके पीछे अपार जनसमूह भी चला आ रहा है।

राजा द्वितीय : *(पागल होकर)* रोक दो! जनसमूह को बाहर रोक दो! चाहे भीषण नरसंहार करना पड़े! किसी को भीतर मत आने दो!

सेनापति : सैनिको! जनसमूह को बाहर रोको! केवल चेतय्या को भीतर लाओ!

(कोलाहल बन्द होता है।)

चेतय्या : महाराज राजा द्वितीय और सभी दरबारियों को चेतय्या और साथी प्रजा का नमस्कार स्वीकार होवे।

राजा द्वितीय : तो तुम्हीं हो विद्रोही चेतय्या! सुना है तुम तो बड़े राजभक्त थे!

चेतय्या : मैं उसी तरह राजभक्त था, हूँ और रहूँगा जैसे कोई माता-पिता का भक्त होता है।

राजा द्वितीय : तो फिर ये विद्रोह क्यों?

चेतय्या : क्योंकि माता-पिता से बढ़कर सत्य होता है, न्याय होता है, कर्तव्य होता है! राष्ट्र होता है।

राजा द्वितीय : चुप! बड़ी-बड़ी बातें करता है।

चेतय्या : बात करता होता तो मैं कब का राजमहल आ गया होता! मैं केवल काम करता हूँ।

राजा द्वितीय : देशद्रोह का काम! षड्यन्त्र का काम!

चेतय्या : जी नहीं! सत्य, न्याय, कर्तव्य और राष्ट्र की सेवा का काम! समाज के कष्टों को दूर करने का काम! दीन दुखियों की

सहायता का काम! तरह-तरह के फल-फूल और अन्न उगाकर, प्रजा और राष्ट्र को सुख-समृद्धि देने का काम! पेड़-पौधों और जीव-जन्तुओं की रक्षा कर प्रकृति की सेवा का काम!

राजा द्वितीय : मूर्ख आदिवासी! कौन-सा शास्त्र रटकर यह ज्ञान बघार रहे हो!

चेतय्या : महाराज! ज्ञान महलों के भीतर पुस्तकें रटने से नहीं आता, बल्कि प्रकृति की गोद में बैठकर जीवन को गुनने से ज्ञान आता है।

गृहमन्त्री : ये आदिवासी देशद्रोही होने के साथ-साथ बड़ा घमण्डी भी है। इसने सारी प्रजा को फुसलाकर अपनी ओर मिला लिया है। यह बलपुर राष्ट्र पर और सिंहासन पर अधिकार करना चाहता है। इसे तत्काल प्राणदण्ड देना अनिवार्य है।

राजा द्वितीय : सैनिको! देखते क्या हो! इसका वध करो!

ज्ञानगुरु : ठहरिये राजन्! आरोपी का पक्ष सुने बिना उसे दण्ड देना घोर पाप है। अधम से अधम राजा भी ऐसा नहीं करता। आप चेतय्या से पूछिये कि ये प्रजा के प्रतिनिधि के रूप में राज्य से क्या चाहता है।

राजा द्वितीय : ठीक है, लेकिन मेरी इस विनम्रता को कायरता न समझा जाय! बताओ आदिवासी!...

चेतय्या : आप मुझे आदिवासी पुकारेंगे तो मैं आपसे श्रेष्ठ स्थापित हो जाऊँगा! इसलिए कृपया मुझे मेरे नाम से ही पुकारिए!

राजा द्वितीय : *(क्रोध में पागल)* तुम हर प्रकार से मेरा अपमान कर रहे हो! तुम तो बिना आरोप के ही प्राणदण्ड के भागी हो! सैनिको! देखते क्या हो! वध करो इसका! *(सैनिक शस्त्र उठाकर आगे बढ़ते हैं।)*

चेतय्या : ठहरो! एक पग भी आगे बढ़ाया तो राजा द्वितीय की जीवनलीला समाप्त हो जायेगी।

राजा द्वितीय : *(स्तब्ध होकर)* सेनापति!... क्या मैं तुम्हारा बन्दी हो गया हूँ!

चेतय्या : मेरे नहीं! आप राजसिंहासन के बन्दी हैं! स्वप्नीला के प्रति आसक्ति के बन्दी हैं! अपनी अज्ञानता और अयोग्यता के बन्दी हैं!

गृहमन्त्री : अपमान! घोर अपमान! महाराज का घोर अपमान! ज्ञानगुरु! आपके होते हुए यह कैसे सम्भव हो रहा है?

ज्ञानगुरु : गृहमन्त्री जी ये अपमान नहीं है! राष्ट्र की रक्षा के लिए अनिवार्य हो चुका तर्क-वितर्क है!

सेनापति : राजा द्वितीय! यदि आप अपमान और बन्धनों से मुक्त होना चाहते हैं तो प्रजा के कष्टों को दूर करना होगा, उसकी आवश्यकताओं और आकांक्षाओं को पूरा करना होगा। चेतय्या! प्रश्न करो महाराज से!

गृहमन्त्री : दुष्ट देशद्रोही! तू एक भी प्रश्न न कर पायेगा महाराज से! तुझे तो मैं ही... *(झपटकर सेनापति की म्यान से तलवार खींचने लगता है। इससे पहले कि गृहमन्त्री कुछ कर पाते सेनापति अपनी तलवार से गृहमन्त्री की हत्या कर देते हैं।)*

सेनापति : दुष्ट गृहमन्त्री! राजभक्ति की आड़ में सिंहासन पर बैठने की तेरी कुटिल कामना को मैं जानता था! इसलिए तेरा मृत्युलोक पहुँचना अनिवार्य था! सैनिको! इस दुरात्मा के शव को घसीटकर बाहर कर दो।

(सैनिक गृहमन्त्री के शव को घसीट ले जाते हैं।)

ज्ञानगुरु : सेनापति ये क्या किया! महाराज को बन्दी! और गृहमन्त्री की हत्या! क्या सिंहासन पर स्वयं बैठना चाहते हो!

सेनापति : ऐसे सिंहासन पर बैठकर मुझे अपनी आत्मा को कष्ट नहीं देना है!

ज्ञानगुरु : अपराध तो तुमने भी बहुत किये हैं सेनापति!

सेनापति : प्रजाद्रोही राजा के साथ रहने वाले पदाधिकारी अपराध कर ही बैठते हैं। आपके सामने ज्ञान बघारकर मैं आपका अपमान नहीं

कर सकता। लीजिए! मेरी तलवार अपने हाथों में। चेतय्या और राजा द्वितीय की वार्ता के बाद आप मेरे अपराधों का दण्ड मुझे दे दीजिएगा!

ज्ञानगुरु : नहीं सेनापति! तुम्हें समझने में भूल हुई। मुझे क्षमा करो!

(तभी सैनिक घायल स्वप्नीला को लेकर आते हैं। सब लोग चौंककर देखते हैं।)

सेनापति : राजज्योतिषी कहाँ हैं?

प्रधान सैनिक : महाराज! वह हमारी दृष्टि से ओझल हो रहा था इसलिए तीर से उसके प्राण हर लिये गये!

सेनापति : लेकिन स्वप्नीला को इस तरह घायल क्यों किया?

प्रधान सैनिक : श्रीमान् इसे हमने घायल नहीं किया! राजज्योतिषी और स्वप्नीला एक ही अश्व पर सवार थे। मेरे बाण लगने से उसकी मृत्यु हो गयी। तभी ज़मीन पर रेंग रहे अजगर ने अश्व को टाँगों से लिपट कर गिरा दिया और स्वप्नीला अश्व से गिरकर घायल हो गयी।

सेनापति : देखिए! महाराज! एक जन्तु भी कितना न्यायप्रिय होता है! स्वप्नीला को अजगर ने अपने दुरुपयोग का दण्ड दे दिया।

चेतय्या : यह तो वही स्त्री है जो एक रहस्यमय पुरुष के साथ कभी-कभी ग्रामीण अंचलों में दिखाई पड़ती थी।

सेनापति : वह रहस्यमय पुरुष कोई और नहीं राजज्योतिषी था।

राजा द्वितीय : *(बिलख-बिलखकर)* स्वप्नीला! ये तुमने क्या किया, स्वप्नीला क्यों किया?

ज्ञानगुरु : महाराज! स्वप्नीला के इस कृत्य का सबसे अधिक दुख मुझे है! *(स्वप्नीला के पास जाकर)* स्वप्नीला मैं तुम्हारा गुरु था! पितातुल्य गुरु! तुमने मेरा हृदय क्षत-विक्षत कर दिया स्वप्नीला! याद है तुमने एक दिन कक्षा में गुरु-शिष्य के सम्बन्ध में कितना महान् प्रश्न पूछा था!... तुमने मेरे साथ ऐसा विश्वासघात क्यों किया स्वप्नीला!

स्वप्नीला : गुरुदेव! मैं हृदय से क्षमाप्रार्थी हूँ। यहाँ जो सच्चे राष्ट्रभक्त हैं उनसे क्षमा माँगती हूँ।...विश्वास कीजिए! मुझे न धन का लोभ था, न पद का, न सत्ता का, न शक्ति का। बाल्यकाल में जब से मुझे इस संसार का बोध हुआ, मैंने अपनी माँ की आँखों से निरन्तर बहती आँसुओं की धारा को देखा और वो उसी तरह रोते-रोते मेरे बचपन में ही स्वर्ग सिधार गयी। आँसुओं की उस नदी का कारण था बलपुर का प्रजाप्रेमी कहलाया जाने वाला अहंकारी राजा स्व. राजा महान्, जिसने मेरी माँ का अद्भुत नृत्य देखते-देखते उसे अपनी घिनौनी वासना का शिकार बना लिया और फिर कभी पलटकर नहीं देखा। पिता होते हुए भी एक अवैध सन्तान के रूप में मेरी पहचान बनी। ऐसे राजा को क्या दण्ड मिलना चाहिए! आप ऐसे राजा का सेवक बने रहे। उसका जयकार करते रहे! उसको प्राणदण्ड देकर मैंने न्याय का ही कार्य किया है। अब इस कार्य के लिए आप जो दण्ड दें! वो मुझे शिरोधार्य है।

चेतय्या : स्वप्नीला! हमें भी तुम्हारे न्याय का यह काम शिरोधार्य है। लेकिन तुमने इस न्याय के आगे घोर अन्याय किया है। अपने उन्मादी प्रतिशोध की आग से तुमने निरीह प्रजा के जीवन को घोर संकट में डाला है। राजज्योतिषी के साथ राष्ट्र के विनाश का षड्यन्त्र रचाना कभी न्याय हो ही नहीं सकता।

(स्वप्नीला एक सैनिक की तलवार खींचकर आत्मघात कर लेती है।)

ज्ञानगुरु : कोई विचलित न हों! स्वप्नीला का यह आत्मघात उसकी आत्मा को शान्ति प्रदान करेगा।

सेनापति : सैनिको! स्वप्नीला के शव को ले जाकर इसके ससम्मान अन्तिम संस्कार की व्यवस्था करो!

(सैनिक स्वप्नीला के शव को उठाकर बाहर ले जाते हैं।)

ज्ञानगुरु : चेतय्या! प्रश्न करो बन्दी राजा से!

चेतय्या : राजा द्वितीय! तुम अभी युवा हो! अयोग्य हो, अज्ञानी हो!

केवल राजपरिवार के होने से राजा बना दिये गये! लेकिन प्रजा के कष्टों का उत्तर तुम्हें देना ही होगा।

राजा द्वितीय : मैं कोई उत्तर देना नहीं चाहता।

ज्ञानगुरु : राजन् विशाल जनसमूह राजमहल के बाहर न्याय की प्रतीक्षा कर रहा है। उत्तर न देने पर वह प्राणदण्ड देने को उतावला हो जायेगा।

राजा द्वितीय : प्रश्न पूछो!

चेतय्या : तुम्हारी महिला मित्र स्वप्नीला से तुम्हारे बड़े घनिष्ठ सम्बन्ध थे, क्या तुम्हें उसके षड्यन्त्र की जानकारी न थी?

राजा द्वितीय : नहीं!

चेतय्या : राष्ट्र की जनहित योजनाओं को तुमने ज्योतिषी के कहने पर नष्ट कर दिया। उसके आडम्बर को सच्चा ज्ञान समझ लिया!

राजा द्वितीय : हाँ! मैं मानता हूँ, मुझसे यह भूल हुई।

चेतय्या : स्मारक निर्माण योजना के कारण करों के बोझ से प्रजा की कमर तोड़ दी।

(राजा द्वितीय चुप)

कहाँ गयी तुम्हारी बुद्धि! कहाँ गया तुम्हारा राजधर्म! ज्ञानगुरु मैं चाहता हूँ कि प्रजा के और प्रतिनिधियों को भीतर आने दिया जाय ताकि वे निर्णय के साक्षी बन सकें।

ज्ञानगुरु : चेतय्या की इच्छा पूर्ण की जाय!

(सेनापति सैनिकों की ओर संकेत करते हैं। प्रजा का प्रवेश)

चेतय्या : राजा द्वितीय! यदि कोई भी राजा निजी स्वार्थों, अज्ञानता, भेदभाव आदि के कारण जनहित योजनाओं को रोक देता है तो ऐसे राजा को घोर देशद्रोही के रूप में दण्डित किया जाना चाहिए।

(जनप्रतिनिधि भीतर आते हैं।)

चेतय्या : डरो नहीं राजा! तुम्हारे प्राण लेने में हमें वैसा ही कष्ट होगा

जैसे जनहित योजनाओं के रुकने से हुआ है। पृथ्वी पर एक महापुरुष ने कहा था जिस स्थान पर विवाद उत्पन्न हो जाये, उस स्थान को छोड़ देना चाहिए।

ज्ञानगुरु : मैं भी तुम्हारे साथ चलूँगा चेतय्या!

सेनापति : ज्ञानगुरु! मुझे भी अपनी शरण में लीजिए!

चेतय्या : राजा द्वितीय! तुम्हें तुम्हारा सिंहासन, राजमहल और अष्टधातु का स्मारक शुभ हो! अब तुम्हारी अन्तिम प्रजा तुमसे विदा लेती है!

(चेतय्या, ज्ञानगुरु, सेनापति, सैनिक, जनसमूह चल पड़ता है। उदास-हताश राजा द्वितीय देखता रह जाता है।)

❑❑

ग़ुलाम रिश्ते

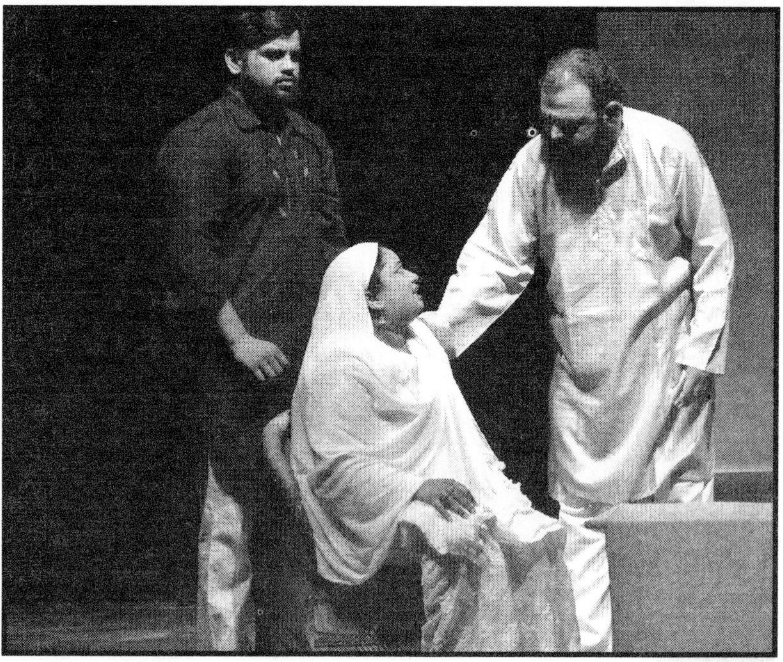

सत्यमेव
जयते

पात्र परिचय

कराची कंग्रेस के सदस्य व सोहराब का मित्रए	:	हतराम
कराची कंग्रेस के नायब सदर	:	सोहराब
सोहराब की छोटी बहन	:	फ़ातिमा
नौकर	:	शमशुल
मुस्लिम लीग का कार्यकर्ता	:	हक्कानी
कराची कंग्रेस के अध्यक्ष	:	चमनलाल
कराची कंग्रेस के उपाध्यक्ष	:	शिवनाथ
सदस्य कंग्रेस कमेटी	:	दुष्यंत
चमनलाल की पत्नी	:	भारती
चमनलाल का नौकर	:	सतनाम (सरदार)
कंग्रेस कमेटी का सदस्य, जिन्ना विरोधी	:	रफ़ीक
सोहराब का मित्र	:	तबरेज़
भारती का नौकर	:	माधव
एन.आर.आई. साहित्यकार	:	ज्ञानमोहन
जज	:	रघुनाथ
पाकिस्तानी कैदी	:	रोज़े ख़ान
पुलिस इन्सपेक्टर	:	चार्ल्स
तिहाड़ जेल में रोज़े ख़ान के साथ बन्द कैदी	:	राघव
सुहागमहल दुकान का मालिक	:	जुल्फ़िकार
होटल मैनेजर	:	गोम्स
दिल्ली पुलिस का हिस्ट्रीशीटर	:	जलालुद्दीन
शिवनाथ की पत्नी	:	राधा

दृश्य एक

सोहराब के घर पर एहतराम, सोहराब की बहन फ़ातिमा शाम के वक़्त बैठे सियासी और मुल्क के हालात पर गुफ़्तगू कर रहे हैं। शहर कराची सन् 1946-47 के मध्य।

एहतराम : पिछले 15 सालों से आप और हम यानी हम सब गांधीजी के बताये रास्ते और हिन्दुस्तान के कांग्रेस सद्र नेहरू साहब की रहनुमाई में आज़ाद हिन्दुस्तान का ख़्वाब अपनी आँखों में सँजोये हुए हैं।

सोहराब : ये बात सच है एहतराम और तुम जानते हो कराची में मैंने कोई कोर-कसर नहीं छोड़ी है। हमारे कराची के कांग्रेस अध्यक्ष बड़े भाई सेठ चमनलाल इसके गवाह हैं।

एहतराम : सुना है अंग्रेज़ वायसराय लॉर्ड माउंटबेटन और ब्रिटिश सरकार का मानना है कि गांधीजी के क्विट इंडिया मूवमेंट के बाद अब ब्रिटिशर्स का हिन्दुस्तान में रहना एक जोखिम भरा फ़ैसला होगा।

सोहराब : इसीलिए दिल्ली में बैठे लॉर्ड माउंटबेटन ने नेहरू और गांधीजी को चिट्ठी लिखी है कि आयें और हिन्दुस्तान की आज़ादी कैसे होगी, इस पर चर्चा करें।

एहतराम : लेकिन इस कान से उस कान तक ख़बर पहुँच रही है कि इन्हीं वायसराय ने जनाब मोहम्मद अली जिन्ना मेम्बर कांग्रेस, सद्र मुस्लिम लीग को भी अलग तारीख़ में मिलने को कहा है।

सोहराब : बस इसी दोगली चाल से मैं परेशान हूँ। हिन्दू, मुस्लिम,

सिख, ईसाई, पारसी सदियों से इस मुल्क में साथ रहते हुए चले आ रहे हैं, रहमदिल और जल्लाद से जल्लाद मुग़ल हुकूमत के साये में कभी अलग नहीं हुए हैं, पूरी दुनिया में हमारी मिसाल है। वही एकता की मिसाल अंग्रेज़ों की आँखों में काँटे की तरह चुभ रही है।

एहतराम : कराची की उमस में फ़ातिमा बहन एक-एक गिलास गुलाबी शरबत तो पिला दो। गला तर हो जायेगा तो बहस भी बढ़ जायेगी।

फ़ातिमा : बस अभी पेश करती हूँ।

एहतराम : मैं जानता हूँ कराची में आप किसी पर अकीदा करते हैं तो बस सेठ चमनलाल पर। जब भी आप शहर छोड़ सफ़र में होते हैं तो नक़दी और ज़ेवर सेठजी के घर पर रख जाते हैं।

सोहराब : एहतिराम मियाँ ये मत भूलो कि कराची में दंगों में मैंने भी चमनलाल और उनके घरवालों को इसी घर में पनाह दी थी।

एहतराम : तब हिन्दुओं ने इल्ज़ाम लगाया कि ये पैसे वाले हिन्दुओं को लूटने की मुसलमानों की साज़िश है।

सोहराब : कुछ दिनों में बर्तानवी हुकूमत का राज खुल ही गया था कि वो मुसलमानों के भेष में क़बाइली डाकू थे। अफ़गान में जिनके क़बीले हैं।

फ़ातिमा : अंग्रेज़ हुकूमत ख़ुद डाकू कब नहीं थी, लेकिन इनके इरादों पर पानी फेरने के लिए गांधीजी की क़यादत बहुत ज़रूरी है।

एहतराम : कम अक्ल क़बाइली या बलूची डाकू या अंग्रेज़ डाकू, डाकू तो डाकू होते हैं।

फ़ातिमा : बस बस, बेहतर होगा कि बहस सियासत और आज़ादी पर हो।

(फ़ातिमा सबको शर्बत देती है सब पीते हैं।)

एहतराम : फ़ातिमा तुम्हारे हाथ की दाद देनी होगी। गुलाबी शर्बत और खाना लाजवाब।

(सब हँसते हैं।)

सोहराब : गोया कि आप मुझे महज़ बावर्ची समझते हैं। क्या आपने कांग्रेसी जलसों में मेरी तकरीर नहीं सुनी या कराची के जुलूसों में मेरी चोटें और गिरफ़्तारी नहीं देखी?

एहतराम : नाराज़ मत हो, अरे तुम्हारी तारीफ़ तो भारती बहन भी करती हैं जो तुम्हें आज़ादी की इस तहरीक में घर से निकालकर ले गयी थीं। आज़ादी में ख़वातीनों का अहम किरदार है, इसलिए ब्रिटिश हुकुमत भी धीरे-धीरे घुटने टेक रही है।

फ़ातिमा : लेकिन अंग्रेज़ों के घुटने टेकने के साथ-साथ इन्सान भी घुटने टेकने को मजबूर हो गया है।

एहतराम : फ़ातिमा न तो हमने घुटने टेके हैं और न ही टेकेंगे।

फ़ातिमा : सबसे पहले इन्सानियत है। मुल्क बच गया तभी मज़हब बचेगा, वरना न जाने कौन हुक्मरान हो और उसका क्या दीन हो?

एहतराम : क्या आप सब ये नहीं जानते कांग्रेस और लीग की बिठाई कमेटियों ने ख़ुद माना है कि देश में जब और जहाँ दंगे हुए, जान-माल का ज़्यादातर नुक़सान मुसलमानों का ही हुआ है?

फ़ातिमा : फूट डालो और राज करो। यही सब वजह है कि हमारे ख़ौफ़जदा हिन्दू भाई-बहन कराची से दिल्ली की तरफ़ कूच कर रहे हैं, रोज़ कोई न कोई घर बस्ती, दुकान बन्द हो रही है।

सोहराब : तुम ठीक कह रही हो फ़ातिमा लेकिन क्या तुम्हें यह नहीं दिखता जो बँटवारा तस्लीम हो रहा है उसमें भारत में बसे मुसलमानों की कौन हिफ़ाज़त करेगा! सो भारत से मुसलमानों के ख़ानदान के ख़ानदान अपनी बड़ी-बड़ी जायदादों को छोड़कर पाकिस्तान को सफ़र कर चुके हैं।

फ़ातिमा : इन क़ाफ़िलों में आने वाले लोगों के ठहरने और हिफ़ाज़त का क्या इन्तज़ाम है?

सोहराब : कांग्रेस और मुस्लिम लीग दोनों ही पार्टियों में इन्तज़ामियाँ कमेटी बना दी है। कराची में सेठ चमनलाल और मैं इस काम को देख रहा हूँ। फ्रंटियर में सरहदी गांधी काम सँभालते हैं तो मुस्लिम लीग के लियाकत अली ख़ान, मज़हरुल हक़ और यहाँ के दीगर सूबों में मुस्तैद हैं।

एहतराम : *(सोहराब की तरफ़ इशारा करके)* हाँ याद आया वो मौलाना हक्कानी सोहराब मियाँ को एक ख़त दे गया था। हम भी ख़त का मजमून भाँप लेते हैं लिफ़ाफ़ा देखकर। ज़रूर मुस्लिम लीग की कोई दोमुँही चाल ही होगी।

सोहराब : *(ख़त देते हुए)* ये है वो ख़त।

एहतराम : मैं तो कहता हूँ ये वो मौलाना है सच कभी जिनके पास से नहीं होकर गुज़रा। कान भरने और अफ़वाहें फैलाने में इनका जवाब नहीं।

फ़ातिमा : आज बाद फ़ज्र ही मैंने भी यह ख़त पढ़ा था, किसी का दीन महज़ बादशाहत करना हो सकता है, उन्हें जायज़-नाजायज़ से क्या फ़र्क़ पड़ता है! असल दीन तो जालिम हुकूमत से अवाम को निजात दिलाना है।

सोहराब : तुम अक्लमन्द हो फ़ातिमा, कभी-कभी ऐसा लगता है कि कांग्रेस और गांधीजी की असली विरासत हो तुम!

(बाहर दरवाज़े पर आवाज़ सुनाई देती है)

अरे कहाँ हो शमशुल मियाँ?

(शमशुल का प्रवेश)

शमशुल : माफ़ कीजिए बावर्चीखाने में था। फ़ातिमा बी के कहने पर गोश्त जाफ़रान से धो रहा था।

बस अभी हुक्म बजा फरमाता हूँ। *(दरवाज़ा खोलते हुए)*

हुज़ूर मैंने आपको पहचाना नहीं?

हक्कानी : पूरा शहर आज जिसकी तारीफ़ में लगा हो बेवकूफ़ तू उसका तारुफ़ पूछता है।

शमशुल : मःफ़ कीजिएगा, ये सोहराब साहब का हुक्म है।

हक्कानी : कमअकल तुझसे कौन बहस करे, भाई मेरा नाम मौलाना हक्कानी है। मुस्लिम लीग का चन्दा मैं ही तो वसूलता हूँ।

(दाढ़ी पर हाथ फेरते हुए)

शमशुल : अरे हुज़ूर आइये-आइये, मुझे माफ़ कीजियेगा, मैं पहचान नहीं पाया। इतनी देर से तो अन्दर आपकी ही तो तारीफ़ हो रही है। *(व्यंग्य से घर में दाख़िल होते हुए मौलाना हक्कानी)*

एहतराम : ये कौन आ रहा है शमशुल।

शमशुल : अरे वही मुस्लिम लीग के 'चिल्लर' मौलाना हक्कानी *(शमशुल अन्दर चले जाते हैं।)*

एहतराम : अभी-अभी आपके शातिर दिमाग़ की ही तारीफ़ हो रही थी। फ़ातिमा बहन यही हैं दूसरों के फटे में पैर डालने वाले मौलानाओं के मौलाना हक्कानी।

हक्कानी : लाहौल विला कुव्वत! इल्ला बिल्लाहिल! इन बेहूदी बातों से लगता है कि तुम ही एहतराम हो।

एहतराम : बेशक! आदमी को अपनी बात, अपने एखलाख से ऐसे पेश आना चाहिए कि दूसरा आपसे मिलकर हमेशा याद रखे।

हक्कानी : ख़ैर! सोहराब साहब क्या हाल-चाल है? क्या पार्टी की पेशकश आपको मंजूर है?

सोहराब : मौलाना हक्कानी ये ख़त मैंने अच्छी तरह पढ़ा और मैं इस नतीजे पर पहुँचा हूँ कि मेरे पास ऐसी एक भी वजह नहीं है कि मैं कांग्रेस जो एक पार्टी नहीं मुहिम है, को क्यों छोड़ दूँ?

फ़ातिमा : भाई ये ख़त वापस कर दीजिए और इन मौलाना को तुरन्त चलता, मेरा मतलब है रुख़सत कीजिए।

हक्कानी : अल्लाह की रज़ा और क़ौम की फनाओं वहबदी के लिए आया हूँ। देखो बेटी ये फ़ैसला सोहराब साहब को ही करने दें। मैं तो सोहराब साहब की तरक़्क़ी और इंशा अल्लाह अपने नये बनने वाले मुल्क एशिया की नयी ताक़त 'पाकिस्तान' की तरक़्क़ी के वास्ते हाज़िर हूँ।

वरना मुझे दीनी कामों से कहाँ फुर्सत। माशा अल्लाह मदरसा-ए-अंजुमन भी तो मैं चलाता हूँ। जिन्ना साहब और पार्टी की दिली ख़्वाहिश है कि अंग्रेज़ों के बाद हम फिर हिन्दुओं के ग़ुलाम नहीं बनना चाहते, मुग़लों की तरह बादशाहत चाहते हैं।

एहतराम : मौलाना आप घर और सियासत के साथ-साथ मदरसा भी चलाते हैं यानी कि जकात और फितरे वाले मौलाना हैं आप। कोई अव्वल कमाई शायद नहीं है।

हक्कानी : एहतराम साहब आप जानते नहीं हैं वैसे लोगों को हक़ीक़त मालूम चल जाये कि जकात और फितरा वसूलना कितना बड़ा कार-ए-सवाब का काम है तो लोगों में मार हो जायेगी।

एहतराम : मौलाना बेशक मैं आपकी बात से इत्तेफ़ाक़ रखता हूँ। हर इन्सान की एक अव्वल कमाई भी तो होती है।

हक्कानी : बेशक! एहतराम भाई बेशक! इस्लाम में पहले नम्बर की कमाई तिजारत यानी कि अपना कारोबार, फिर खेती तीसरे नम्बर पर नौकरी और इसी तरह आगे......

एहतराम : तो मौलाना आप क्या करते हैं?

हक्कानी : जैसा कि आप सब जानते हैं मैं एक बलूची पठान हूँ। लेकिन हम असल में अफ़गानी हैं और अलहम्दुलिल्लाह खेती हमारा पेशा है। हम कराची में खेती ही करते हैं।

एहतराम : आप लोग खेती नहीं करते, हमारे खेतों में पोश्ता उगाते हैं जिससे अफ़ीम, गाँजा और मारफीन जैसा नशा पूरी दुनिया को भेजते हैं। ये इस्लाम नहीं इस्लाम के नाम पर बदनुमा दाग़ है। इसकी सज़ा तो मौलाना तुम्हें भुगतनी ही पड़ेगी।

हक्कानी : माफ़ कीजिएँ एहतराम भाई, न तो हम इसे खाते हैं, न पीते हैं, न सूंघते हैं। ये तो गोरे ही हमसे लाइसेंसशुदा खेती करवाकर यूरोप में बेचते हैं।

एहतराम : कुछ भी हो नशा हराम है।

फ़ातिमा : ये तू-तू, मैं-मैं बन्द कीजिए और मतलब की बात बताइए। सोहराब भाई ने कुछ पूछा था आपसे?

हक्कानी : वैसे अगर पूछिये तो मुस्लिम लीग बस एक सियासी पार्टी है लेकिन महज़ उन लोगों के लिए जो ईमान और मज़हब के लिए भी सोचते हैं।

सोहराब : *(नाराज़ होते हुए)* मौलाना हम आपको इज़्ज़त से घर में बिठायें और आप हमसे ऐसी बातें करें। क्या आप ये कहना चाहते हैं कि अगर कोई कांग्रेस ज्वाइन कर ले तो उसका ईमान और मज़हब सब ख़त्म हो जायेगा।

हक्कानी : आज मुस्लिम लीग जिन्ना साहब की क़यादत में पूरे हिन्दुस्तान पर आँधी की तरह मँडरा रही है। एक ऐसी आवाज़ जो हिन्दुस्तान के आसमान पर बिजली की तरह कौंध जाती है। ज़्यादा दिनों की बात नहीं है। मोहनदास करमचन्द गांधी बम्बई आकर जिन्ना साहब से मिलना चाहते थे। जिन्ना साहब ने जवाब दिया ''आप हिन्दू नेता हैं, हिन्दुओं का नुमाइन्दा बनकर ही आये हैं।'' गांधीजी को अपनी यात्रा रद्द करनी पड़ी।

फ़ातिमा : ये चक्करघिन्नी की तरह नहीं सीधी-सीधी बात बताइये।

सोहराब : फ़ातिमा ठीक कह रही है, मौलाना आपको जो भी कहना है साफ़-साफ़ कहिये।

हक्कानी : मैं तो बस ये कह रहा था कि पिछले 40 सालों से कांग्रेस और उसके मसलों को हल करने वाला शख़्स जो मुसलमानों के सच्चे पैरोकार हैं, ऐसे क़ायद-ए-आजम को कांग्रेस ने अपना काम लेकर आज़ादी और ताजपोशी से पहले ही दूध से मक्खी की तरह बाहर फेंक दिया।

सोहराब : तो क्या आप गोखले, तिलक, मोतीलाल, लाला लाजपत राय, सुभाष चन्द्र बोस, आज़ाद, भगत सिंह की क़ुर्बानियों को भुला देना चाहते हैं, क्या उनकी कुर्बानियों को बेजा समझते हैं?

हक्कानी : सोहराब साहब मैं ये बताना चाहता हूँ कि पाकिस्तान का बनना इंशा अल्लाह तय है जिस कांग्रेस के आप नायब

सद्र हैं, वो कुछ ही महीनों में कांग्रेस, पाकिस्तान से अपना बोरिया बिस्तर समेटने वाली है। इन्हीं के एक नेता ने कहा था कि जूता भले ही चाँदी का क्यों न हो, उसे सिर पर नहीं रखा जाता है। सो जिन्ना साहब कांग्रेस के मेम्बर रहते हुए 1916 को लखनऊ में मुस्लिम लीग के प्रेसिडेंट बन गये थे। निज़ाम हैदराबाद तो पाक की मदद को आगे आ ही गये हैं, कई रियासतों की तरह जम्मू-कश्मीर के राजा हरिसिंह भी हिन्दुस्तान में शामिल नहीं होना चाहते। दिल और ज़मीन पर सरहदें लगभग खिंच चुकी हैं।

सोहराब : मैं तो कराची शहर का नायब सद्र हूँ और जो आप कांग्रेस के ख़ात्मे की बात कर रहे हैं तो लोग बदल जायें, सरकार बदल जाये, मज़हब और ज़ुबान बदल जाये, लेकिन गांधीजी और उनके उसूल ताक़यामत तक दुनिया को भुलाये नहीं भूलेंगे।

हक्कानी : सोहराब मियाँ आप पर शायद कुफ्र नाजिल हो गया है, वरना कौन नहीं जानता कि आजकल आप पर कांग्रेस ही शक करने लगी है। किसे नहीं पता कि मुस्लिम लीग से आपके रिश्तों पर ख़ुफ़िया जाँच चल रही है, आप पर फ़ब्तियाँ कसी जा रही हैं।

सोहराब : जैसे लीग में कुछ लोग अच्छे भी हैं ठीक वैसे ही कांग्रेस में फिरकापरस्त लोग गिने-चुने हो सकते हैं।

हक्कानी : मैं ये समझा रहा हूँ कि एक नया मुल्क पाकिस्तान बन रहा है जिसे कांग्रेस की कोई ज़रूरत नहीं है। फिर कायद-ए-आजम आपको ज़ाती तौर पर पसन्द करते हैं। भाई वो भी तो कराची के ही हैं। अभी कुछ दिनों पहले आप उनसे मालाबार हिल वाले बँगले पर मिले थे। क़ौम को आपकी सख़्त ज़रूरत है। हमें ये भी बर्दाश्त नहीं कि आप ताज़िन्दगी 'वाइस प्रेसिडेंट' ही बने रहें।

ये मत भूलिये कि जिन्ना साहब ने कांग्रेस के पौधे को पेड़ बनाने के लिए अपनी क़लम, क़ाबिलियत और दिमाग़ से सींचा लेकिन बदले में आपका मज़ाक़ उड़ाया गया।

नागपुर की एक सभा में जब जिन्ना साहब ने सभा के अध्यक्ष को उनके नाम मोहनदास करमचन्द गांधी कहकर पुकारा तो अवाम ने शोर मचाकर कहा कि नाम नहीं 'महात्मा' कहिये, जिससे जिन्ना साहब राज़ी नहीं थे। यही नहीं लोगों ने जिन्ना साहब को मालाबार हिल का हिटलर नाम रख दिया। दौलत का ग़ुलाम बैरिस्टर तक कह डाला।

सोहराब : कोई ये न भूले कि गांधी, नेहरू, आज़ाद के देश भारत की नींव डेमोक्रेसी पर रखी गयी है। जहाँ हर मज़हब जाति के लोगों को रहने, काम करने और अपने मज़हब को मानने की छूट होगी।

हक्कानी : तो आप हमें ये समझाना चाहते हैं कि हमारी ज़ुबान, तहज़ीब और इबादतगाहों की हिफ़ाज़त ग़ैर-मोमिन करेगा?

सोहराब : जी हाँ, क्यों नहीं! भारत में किसी तंगदिल बादशाह की हुकूमत नहीं, गांधीजी का कौल है। वहाँ जम्हूरियत का राज होगा।

हक्कानी : और मान लीजिए हिन्दू जमात किसी मसले पर आपसे मुखालिफ़ हो जाये तब?

सोहराब : जी हाँ, इन्हीं सबके लिए अंग्रेज़ों की तरह वहाँ भी अदालतें होंगी।

हक्कानी : सोहराब साहब मैं आपको यही समझाने की कोशिश कर रहा हूँ कि अदालतें तो होंगी, लेकिन जम्हूरियत में कोई शरई अदालत को तवज्जो नहीं देगा। फिर 'हुक़्म अल्लाह' कैसे लागू होगा?

सोहराब : माफ़ कीजिए मौलाना जब आप ये कहते हैं कि ख़ुदा की मर्ज़ी के ख़िलाफ़ एक पत्ता नहीं हिल सकता तो फिर डरना कैसा? माना कि पाकिस्तान बनने के बाद यहाँ कांग्रेस का वजूद भले ही न रहे, लेकिन एक दिन ऐसा भी आयेगा जब कांग्रेस की ज़रूरत इस मुल्क को होगी।

हक्कानी : कांग्रेस और गांधीजी को हमारे वजूद से कोई परेशानी नहीं होगी अगर होगी तो उन तंजीमों से जो उनके क़ाबू में नहीं होंगी।

सोहराब : आप मुझे सोचने का वक़्त दें, कल तक मैं जवाब दे दूँगा।

हक्कानी : आज रात का वक़्त काफ़ी है, नया मुल्क और अव्वल दीन आपकी इज़्ज़त, शोहरत का इन्तज़ार कर रहा है। अब मुझे इजाज़त दीजिए।

(मौलाना के जाते वक़्त दोनों लोग हाथ मिलाते हैं।)

फ़ातिमा : आपने इस कम्बख़्त की बातों को सुना ही क्यों? एक साइंस दा अपनी किताब में लिखता है कि ज़लज़ला आने पर दरार बड़ी इमारतों में सबसे पहले पड़ती है।

सोहराब : देखो फ़ातिमा भारत के अलग होने पर मुझे ठीक वैसा ही दर्द होगा जैसा शायद ख़ुदा न करे, मुझे कभी तुमसे अलग होने पर होगा।

(फ़ातिमा भाई के निकट कन्धों पर हाथ रखकर)

फ़ातिमा : भाईजान मैं भी सब कुछ गवारा कर लूँ लेकिन भाभी की मौत के बाद आपसे जुदा होना मुझे भी बर्दाश्त ना होगा।

सोहराब : सो तो ठीक है, मगर तुम इतनी बेचैन और घबराई हुई क्यों हो?

फ़ातिमा : जैसे मैं और आप अलग होने की सोचने पर परेशान हो गये वैसे ही दोनों मुल्क अगर जुदा हो गये तब क्या होगा? एक तरफ़ दुनिया छोटी होती जा रही है और दूसरी तरफ़ फ़ासला बढ़ता जा रहा है। क्या ऐसा नहीं हो सकता कि हम भारत चले जायें और हिन्दू भाइयों के साथ रहें। वो लोग भी तो अच्छे हैं, उनका मज़हब भी तो अच्छा है।

सोहराब : तो क्या हम दिल्ली में जाकर हिन्दू बन जायें?

फ़ातिमा : अब्बा हुज़ूर कहते थे अक्लमन्द से दुश्मनी कर लो, जाहिल से दोस्ती न करो। नहीं भाईजान हम मज़हब क्यों बदलेंगे, कोई ऐसा फ़तवा किसी पण्डत ने थोड़े ही दिया है। हमारा पड़ोसी सगा रिश्तेदार अच्छा न हो उससे

अच्छा होगा तालीमयाफ़्ता, तरक़्क़ीपसन्द हिन्दू हमारा पड़ोसी हो।

सोहराब : तुम कब से नहीं सोयी हो, तबियत ठीक नही है। बीमार हो या घबराई हुई हो।

फ़ातिमा : *(खिलखिला कर हँसते हुए)* चलिए आज ही सही आपको मेरा ख़याल तो आया। न जाने क्या हो गया है मुझे आँख खुली होने पर ख़्वाब देखती हूँ और आँख बन्द करती हूँ तो दुनिया में कौन क्या कर रहा है, सब नज़र आता है।

सोहराब : *(बहन को गले लगाकर)* अभी एहतराम को भेजकर हकीम को बुलवाता हूँ।

फ़ातिमा : मुझे हकीम या डाक्टर की ज़रूरत नहीं है भाईजान! मैं तो परेशान हूँ कि लाचार, परेशान बूढ़े, औरतें, बच्चे क़ाफ़िले की शक्ल में इधर से उधर जा रहे हैं। कोई तरीक़ा ढूँढ़िये कि ये क़ाफ़िलों की आवाजाही बन्द हो जाये। *(चीख़ते हुए)* मैं इस बँटवारे से इत्तेफ़ाक़ नहीं रखती। मैं सब समझ रही हूँ, मुस्लिम लीग को जवाब देने से पहले ख़याल रहे, ग़लत फ़ैसला करने वाली सियासत और हुकूमत को अवाम कभी माफ़ नहीं करती।

सोहराब : शमशुल इधर आओ, फ़ातिमा को उसके कमरे तक ले चलो।

(पसोपेश में सोहराब सद्र, सेठ चमनलाल, कराची को अपने इस्तीफ़े का ख़त लिखते हैं।)

दृश्य दो

(सेठ चमनलाल के घर कांग्रेस की एक आपात बैठक)

चमनलाल : अब आप लोग ख़ामोश हो जायें। *(सभी लोग चुप हो जाते हैं।)* आप सभी लोग कराची कांग्रेस कार्यकारिणी के सम्मानित सदस्य हैं। बतौर अध्यक्ष इस बैठक को बुलाने का एक विशेष कारण है। मेरे दोस्त और नायब सद्र जनाब सोहराब साहब ने इस्तीफ़े की पेशकश की है।

शिवनाथ : सोहराब साहब का यूँ इस्तीफ़ा देना हवा के रुख़ को मोड़ देने जैसा है।

दुष्यन्त : ठीक ही सुना था, ज़लज़ला आने पर पैरों के नीचे की ज़मीन पहले खिसकती है।

शिवनाथ : दुष्यन्त मेरा तो ख़याल है सोहराब साहब को मनाने से कुछ होने वाला नहीं, चर्चा है कि ये इस्तीफ़ा तो पिछले महीने सोहराब साहब के बम्बई दौरे पर जिन्ना साहब के घर मालाबार हिल पर लिखा गया था।

चमनलाल : चुप रहिये, सोहराब को मैं जानता हूँ। कभी-कभी आप लोग अपनी हद पार कर जाते हैं। पिछली मीटिंग में शिवनाथ तुमने ही कहा था कि जब बँटवारा तय है तो मुसलमानों का कांग्रेस में क्या काम? तब तो लोग मुस्लिम लीग ज्वाइन कर ही लेंगे। फ़ातिमा बता रही थीं, न जाने क्या हो गया सोहराब दो-तीन रातों से बेचैन हैं, सो नहीं रहे हैं। जो शख़्स पन्द्रह सालों से हमारे संगठन, उसूल और मुहिम से जुड़ा हो उसे ज़रूर कमतरीन बातों या किसी

फितने से भटकाया गया होगा।

भारती : सेठ जी सुना है आपके मित्र ने किसी सियासत की वजह से नहीं केवल धार्मिक कारण से इस्तीफ़ा दिया है? आपके सोहराब अब आने वाले नहीं, अपने दिल से उनका ख़्याल निकाल दीजिए उन्हें हमारी कोठी और मेरी शिकंजी अच्छी नहीं लगती।

शिवनाथ : तो फिर बँटवारा और आज़ादी भी तय है।

दुष्यन्त : शिवनाथ अगर ऐसा है तो हम हिन्दुओं की जान-माल का क्या होगा?

(बाहर दरवाज़ा खटखटाने की आवाज़)

चमनलाल : भारती देखो कहीं सोहराब साहब न हों, आज आने को कहा था!

(भारती दरवाज़े से सतनाम को लेकर आती है।)

सतनाम : सत सिरी अकाल! अरे बहन देख लो तुम्हारी पसन्द की तरकारी ले आया हूँ।

चमनलाल : बन्दरगाह पर तो सब ठीक है। बोरियाँ गिन ली थीं, ताला-वाला...

सतनाम : बन्दरगाह से बम्बई जाने वाले जहाज़ पर हिन्दुओं की भीड़ में कुछ मुसलमान भी थे। ज़्यादातर सरदार और थोड़े हिन्दू-मुसलमान लन्दन भी रवाना हुए।

चमनलाल : क्या तुम्हारा ये मतलब है कि कराची से बम्बई जाने की होड़ मची है?

सतनाम : होड़ सिर्फ़ बम्बई जाने की नहीं थी, कोठी के पास वो क़ायद-ए-आजम का बावला मिल गया, पूछ रहा था कि तुम्हारे सेठ कब भारत जायेंगे?

शिवनाथ : जिन्ना का बुख़ार है उसे, हमें समझना होगा कि हमारी नाव भँवर की तरफ़ बढ़ती जा रही है।

दुष्यन्त : शिवनाथ भाई ठीक कह रहे हैं। अगर बोरिया-बिस्तर तुरन्त न लपेटा तो जान के लाले पड़ जायेंगे। जाने को तो

औरतें और बुजुर्ग जान खाये हैं। नींद आती है तो बूढ़े बाप की खाँसी जगा देती है, बीवी-बच्चों का ख़याल आते ही घबराहट रतजगे में बदल जाती है।

भारती : बाहर से ख़बर आयी है कि सोहराब ने मुस्लिम लीग कराची के अध्यक्ष पद की शपथ जिन्ना टोपी पहनकर ली है लेकिन मशहूर सिन्धि टोपी और मोहनजोदड़ो की मुहर से बनने वाली 'सिन्धियों की अजरग' ओढ़ना भूल गये। उनका इस्तीफ़ा स्वीकारना अब एक मजबूरी है।

चमनलाल : सोचा था सोहराब को उसके घर जाकर मना लूँगा लेकिन अब ये इस्तीफ़ा हाईकमान को भेज देता हूँ। लेकिन घबराने की कोई बात नहीं। बँटवारे के समझौते में हिन्दुओं को कराची छोड़ने की शर्त नहीं है।

भारती : फ़ौज और अंग्रेज़ कहीं दिख नहीं रहे हैं। क़ानून ख़त्म हो गया है।

दुष्यन्त : सेठजी बँटवारे के बाद कराची में रुकना ख़तरे से ख़ाली नहीं है। गांधीजी जी कहते हैं कि हम हथियार नहीं उठायेंगे।

रफ़ीक़ : जबकि जिन्ना साहब का कौल है कि हम किसी क़ीमत पर हथियार नहीं डालेंगे। मुझे तो इसमें ख़ून-ख़राबे की बू आती है।

चमनलाल : रात बहुत हो गयी है। हर आदमी को कराची छोड़ने का पूरा अधिकार है लेकिन मैं साफ़ कर दूँ कि अपने जीते-जी पुरखों की हवेली, अपने लहलहाते खेत, कारोबार और बचपन के दोस्तों को छोड़कर जाने वाला नहीं हूँ।

रफ़ीक़ : कराची हम भी नहीं छोड़ना चाहते, लेकिन जिन्ना साहब की सदारत हमें मंजूर नहीं और न ही दकियानूसी ख़यालों के मद्देनज़र बनने वाला पाकिस्तान का आईन यानी कि संविधान। मैं हिंसा के ख़िलाफ़ गांधीजी और कांग्रेस को तरजीह देता हूँ।

शिवनाथ : ऐ नौजवान लड़के रफ़ीक़! तेरी बातों को सुनकर ये भरोसा फिर जाग जाता है कि गांधीजी के सिद्धान्त उनके जीते जी शायद हमें न समझ में आयें, आने वाले दिनों में पूरा विश्व

उनके सिद्धान्तों पर ही चलेगा।

रफ़ीक़ : मोहम्मद अली जिन्ना एक क़ाबिल वकील और बेहतरीन वार्ताकार हैं लेकिन हमारे बापू तो 'महापुरुष' हैं। भूख हड़ताल, बहिष्कार, यरवदा जेल, आश्रम, भारत भ्रमण, दाण्डी यात्रा, ये सब गांधीजी के अन्याय के विरुद्ध न्याय की जीत है।

दुष्यन्त : गांधीजी अपने आश्रम में रहकर अपनी भेड़-बकरियों की देखभाल करते हैं, उसी आश्रम से कांग्रेस और करोड़ों देशवासियों का मार्गदर्शन भी करते रहते हैं लेकिन बैरिस्टर जिन्ना हिन्दुस्तान में कोई चुनाव या मुस्लिम लीग का कोई अधिवेशन न हो तो लन्दन जाकर वकालत कर पाउन्ड से अपना ख़ज़ाना भरते रहते हैं।

शिवनाथ : मि. जिन्ना वायसराय की विधान परिषद् में 1910 में ही चुन लिये गये थे और मुस्लिम रिज़र्वेशन से ख़ाली पदों पर मुस्लिम नाम तय करते रहे।

दुष्यन्त : लेकिन मुस्लिम रिज़र्वेशन को कांग्रेस राष्ट्रविरोधी मानती है। कांग्रेस नियुक्ति में धर्म को आधार नहीं मानती है।

रफ़ीक़ : एक समय जब जिन्ना साहब ने लीग की बैठक में ये कहा कि लीडरशिप केवल दोनों क़ौमों को अलग कर देगी तब वो चाहते थे कि एक ज्वाइंट पार्टी बने। ये प्रस्ताव उन्होंने 1916 में लखनऊ में लीग की बैठक में रखा, जिसे बाद में लीग ने ही ठुकरा दिया था।

चमनलाल : जब आप कांग्रेस और लीग के इतिहास को इतना जानते हैं तो मैं ये भी जोड़ दूँ कि भारत और पश्चिम में कांग्रेस के ही उग्र और गर्म दल के हिन्दू नेताओं ने जो अपनी मुहिम चलाई उसमें मुसलमान दहशतजदा होकर मुस्लिम लीग की छत्रछाया में चले गये।

शिवनाथ : गांधीजी और नेहरू कहते हैं कि अगर आज़ादी मिली तो उसमें सबसे बड़ा योगदान किसान और मध्य वर्ग का रहेगा, लेकिन ये मत भूलिये कि हिन्दू महासभा का भी आज़ादी की लड़ाई लड़ने में बड़ा योगदान है।

रफ़ीक़ : ये भी मत भूलिये कि दारुल उलूम देवबन्द ने जमीयत उलेमा-ए-हिन्द बनाकर मुस्लिम लीग के बँटवारे का विरोध किया था, लीग ने भारत को 'दारुल हर्ब' मतलब युद्ध का घर कहा, लेकिन देवबन्द ने 'दारुल अमन' यानी कि भारत को शान्ति का घर कहकर जिन्ना के प्रस्ताव को ठुकराकर गांधीजी के प्रस्ताव का समर्थन किया।

शिवनाथ : देखिये सेठ जी, आपके भेजे प्रस्ताव पर शौक़त अज़ीज़ ने जो कि सोहराब साहब के बहुत क़रीबी हैं, उपाध्यक्ष पद ठुकरा दिया है।

चमनलाल : ये सब क्या नासमझी है, कांग्रेस ने स्पष्ट कर दिया है कि आज़ादी के बाद भारत एक सेक्युलर राष्ट्र होगा, जहाँ कोई जाति मतभेद नहीं होगा और गांधीजी ख़ुद कई बार कह चुके हैं बँटवारा उनकी लाश पर ही होगा।

रफ़ीक़ : इसके ठीक मुख़ालिफ़ लीग धर्म और अपनी आबादी के हिसाब से बँटवारा चाहते हैं। बैरिस्टर जिन्ना का सेक्युलरिज़्म महज़ दिखावा है। कभी कांग्रेस के अधिवेशन में सेक्युलर नेता की तरह बोलते हैं तो कभी लीग के सालाना जलसे में मुफ़्ती मौलवियों की तरह।

शिवनाथ : रफ़ीक़ तुम्हारे नज़रिये को देखकर ऐसा लगा जैसे इस्लाम की सही तस्वीर हो तुम।

रफ़ीक़ : शिवनाथ किसी को देखकर आप तय नहीं कर सकते कि उसका मज़हब क्या है? मैं बेशक मुसलमान हूँ और ख़ुदा का शुक्र अदा करता हूँ। लोगों ने इस्लाम को देखने और समझने में फ़र्क़ कर लिया है। दरअसल हम सबकी बुनियाद और किरदार एक-सा हो तब बेहतर होगा।

दुष्यन्त : सेठ जी अब समझ में आया, दो नाव पर पैर रखे हैं जिन्ना साहब। भारत के प्रधानमन्त्री न बन पायें, तो पाकिस्तान ज़िन्दाबाद।

चमनलाल : तो ठीक है। जब तक नये उपाध्यक्ष का चयन नहीं हो जाता मैं शिवनाथ को कार्यवाहक उपाध्यक्ष मनोनीत करता हूँ।

(शिवनाथ बधाई स्वीकार करते हुए)

भारती : अब बस भी कीजिए, ये मैंने खीर बनायी है। आप लोग रुक गये हों तो खा लीजिए। सतनाम ने नाश्तेदान में खीर रख दी है। जाओ जाकर सोहराब भाई को दे आओ। मेरे हाथ की खीर बहुत पसन्द करते हैं वो।

सतनाम : सेठ जी अगर आपकी आज्ञा हो तो।

चमनलाल : ये राखी के बन्धन के बीच में मैं नहीं पड़ना चाहता। फिर भारती भी नाराज़ होगी, देखो कब तक चलता है ये सिलसिला।

(शिवनाथ और दुष्यन्त चमनलाल को घूरते हुए)

दृश्य तीन

(सोहराब के घर का बैठका, एहतराम रिश्तेदार को लेने स्टेशन गये हुए हैं। ऐसे में सोहराब, हक्कानी, तबरेज़, फ़ातिमा व शमशुल।)

(लगभग तीन महीने बाद।)

(तबरेज़ मन्द आवाज़ में बज रहे रेडियो पर कान लगाये हुए है।)

सोहराब : आवाज़ बढ़ाइये! हम भी तो कुछ सुन लें!

तबरेज़ : बैटरी का दम निकल चुका! आवाज़ इससे ज़्यादा नहीं बढ़ सकती!

सोहराब : तो आप हमसे कुछ दूसरी ख़बरें सुन लें।

तबरेज़ : फ़रमाइये।

सोहराब : 3 फ़रवरी 1928 को जब साइमन कमीशन ने बम्बई के बन्दरगाह पर पैर रखा तो जिन्ना के बायकाट का इतना गहरा असर ब्रिटिश हुकूमत पर पड़ा, उनकी आँखें खुली की खुली रह गयीं। फिर तो साइमन कमीशन जहाँ-जहाँ गया, बम्बई बायकाट का भूत पीछा करता रहा।

(हक्कानी का प्रवेश)

हक्कानी : तब अंग्रेज़ों को समझ आयी कि मुसलमानों को और कमज़ोर समाज को अपने साथ लेकर चलो।

सोहराब : ठीक कहा मौलाना, लेकिन इसमें भी अंग्रेज़ों की चाल थी जिसे बायकाट ने नाकामयाब कर दिया।

हक्कानी : चाल, कैसी चाल?

सोहराब : यही तो अंग्रेज़ों की मेन चाल थी। 'फूट डालो राज करो', अपने रिहायशी शहर बम्बई में बन्द ऐसा कि चाय और पान की दुकानें भी बन्द थीं। दरअसल साइमन कमीशन बर्तानवी सरकार के इशारे पर उनकी मनचाही रिपोर्ट देता जो हमारी आज़ादी को ख़तरा था। अरे भारती कुछ हम लोगों के नाश्ते का इन्तज़ाम तो करें।

(रेडियो से ध्यान हटाकर)

तबरेज़ : भारती, ये आपकी ज़ुबान पर आज भारती कैसे आ गयीं?

सोहराब : मैं तो फ़ातिमा को बुला रहा था। भारती याद आ गयी, क्यों मैं भारती को याद नहीं कर सकता? वो मेरी मुँहबोली बहन भी है।

तबरेज़ : तो फिर आपने सेठ चमनलाल के यहाँ जाना क्यों बन्द कर दिया?

सोहराब : डरता हूँ।

तबरेज़ : लोगों से या पार्टी से।

सोहराब : नहीं दोनों से नहीं, मैं अपने आपसे डरता हूँ।

तबरेज़ : अपने आपसे?

सोहराब : डरता हूँ कि कहीं चमनलाल को देखकर मेरा इरादा न बदल जाये।

हक्कानी : तौबा-तौबा, कुछ ख़ुदा का भी ख़ौफ़ खाइये सोहराब मियाँ। मुस्लिम लीग एक अकीदा है जिसके रहनुमा मो. अली जिन्ना साहब हैं जो क़ौमपरस्त हैं। अल्लाह तआला ने आपको ख़ास शिफा दी है सो कराची के सद्र हैं आप।

तबरेज़ : ऐसी कौन-सी ग़लत बात कह दी जो मौलाना आपको नागवार गुज़र रही है। दीन और मिजाज़ अलग हो सकता है लेकिन इन्सानियत कभी अलग नहीं हो सकती।

हक्कानी : अगर सद्र मोहतरम का ये बयान अख़बारनवीसों के हाथ लग जाये तो सुबह कराची में आग लग जायेगी।

सोहराब : मौलाना मैंने अपना जमीर कभी मुस्लिम लीग के हाथों गिरवी नहीं रखा, बात मेरी ज़ाती ख़यालों की है, सो हक्कानी साहब अख़बारनवीसों को कुछ कहने की जहमत न उठायें।

हक्कानी : आपसे उम्र में बड़ा हूँ फिर भी एहतराम करता हूँ। दीन और जज़्बात क्या होता है आप क्या जानें! कभी आप पर पड़ा नहीं न वरना तस्वीह लेकर जानमाज़ पर बैठोगे तो उठोगे नहीं। अच्छा इजाज़त दीजिए, ख़ुदा हाफ़िज।

(हक्कानी जाते हुए)

(बीमार-सी दिखती फ़ातिमा का कमरे में प्रवेश, हक्कानी को जाते हुए देखती है।)

सोहराब : आपकी तबियत ठीक नहीं है क्या?

फ़ातिमा : चलिये आपने मेरी ख़ैरियत तो ली वरना सुबह से आप लोगों की बहस-ओ-मुबाहिसा सुनते-सुनते मेरे कान पक गये।

तबरेज़ : लगता है आज आपकी नींद पूरी नहीं हुई?

एहतराम : उफ़्फ़ ये मेरी दाहिनी आँख को क्या हो गया? सुबह से इसका फड़फड़ाना ही बन्द नहीं हो रहा है?

तबरेज़ : ये तो बदशकुनी का इनकान है।

एहतराम : हाँ मैंने भी घर के एक बुजुर्ग से सुना है कि दाहिनी आँख फड़कने से बदशकुनी होती है।

तबरेज़ : अल्लाह रहम करे।

सोहराब : शिर्क है, ग़ैर-मुसलमानों का जाल है, इबलीस का फ़तवा होगा। ख़ुदा के दरबार में बस शिर्क वालों की माफ़ी नहीं होगी।

(तबरेज़ रेडियो सुनने लगते हैं। औरों को चुप रहने का इशारा करते हैं।)

तबरेज़ : आज़ाद और तस्कीमे-हिन्द का भी ऐलान हो गया। पाकिस्तान आज़ाद है।

भाईजान बड़ी ख़ुशख़बरी है। अंग्रेज़ों ने हुकूमत छोड़ दी है। वायसराय लॉर्ड माउंटबेटन ने जिन्ना साहब को बुलाकर पाकिस्तान के पहले गवर्नर जनरल की अहद 14 अगस्त को और नेहरू जी को भारत के पहले प्रधानमन्त्री की अहद 15 अगस्त को दिल्ली में दिलाई जायेगी, मुबारक हो, मुबारक हो, मुबारक हो।

(सब एक-दूसरे को गले लगाकर बधाई देते हैं। सोहराब फ़ातिमा का हालचाल लेते हैं।)

तबरेज़ : चलूँ ये ख़ुशख़बरी औरों को भी सुना दूँ।

(जाता है।)

सोहराब : फ़ातिमा लगता है हकीम की हिकमत काम न आयी।

फ़ातिमा : ये हकीम से ठीक होने वाला मर्ज़ नहीं है।

सोहराब : तो फिर क्या अंग्रेज़ डाक्टर को बुलाऊँ?

फ़ातिमा : नहीं किसी को बुलाने की ज़रूरत नहीं है। ये ज़हन के ज़ख़्म हैं। रात को नींद न आना और दिन में बड़बड़ाना या अल्लाह मैं क्या करूँ?

सोहराब : तुम सोने की कोशिश करो।

फ़ातिमा : फिर आप मजबूर कर रहे उस ख़्वाब को देखने के लिए।

सोहराब : कौन-सा ख़्वाब, कैसा ख़्वाब? मैं भी तो सुनूँ।

फ़ातिमा : आप और एहतराम जो सुबह-सुबह शिकार अपनी बन्दूक़ों से करते हैं वो परिन्दे मौसम की तब्दीली पर मगरिब के दूरदराज मुल्कों से परवाज़ करके हिन्दुस्तान की झीलों की राह पर होते हैं। लेकिन आप जैसे लोग उन्हें बेदर्दी से मारकर उन मासूम परिन्दों को मुझसे ही पकवाते हैं। इन मुसाफ़िर परिन्दों का क़त्ल मुझसे देखा नहीं जाता, फिर ऐसा...।

सोहराब : क्या तुम जानती नहीं हम हलाल परिन्दों का ही गोश्त खाते हैं? तेज़ मुड़ी हुई चोंच और नुकीले पंजों वाले परिन्दे ही हराम हैं?

फ़ातिमा : क्या ये इस्लामी शिनाख़्त वाले परिन्दे महज़ हलाल की वजह से खाये जाते हैं या इन मासूमों की लज्जत लग चुकी है आप लोगों को?

सोहराब : बस करो ये मायूसी भरी बातें।

फ़ातिमा : कोई परवाज़ में हो, जो पुकार न सके, आज़ाद उड़ने वाला घायल होकर ज़मीन पर गिर पड़े। आप जैसा कोई आस लगाये उस परिन्दे को झट जिबह कर दे। ये सब सोचकर मेरे ख़्वाब ख़ौफ़नाक होते जाते हैं। भाईजान ये ख़्वाब मुझे सोने नहीं देते और आप इन ख़्वाबों को जानना नहीं चाहते।

सोहराब : अगर तुम्हारी नाराज़गी ये है कि मैं तुम्हारे ख़्वाबों को सुनना नहीं चाहता। आज फतेह का दिन है, बताओ वो कौन से ख़्वाब हैं जो तुम्हें हर वक़्त सोने नहीं देते।

फ़ातिमा : *(आँख बन्द कर सोहराब को ख़्वाब बताती है।)* लोग जब मासूम परिन्दों को उनके परवाज़ में हलाक़ कर देते हैं। तब ख़ौफ़नाक चील और गिद्ध ग़ुस्से से इन्सानों पर मँडराने लगते हैं तभी दोनों ज़मीन पर खुराक देखकर तेज़ रफ़्तार से बच्चे और बूढ़ों की लाश पर टूट पड़ते हैं चील कहती है...

सोहराब : क्या परिन्दे बात भी करते हैं। *(थोड़ा सहमे हुए)*

फ़ातिमा : चील ने बच्चे और गिद्ध ने बुजुर्ग की लाश खा ली। गिद्ध ने चील से पूछा....

(फ़ातिमा गिद्ध और चील की बातचीत सुनाती है।)

गिद्ध : कब से भूखी हो?

चील : क्या तुम भी भूखे थे?

गिद्ध : आज भूखा नहीं था, लेकिन जब से मासूम परिन्दों का सरदार बना हूँ तब से कोई आदम उन्हें घूरे, तो उसकी आँख नोच लेने का मन करता है।

चील : फिर आज सुबह का मंज़र ही कुछ और था। आदमजात की बन्दूक़ें परिन्दों पर तनी थीं।

गिद्ध : बस ऐ चील मुझसे बर्दाश्त नहीं हुआ और तुम्हें अपने साये में ले ज़मीन पर उतर आया।

चील : मुझे तो महज़ मासूम बच्चों की लाश पसन्द है। एक चोंच मारते ही पेट खुल जाता है। पेट भर भी जाये लेकिन नीयत भरने के लिए दोनों आँखें खाकर पास के पेड़ पर सुस्ताने चली जाती हूँ।

(सोहराब घबड़ाकर चहलक़दमी कर रहे हैं।)

गिद्ध : बुजुर्ग का गोश्त खाना मुझे बेहद पसन्द है। लोग बताते हैं बुजुर्गों के चेहरे पर झुर्री पड़ना गोश्त को हड्डी से अलग करने की कुदरती वजह है। जिसका मतलब है बुजुर्गों का गोश्त जहीन और पका हुआ होता है।

सोहराब : बस करो फ़ातिमा तुम ये कैसे ख़्वाब देखती हो?

फ़ातिमा : उन परिन्दों ने जाते-जाते मुड़कर मुझे देखा और कहा, ''देखो हम दोनों हराम परिन्दे हैं।'' हमारे मासूमों को मारोगे तो बदला ऐसा ही होगा।

सोहराब : मुझे लगता है फ़ातिमा हमारे दुश्मनों ने तुम पर कुछ करा दिया है। कोई शै है तुम पर।

फ़ातिमा : ये सब तो मैं नहीं जानती लेकिन आदम और परिन्दों की ज़हनियत में बहुत ज़्यादा फ़र्क़ नहीं है। कोई किसी एक आदमी को हलाक़ कर दे ऐसे में हम भी चाहते हैं उसका ख़ानदान क़त्ल कर दिया जाय, कैसे रुकेगा ये सब?

सोहराब : शमशुल मियाँ पानी गर्म हो तो फ़ातिमा वुजू करेगी।

शमशुल : जी हुज़ूर! लकड़ी के कुन्दे लगा दिये हैं आग लग चुकी है। बस थोड़ी ही देर में डेक में पानी गर्म हो जायेगा। क्यों न आप फ़ातिमा बी पर दुआ पढ़कर फूँक दें।

सोहराब : ठीक है *(दुआ पढ़कर फ़ातिमा पर फूँकते हैं)* फ़ातिमा! खाने के तुरन्त बाद चन्द क़तरे दवा भी लेनी होगी। तब तक मैं सुकून से जोहर की नमाज़ के साथ दो रकात नमाज़े शुक्राना आज़ादी मिलने के वास्ते पढ़ लूँ।

(फ़ातिमा भीतर चली जाती है।)

शमशुल : जी हुज़ूर! और शाम को यौम-ए-आज़ादी के जलसे को भी ख़िताब करने के लिए आपको जाना है।

सोहराब : ये एहतराम मियाँ अभी तक नहीं लौटे! कहीं यौम-ए-आज़ादी के हुड़दंग में न फँस गये हों।

शमशुल : अगर एहतराम और मेहमानों को आने में देर हो तो आप दस्तरख़्वान पर पहले बैठ जाइयेगा।

सोहराब : भला ये भी कोई बात हुई। वो मेरे मेहमान नहीं, रिश्तेदार हैं। मैं इन्तज़ार करूँगा।

(सोहराब नमाज़ पढ़ने लगते हैं। बाहर किसी के दरवाज़ा खटखटाने की आवाज़)

शमशुल : आ रहा हूँ भाई ऐसी बेसब्री भी क्या?

(फिर दरवाज़ा खटखटाने की आवाज़)

आ रहा हूँ भाई थोड़ा वक़्त तो दो।

(शमशुल दरवाज़ा खोलते हैं।)

अरे एहतराम भाई आप कुछ परेशान...

(एहतराम शमशुल को धक्का देकर कमरे में दा ख़िल हो जाते हैं।)

(एहतराम बदहवासी की हालत में सोहराब की बैठक में दाख़िल होते हैं जहाँ एक तरफ़ सोहराब साहब नमाज़ पढ़ रहे हैं, वहीं दूसरी तरफ़ अपना तवाज़ुन खोये बैठी फ़ातिमा ग़फ़लत में वुज़ू बना रही है।)

शमशुल : एहतराम मियाँ ऐसी क्या बात है जो बच्चों की तरह रो रहे हैं?

(एहतराम फिर भी रो रहे हैं।)

(सोहराब नमाज़ से उठकर जानमाज़ तह करके किनारे रखते हैं, टोपी हाथ में लेकर एहतराम के पास पहुँचते हैं।)

सोहराब : एहतराम! क्या बात है, क्या हो गया है?

एहतराम : सोहराब जो मैं कहने जा रहा हूँ, ऐ पत्थर दिल सोहराब शायद तुम भी सब्र न कर पाओ।

सोहराब : क्या कोई हादसा पेश आ गया?

एहतराम : हादसा नहीं कहर बरपा हो गया।

सोहराब : बताओ क्या हुआ?

एहतराम : जो कुछ हुआ उसे बयान करने की कोशिश करता हूँ। दो बग्घियाँ लेकर मैं टेशन पहुँचा, एक मश्क पानी भी ले लिया मुँह-हाथ धुलाने के लिए, ट्रेन लेट थी। डिब्बा तो मुझे मालूम ही था जब ट्रेन आयी तो ट्रेन से कोई उतरा नहीं।

एहतराम : मैं मश्कवाले को ले डिब्बे में दाख़िल हो गया, जहाँ आपके मामू, बुजुर्ग नाना, नौजवान सलीम, खाला, उनकी दोनों जवान बेटियाँ, दूध पीता आपका नवासा सब मौजूद थे।

सोहराब : फिर उन्हें लेकर क्यों नहीं आये?

एहतराम : मेरी सोच ग़लत साबित हुई उनके जिस्म पर ज़ख़्मों के निशान थे। बड़ी बेदर्दी से क़त्ल किया था कम्बख़्तों ने। जवान बच्चियों के शर्मगाह को भी निशाना बनाया। दूध पीते नवासे की गर्दन पर ख़ंजर का निशान देखा न गया सोहराब।

सोहराब : *(कानों पर हाथ रखकर)* बस करो एहतराम ख़ुदा के वास्ते, चुप हो जाओ।

एहतराम : हम आज़ादी चाहते थे, मिल तो गयी आज़ादी लेकिन रंजिश भरी।

सोहराब : आज़ादी की लड़ाई बँटवारे पर आकर रुक गयी लेकिन ये लीग के सियासत दां आज तक इसे एक जंगे तहरीक समझता रहा।

फ़ातिमा : ये आज़ादी और बँटवारा एक बार फिर हमें सबक देता है कि मज़हब ने बड़ी-बड़ी तहरीक, बड़े जलसे, बड़ी से बड़ी क़ुर्बानियों को बौना कर दिया है। हम आज तक अंग्रेज़ों के ग़ुलाम थे, अब जिन्ना साहब के ग़ुलाम होंगे।

एहतराम : सोहराब साहब मस्जिद के पीछे क़ब्रिस्तान में नमाज़े जनाज़ा पढ़ी जायेगी।

(मौलाना हक्कानी का जोश और हंगामे के साथ प्रवेश)

हक्कानी : अरे सोहराब ये क्या, ऐसे वक़्त में तुम ख़ामोश हो, ये तुम्हारे इशारे और हुक्म का वक़्त है।

एहतराम : किस इशारे की बात कर रहे हो?

हक्कानी : *(अपनी बात से पलटते हुए)* मैं तो बात कर रहा हूँ जनाजों को गुस्ल देने की, कन्धा देने की, नमाज़े-जनाना, दफ़नाने का इन्तज़ाम। और...

एहतराम : और क्या?

हक्कानी : कुछ इन्तज़ाम करो एहतराम। इस ख़ौफ़नाक मंजर को देखकर मैं चाहता हूँ कि सोहराब हुक्म करें, बूढ़ा ज़रूर हूँ लेकिन कन्धे और कलाइयाँ अभी कमज़ोर नहीं पड़ी हैं।

(सोहराब अपनी ख़ामोशी नहीं तोड़ते)

एहतराम : चलो मौलाना पहले जनाजों का इन्तज़ाम किया जाये।

(मौलाना और एहतराम कमरे से बाहर चले जाते हैं। लेकिन फ़ातिमा, को ग़म बर्दाश्त नहीं, उन्हें हाल आ जाता है। फ़ातिमा अपने बालों को फहराकर देर तक नाचती हैं, हँसती भी रहती हैं।)

फ़ातिमा : ये क़त्ल-ए-आम और जनाज़े, कफ़न, कान्धे और दफन का सिलसिला रुकता नहीं, देखती हूँ मैं। *(हँसती हुई)* वो देखो दूर आसमान में गिद्ध और चीलों का क़फ़िला ज़मीन की तरफ़ रवाना हो चुका है फिर एक बार मासूम परिन्दों पर हमला हुआ है। ऐ गिद्ध और चील तू अब ज़मीं पर ही रह जा मासूम परिन्दों का हलाक़ होना तो महज़ शुरू हुआ है।

(ज़ोर से हँसकर कान बन्द कर लेती है।)

दृश्य चार

(सेठ चमनलाल के घर कराची कांग्रेस की आपात बैठक।)

(दुष्यन्त का प्रवेश)

दुष्यन्त : कल रात मेरी घबराई सहमी पत्नी को सात माह में प्रसव पीड़ा हो गयी थी। *(रोते हुए)* कुछ देर पहले नवजात शिशु और पत्नी का देहान्त हो गया है।

मोहल्ले में तनाव के कारण शवयात्रा सम्भव नहीं। अगर शवयात्रा समय रहते न निकली तो भारती सोचता हूँ कि अपने संस्कारों के विरुद्ध लाश को अपने घर में ही खोदकर कहीं दबा दूँगा।

रफ़ीक़ : दुष्यन्त भाई आप परेशान न हों, मैं अभी जाकर इन्तज़ाम करता हूँ।

दुष्यन्त : रहने दो, इस काम को तो बस सोहराब ही अंजाम दे सकते थे। जहाँ हर पल कोई न कोई मर रहा हो, ज़िन्दा लोगों की बार-बार गिनती करनी पड़े ऐसे में मरने वालों पर क्या रोना? सेठ जी अँधेरा होने को है इस 'रौशनी के शहर' कराची को छोड़ दें।

(सभी लोग डरे व सहमे हुए बिना सेठजी को लिये जाने को तैयार नहीं हैं।)

चमनलाल : आख़िर धर्म के नाम पर बँटवारे के बाद एशिया का नया राष्ट्र 'पाकिस्तान' पैदा हो ही गया, जिसके पहले गवर्नर जनरल मोहम्मद अली जिन्ना होंगे।

रफ़ीक़ : मतलब यह हुआ कि जिन्ना और ब्रिटिश हुकूमत ने पाकिस्तान का कड़वा घूँट हमें पिला ही दिया।

भारती : ऐसे में पहले से ही चेचक की तरह फैले हुए हिन्दू-मुस्लिम दंगों में बँटवारा आग में घी का काम करेगा। आने वाले दिन कठिनाइयों से भरे होंगे। अब हमें तत्काल निर्णय और साहस से काम लेना होगा।

चमनलाल : भारती तुम्हारा सोचना बिल्कुल सही है। जो ट्रेनें भारत से कराची स्टेशन पहुँची हैं वो सवारियों के बदले लाशों से पटी पड़ी हैं। लाशें हर मुहल्ले में पहुँच रही हैं। ऐसे में आप सबको मेरी राय है कि कराची छोड़ दें।

शिवनाथ : दीप रतन और मोहन का परिवार तो पहले ही जा चुका है। सब जाना चाहते हैं। कोई रेल से, कोई बस से, कोई अन्य साधन से तो कई बन्दरगाह से पानी का जहाज़ पकड़ बम्बई जा रहे हैं। लोग तो ब्रिटेन और अमेरिका भी भाग रहे हैं।

दुष्यन्त : दकियानूसी मुसलमानों के साथ रहना ख़तरे से ख़ाली नहीं, हमें अब यहाँ एक पल नहीं रुकना चाहिए। वैसे भी हमारे तलफ्फुस से ही हमारे हिन्दू होने की पहचान हो जायेगी। हो सकता है ज़रूरत पड़े तो ये कम्बख़्त पहचान के लिए हमारे कपड़ों के अन्दर भी झाँक लें।

शिवनाथ : मुसीबत तो यह है कि हमारे खेत, हमारा मकान, हमारा व्यापार, हमारे जानवरों का क्या होगा? हमारे पास जाने को साधन भी नहीं हैं।

चमनलाल : हमारे नेताओं, लॉर्ड माउंटबेटन और मुस्लिम लीग ने भी यह कहा है कि कस्टोडियन एक्ट के तहत एक देश से दूसरे देश जाने वालों की सम्पत्ति, नौकरी में प्राथमिकता दी जायेगी। रही बात व्यापार की तो तुम लोग हिसाब-किताब जानते हो भारत में व्यापार कर लेना।

रफ़ीक़ : घर भी मिल जायेगा और नौकरी भी लेकिन मैं समझता हूँ कि इन हालातों में सबसे अहम सवाल यहाँ से महफ़ूज़ निकलने का है।

भारती : हाँ! भारत सुरक्षित पहुँचना लोहे के चने चबाने की तरह होगा जहाँ रास्ते में जिसकी आबादी होगी, उस हिसाब से ख़तरा घटेगा या बढ़ेगा। लेकिन रफ़ीक़ अभी तुम्हारी शादी भी नहीं हुई तो फिर क्या तुम भारत जाने के फ़ैसले पर अटल हो?

शिवनाथ : डरते होंगे, कांग्रेस के युवा प्रतिभाशाली नेता हैं। हमेशा से हम हिन्दुओं के साथ रहते हैं। सोच रहे होंगे कि कहीं मुसलमान इन्हें इतने के लिए काफिर मानकर हलाक़ न कर दें।

रफ़ीक़ : शिवनाथ कोई मज़हब नफ़रत नहीं सिखाता, हाँ लोग मज़हब का दुरुपयोग कर कट्टरपन्थी बन जाते हैं, जैसे आप!

(शिवनाथ रफ़ीक़ को घूरते हैं।)

किसी को आँखों से घूरना भी इन्सानियत के ख़िलाफ़ है।

चमनलाल : क्या गांधीजी से आप लोगों ने यही सबक लिया है? ये वाद विवाद बन्द करें। रफ़ीक़ तुम क्यों पाकिस्तान में रहना नहीं चाहते, यहाँ तुम्हारी अपनी बिरादरी के लोग हैं।

रफ़ीक़ : मुझे किसी बिरादरी से कोई शिकायत नहीं है लेकिन अंग्रेज़ों और मोहम्मद अली जिन्ना ने इन्सानियत पर वार करके हिन्दुस्तान को दो टुकड़ों में बाँट दिया। मुस्लिम अवाम ने कभी पाकिस्तान की माँग नहीं की थी। ये तो अल्लामा इक़बाल, नवाबों, रईसज़ादे, रजवाड़ों और अलीगढ़ यूनिवर्सिटी के कैम्पस में हुए जलसों से बना है। लीग के इस बँटवारे को शायद कभी हिन्दू भूल जायें लेकिन मुस्लिम अवाम इन्हें कभी माफ़ नहीं करेगी।

शिवनाथ : क्या तुम पाकिस्तान के बनने वाले नये संविधान और जिन्ना से इत्तेफ़ाक़ नहीं रखते?

रफ़ीक़ : सवाल यह है कि क्या बँटवारा टल सकता था?

दुष्यन्त : ये समय इस बहस का नहीं है। ख़तरा पल-पल बढ़ता जा रहा है।

दुष्यन्त : यह सच है कि स्व. मोतीलाल अपने बेटे नेहरू को अध्यक्ष बनाना चाहते थे, फिर बँटवारे का मुख्य मुद्दा यही बन गया।

चमनलाल : रफ़ीक़ ठीक कह रहे हैं, गांधीजी ने नेहरू से सत्ता मोह त्यागने की अपील की थी। ये गांधीजी की असीम इच्छा थी जिसे नेहरू समूह ने मानने से इन्कार कर दिया है। ऐसे गांधीजी आश्रम तक सीमित हो गये।

रफ़ीक़ : एक वक़्त था जब जिन्ना से बड़ा कोई सेक्युलर नहीं था। क़ाबिल बैरिस्टर मसविदाकार और बहस में अव्वल।

भारती : चौरी-चौरा काण्ड से दुखी होकर गांधीजी ने भारत में अपना असहयोग आन्दोलन स्थगित कर दिया। सत्ता की चाह किसे नहीं है रफ़ीक़, बँटवारे की हद तक।

ये भय, ये तनाव, ये आक्रोश तो ख़त्म होने से रहा लेकिन इस दुख की घड़ी में दुष्यन्त तुम तत्काल घर चले जाओ।

आप चलते क्यों नहीं? ख़तरा धीरे-धीरे बढ़ रहा है लगता है सब मारे जायेंगे।

चमनलाल : मैं यहाँ से कहीं जाने वाला नहीं भारती। हिन्दुओं के कराची में रहने पर पाबन्दी थोड़े ही लगी है। मैं अपने पुरखों की हवेली नहीं छोड़ूँगा। तुम्हारा बेटा पहले ही दिल्ली जा चुका है सबके साथ तुम भी चली जाओ।

भारती : मैं आपको छोड़कर चली जाऊँ, अपने सुहाग को छोड़कर चली जाऊँ। सेठ जी दासी कभी अपने देवता को नहीं छोड़ती।

दुष्यन्त : हम इस ख़तरे में आपको अकेला कैसे छोड़ सकते हैं।

चमनलाल : यहाँ मुझे कौन छूने आयेगा? कमिश्नर साहब को ख़त भिजवा दिया है, गार्द आती ही होगी। सतनाम को मिलने का वादा भी किया है।

शिवनाथ : सतनाम के लिए, भगवान जाने उसे जानवरों ने खा लिया हो या इन्सानों ने निगल लिया हो, पता नहीं जीवित है भी कि नहीं!

(दरवाज़ा खोलकर घायल सतनाम का तलवार लेकर प्रवेश)

सतनाम : ऐ लो, सेठ जी मैं आ गया।

चमनलाल : लेकिन ये ख़ून, तुम्हारी आँखों को क्या हुआ?

सतनाम : बन्दरगाह से दंगा शुरू हो गया

(दर्द से कराहता हुआ)

चमनलाल : तू वहाँ से निकलकर हवेली पर क्यों नहीं आ गया?

सतनाम : त्वाड्डा कपास गोदाम कुल रखा था, चाभियाँ मेरे पास थीं, तभी...

भारती : क्या हुआ सतनाम?

सतनाम : मेरे पीछे ख़ंजर गड़ा दिया। मैंने भी तलवार से पंच गर्दन उतार दी, वाहे गुरु दी सौ। मेरी आँखें निकाल लीं। तुम लोग सड़क के रास्ते कराची छोड़ दो, बार्डर तक पहुँच जाओ।

(रफ़ीक़ और चमनलाल सतनाम को सँभालते हुए)

(बाहर ज़ोर-ज़ोर से दरवाज़ा खटखटाने की आवाज़)

नारा-ए-तकबीर, अल्लाह-ओ-अकबर, नारा-ए-रिसालत या रसूलल्लाह।

सतनाम : *(खड़े होने की कोशिश में)* जो बोले सो निहाल ते सतसिरीकाल *(सतनाम की मौत)*

भारती : देखो दुष्यन्त कौन है?

(दुष्यन्त दरवाज़े से झाँकते हैं।)

दुष्यन्त : ये तो जान की मुसीबत आ गयी, भारती बाहर कई नक़ाबपोश मशाल और ख़ंजर लिये हुए खड़े हैं।

चमनलाल : डरो मत दरवाज़ा खोल दो, और हमारे पास कोई रास्ता नहीं है।

*(दुष्यन्त दरवाज़ा खोल देता है। नक़ाबपोश ख़ंजर

और मशाल लेकर सबको घेर लेते हैं। नारे बन्द हो चुके हैं। ख़ामोशी छा गयी है। ऐसा लगता है कि नक़ाबपोश सबको मारने आये हैं।)

चमनलाल : क़बाइली या बलूची डाकू हो तुम लोग? जाओ पूरा घर पड़ा है।

एक नक़ाबपोश : *(गर्दन हिलाकर नहीं कहता है।)*

करांची में तुम्हें किसने घुसने दिया? इस तरह हथियार लेकर तुम क़ानूनन शरीफों के घर में नहीं घुस सकते?

रफ़ीक़ : पाकिस्तान सरकार का ठीक से गठन नहीं हुआ तो मौक़ा पाकर तुम लोग लूट-खसोट कर रहे हो।

चमनलाल : जानते नहीं हो मैं कांग्रेस कराची का सद्र हूँ। तलवार नीचे करो नहीं तो हवालात जाना पड़ेगा।

एक नक़ाबपोश : *(गर्दन हिलाकर नहीं कहता है।)*

चमनलाल : लुटेरे नहीं हो, ख़ंजर नीचे नहीं करते तो नक़ाब हटाओ।

(चमनलाल उस नक़ाबपोश का नक़ाब हटाने के लिए झपटते हैं लेकिन नक़ाबपोश तलवार को आगे कर पीछे हट जाता है।)

मैं तुम्हें लगभग पहचान चुका हूँ, तो क्या तुम हम लोगों की हत्या करने आये हो?

एक नक़ाबपोश : *(अपना नक़ाब हटाकर ठहाके लगाकर हँसता है।)*

हाँ मैं हूँ सोहराब, तुम्हारा क़त्ल करने आया हूँ।

चमनलाल : अपने दोस्त का क़त्ल सोहराब! जिसने तुम्हारे वालिद मरहूम को ज़रूरत पड़ने पर अपना ख़ून दिया, उसका क़त्ल सोहराब।

सोहराब : दो क़तरे ख़ून देकर 15 साल कराची सद्र बने रहे, मुझसे झूठा वादा किया।

चमनलाल : मैंने कभी झूठा वादा नहीं किया।

सोहराब : ये मकतल भी है, अदालत भी, तुम्हारा झूठा वादा मैं याद

कराता हूँ। तुमने मुझसे कहा था जब चाहो सद्र बन जाओ। इस तरह तुम मुझे पन्द्रह साल तक नायब सद्र बनाये रखने में कामयाब रहे।

चमनलाल : अब तो तुम लीग के कराची सद्र बन चुके हो।

सोहराब : कूवत तो पूरे हिन्दोस्तान के सद्र बनने की रखते हैं लेकिन हमारे साथ धोखा हुआ है। ये अदालत सुनवाई के बाद तुम्हें मौत की सज़ा देती है।

दोनों पक्ष ख़ंजर निकालकर कहते हैं—हम तैयार हैं।

चमनलाल : ठहरो सोहराब ये बुजदिली तुम नहीं कर सकते। याद रखना ये ख़ंजर और नक़ाब! बेकसूरों की चीख़, तू पूरी ज़िन्दगी रोयेगा।

सोहराब : यलगार हो।

(नक़ाबपोश हमला कर देते हैं और चमनलाल ख़ंजर लगने के बाद भी भारती का हाथ रफ़ीक़ को थमाकर जाने को कहते हैं। चीख़-पुकार के बीच घायल दुष्यन्त दरवाज़ा खोल देता है। चमनलाल दम तोड़ देता है। भारती चीख़ पड़ती है।)

(रफ़ीक़ एक हमलावर नक़ाबपोश से तलवार छीनकर भारती को बचाने के लिए दूसरे नक़ाबपोश पर टूट पड़ता है और जल्दी से भारती का हाथ पकड़कर घर से बाहर निकल जाता है।)

दृश्य पाँच

(कराची की अँधेरी गलियों से बदहवास रफ़ीक़ टोपी पहन लेते हैं। सामने एक मुस्लिम महिला की लाश को देखकर रफ़ीक़ उसका बुर्का उतारकर भारती को पहनने को देते हैं।)

रफ़ीक़ : देखो इस बेगुनाह और मासूम लड़की को जो हिन्दुओं के झुण्ड के हत्थे चढ़ गयी होगी, लो इसे पहन लो।

भारती : इस परदे के ख़िलाफ़ आन्दोलन कर चुकी हूँ। मुसलमानों के ग़ुस्से का शिकार भी बनना पड़ा था। मैं पहन लूँ! हरगिज़ नहीं। अच्छा तो होता सोहराब पति के साथ मुझे भी ख़ंजर भोंक देता।

रफ़ीक़ : समझने की कोशिश करो भारती। किसी का मज़हब नहीं बदल जाता। हाँ रास्ते में उन शैतानों को धोखा हो जायेगा, वो तुम्हारे बुर्के को तुम्हारा दीन समझ बैठेंगे।

भारती : लेकिन अगर हिन्दू आबादी को धोखा हो जाये तब?

रफ़ीक़ : झट बुर्का उतारकर ज़ोर लगाकर कह देना ''जो बोले सो निहाल ते सतश्रीअकाल''। अब बुर्का पहन भी लो।

(भारती बुर्का पहनते हुए)

(नारा-ए-तकबीर, हर-हर महादेव, जो बोले सो निहाल के नारे धीरे-धीरे तेज़ होते जाते हैं।)

एक व्यक्ति : *(मुस्लिम आबादी में ख़ंजर से लैस)* सुनिये जनाब! इस बँटवारे की रात में बेख़ौफ़ जाने वाले तेरा कोई नाम भी है?

(भारती और रफ़ीक़ थक कर चूर हैं, भूख लगी है। पानी भी ख़त्म हो चुका है। रफ़ीक़ पलटते हैं।)

रफ़ीक़ : कुछ खाने को नहीं ला सके, उस पर सितम कि नाम पूछ रहे हो, तो सुनो मेरा नाम है रफ़ीक़।

एक व्यक्ति : बुर्के में ये मोहतरमा कौन हैं?

रफ़ीक़ : अदब से बात कर गुस्ताख़, आप कोतवाल कराची की मेहमान हैं।

एक व्यक्ति : बुर्का और पैरों में आलता?

रफ़ीक़ : कोतवाल की मेहमान, बिहार सूबे से आयी हैं जहाँ मुसलमान औरतें भी आलता लगाती हैं।

एक व्यक्ति : मुझे शक है, मैं तलाशी लूँगा। शिनाख़्त में फ़र्क़ जान पड़ता है।

(आदमी भारती की तरफ़ बढ़ता है, लेकिन भूख से बेहाल रफ़ीक़ में अचानक जान आ गयी। पलक झपकते ही उस आदमी का मुँह दबा अपने ख़ंजर से उसका पेट चीर देता है। भारती ज़ोर से चीख़ती है, डर जाती है। रफ़ीक़ भारती को लेकर आगे चलता है।)

भारती : हम लोग कब तक ख़ून से लथपथ भूखे-प्यासे चलते रहेंगे? पैरों के छाले तक फूट गये हैं।

रफ़ीक़ : हिम्मत न हारो, तुम्हारे लोगों की आबादी नज़दीक ही है लेकिन मुझसे भूखे पेट चला नहीं जाता।

भारती : *(दूर रोशनी देखकर)* वो दूर रोशनी देखो, शायद कोई गाँव है। मैंने भी कुछ कहाँ खाया है।

रफ़ीक़ : तुम्हें मेरी मदद करनी होगी।

भारती : कैसी मदद?

रफ़ीक़ : अपना ज़ेवर दे दो, कोई मुफ़्त में रोटी नहीं देगा।

भारती : ज़ेवर, वो सब तो सोहराब के गुण्डे ले गये।

रफ़ीक़ : एक ज़ेवर अब भी है।

भारती : तुमने ख़ुद को ख़तरे में डालकर यहाँ तक पहुँचाया है, तो गहना ज़ेवर तुमसे बढ़कर नहीं।

रफ़ीक़ : मंगलसूत्र!

भारती : *(ज़ोर से चिल्लाती है)* नहीं! हरगिज़ नहीं?

रफ़ीक़ : सेठजी मर चुके हैं। मंगलसूत्र दो।

(भारती को पकड़कर रफ़ीक़ उससे गर्दन की मंगलसूत्र छीन लेता है। भारती ज़मीन पर गिर पड़ती है और रफ़ीक़ रोशनी की तरफ़ चल देता है।)

व्यक्ति-1 : चलो अच्छा हुआ लाहौर भी पाकिस्तान में मिल गया!

व्यक्ति-2 : मियाँ दिल को तसल्ली तो तब होती जब दिल्ली भी पाकिस्तान की होती! हा हा हा! *(आवाज़ दूर होती हुई)*

थोड़ी देर में रफ़ीक़ घबराया, डरा, हाँफता हुआ वापस आता है। भारती को इशारे से उठने को कहता है।)

भारती : मैं तुम्हें मंगलसूत्र के लिए कभी...

रफ़ीक़ : ये लो अपना मंगलसूत्र, खा लो!

भारती : क्या कुछ खाना नहीं मिला?

रफ़ीक़ : ग़ज़ब हो गया भारती, गाँव से ख़बर मिली है कि लाहौर भी पाकिस्तान को मिल गया है।

भारती : वापस चलो, वापस चलो, हम लोग तो लाहौर सूबे में पहुँच चुके हैं।

रफ़ीक़ : फिर हमें अब दूसरा रास्ता तय करना होगा।

मध्यान्तर

कुछ देर बाद दो गोलियों के चलने की आवाज़ 'हे राम'!

(लगभग 20 साल बाद चाँदनी चौक में भारती के घर का दृश्य)

(कराची के दृश्यों के कलाकार पुनः दूसरे रूप में अपना चरित्र निभायेंगे।)

दृश्य छह

(छुट्टी के दिन रफ़ीक़ 'द हिन्दू' अख़बार पढ़ने के बाद परेशान से भारती का इन्तज़ार कर रहे हैं। प्रसन्नचित्त भारती चन्दन की तस्वीर को निहारते हुए कक्ष में प्रवेश करती है।)

भारती : छुट्टी के दिन भी क्या काम आन पड़ा? जब कि ब्लंट स्क्वायर मर्डर की रिट और गुलनाज़ बेगम का रीज्वाइंडर भी कल ही तैयार हो गया था।

रफ़ीक़ : जी, उसमें जो करेक्शंस के लिए आपने कहा था वो कर दिया है। नज़ीरों की नक़ल लगा दी है। बस आप एक नज़र देख लें।

भारती : मैं देखकर साइन कर दूँगी। क्या बात है रफ़ीक़ कुछ परेशान से दिख रहे हो?

रफ़ीक़ : *(कुछ हिचकिचाते हुए)* रात भर मैं सोचता रहा कि अदालत से अनिरुद्ध बाबू के घर कल शाम तुमने मुझे क्यों भेजा? जबकि उनके घर तो हम वापसी में भी जा सकते थे?

भारती : तुम जानते हो अनिरुद्ध बाबू हमारे अच्छे मुवक्किल हैं, फिर तुम्हें जाने में हर्ज कैसा?

रफ़ीक़ : मेरे जाने से मुझे कोई फ़र्क़ नहीं पड़ा, लेकिन मेरे जाने से तुम्हें ज़रूर फ़र्क़ पड़ा होगा।

(काका का चाय के साथ प्रवेश)

काका : गर्म-गर्म चाय बना दी है, क्या नाश्ता भी बना दूँ?

भारती : *(कुछ नाराज़ होकर)* नहीं काका, जब बताऊँगी तब। हाँ तुम क्या कहना चाहते हो रफ़ीक़?

रफ़ीक़ : बहुत समझदार हो तुम। अगर साफ़ कहूँ तो ऐसा लगा मानो अनिरुद्ध बाबू के यहाँ भेजकर कोर्ट के बाहर होने वाली अहम बैठक से तुमने मुझे दूर रखा।

भारती : ये तुम क्या कह रहे हो? तुम कब से इस तरह सोचने लगे हो?

रफ़ीक़ : मेरे नज़रिये में कोई बदलाव नहीं है। लेकिन आज के सारे अख़बार उठाकर देख लो, जिस बैठक की तुम अध्यक्षता कर रही थीं, उसी बैठक में वो निर्णय लिया गया जिसके शुरू से मैं ख़िलाफ़ हूँ।

भारती : अच्छा तो चन्द साथी वकीलों की बातचीत को बैठक और मेरी मौजूदगी को तुम अध्यक्षता कह रहे हो? जबकि वहाँ महज़ क़ानून के जानकारों में बहस हो रही थी।

रफ़ीक़ : वहाँ मेरे भी कुछ जानने वाले बैठे थे। उन्होंने मुझे जो कुछ बताया वही अख़बारों में छपा है।

भारती : कहीं कुछ भी छपा हो इस पर मुझे कोई फ़र्क़ नहीं पड़ता, फ़र्क़ तो सिर्फ़ इस बात से पड़ा है कि कोई भी वकील पाकिस्तानी आतंकवादी का मुक़दमा लड़ना ही नहीं चाहता।

रफ़ीक़ : ये बात तुम इतने दावे से कैसे कह सकती हो?

भारती : दावा नहीं मेरा विश्वास है कि मेरे बेटे को मारने वाले आतंकवादी की पैरवी दिल्ली का कोई भी वकील नहीं करेगा।

रफ़ीक़ : मैं ऐसा नहीं मानता।

भारती : वकील फ़ैसला कर चुके हैं और तुम उस पाकिस्तानी आतंकवादी को बचाने की जिरह कर रहे हो।

रफ़ीक़ : आपा मैं तुमसे बहस नहीं कर रहा। मत भूलो 'सोलोमन मर्डर केस' में भी मुझे शुरू से मिसेज़ सोलोमन पर शक था, और तुम मानने को तैयार नहीं थीं। लेकिन

अदालत में गवाह, सबूत और जिरह के सामने उस औरत ने ख़ुद अपना गुनाह कबूल कर लिया था।

भारती : हमेशा ऐसा ही हो, ये सोचना ग़लत है।

रफ़ीक़ : कुछ भी कहो, उस पाकिस्तानी क़ैदी को क़ाबिल वकील तो मिलना ही चाहिए। संविधान भी इसकी इजाज़त देता है।

भारती : *(गहन सोच के बाद)* क्यों न तुम्हीं...।

(बाहर किसी के आने की आहट, रफ़ीक़ आगे बढ़कर दरवाज़ा खोलते हैं, आगन्तुक का प्रवेश)

आगन्तुक : वकील भारती यहीं रहती हैं?

रफ़ीक़ : जी हाँ! *(अन्दर आते हुए)*

आगन्तुक : तो तुम ही हो दिल्ली की मशहूर वकील भारती!

भारती : जी हाँ, और आप अमेरिका के मशहूर एन.आर.आई. साहित्यकार ज्ञानमोहन ही हैं न!

आगन्तुक : बिल्कुल ठीक पहचाना तुमने, मैं ज्ञानमोहन ही हूँ।

भारती : इतने सालों बाद देश से दूर रहकर आज दिल्ली में क्या काम आन पड़ा? किसी सम्मेलन में भाग लेने के लिए या आज़ादी के 20 साल बाद का भारत देखने की इच्छा हो गयी?

ज्ञानमोहन : *(हँसते हुए)* तुम्हारे इतने प्रश्नों का उत्तर कैसे दूँगा?

रफ़ीक़ : *(मुस्कुराते हुए)* पूछे गये प्रश्नों में से किन्हीं दो का उत्तर दीजिए, कराची में आपा अध्यापिका थी न!

(सब ठहाका लगाकर हँसते हैं)

ज्ञानमोहन : *(रफ़ीक़ को देखकर)* माफ़ कीजिए आपका परिचय भी तो हो जाय?

भारती : याद कीजिए, सेठजी ने कराची के युवाओं की 'पान वाली गली' में एक नुक्कड़ सभा की थी, वहाँ यही रफ़ीक़ ही तो लफ़्ज़ों को चुन-चुनकर बोल रहा था।

ज्ञानमोहन : *(रफ़ीक़ को पहचानते हुए)* "एकता से आज़ादी तो मिल

जायेगी, हमारे अन्दर का इन्सान ज़िन्दा रहे, सबसे ज़्यादा ख़तरा उसी को है।'' यह तुम्हीं ने कहा था।

रफ़ीक़ : आपको तो सब याद है!

ज्ञानमोहन : कैसे भूल सकता हूँ।

भारती : भूलेंगे भी कैसे, आप जैसे महान साहित्यकार छोटी से छोटी और पुरानी बातों को याद रखते हैं।

रफ़ीक़ : मुझे आपके नारे और साहित्य भी अच्छी तरह याद हैं। हम लोगों का ख़ून खौल उठता जब गोरों की फ़ौज आपको उठा ले जाती थी।

भारती : उसी रात सेठजी के नेतृत्व में गुप्त बैठक होती, सुबह प्रभात फेरी के बदले विरोध में सड़कों पर मजमा लगता।

ज्ञानमोहन : बार-बार क़ैद होने के बावजूद मेरी क़लम कभी न झुकी, न रुकी।

रफ़ीक़ : ऐसे अचानक मुलाक़ात होगी, सोचा भी न था।

ज्ञानमोहन : *(चाय पीते हुए)* शायद चाय पर मेरा नाम लिखा था। *(एक घूँट चाय पीकर तुरन्त वापस रख देते हैं।)* चाय तो बिलकुल ठण्डी हो गयी है।

भारती : काका चाय दोबारा बना लो।

काका : *(पीछे से बोलते हैं।)* अभी लाया।

ज्ञानमोहन : तुम दोनों की मौजूदगी में चाय का ठण्डा हो जाना इसका मतलब है कि यहाँ कोई नार्मल डिसकसन नहीं हो रहा था। ज़रूर तुम दोनों में कोई बहस हो रही होगी।

भारती : नहीं-नहीं मोहन साहब, बात ज़रूर हो रही थी लेकिन मैं उस पर बहस नहीं करूँगी।

ज्ञानमोहन : मैंने भी दुनिया बहुत देखी है भारती, अगर केवल बातचीत हो रही होती तो ये चाय ठण्डी न हो जाती। तुम दोनों ज़रूर मुझसे कुछ छुपा रहे हो। हो सकता है कि मैं किसी मसले को हल कर दूँ।

भारती : ज़माने बाद आप अभी-अभी आये हैं, थोड़ा आराम कर लीजिए, बातें तो फिर भी हो जायेंगी।

ज्ञानमोहन : मुझे ज़िन्दगी ने सब कुछ दिया, बस कमी रही तो आराम की।

भारती : काका नाश्ता लगा दो।

(ज्ञानमोहन का ध्यान हटाते हुए)

ज्ञानमोहन : चलो तो फिर ये बताओ भारती कि वकालत का ये लम्बा सफ़र तुमने कैसे तय किया?

भारती : आप तो जानते ही हैं कि 12वीं दर्जा पास करते ही मैं ब्याह गयी, फिर सब कुछ गँवाकर भारत लौटी तो करने को कुछ नहीं था। एक दिन रफ़ीक़ ने ही कहा क्यों न तुम अपनी डिग्री पूरी कर लो, तुरन्त मैंने विषय चुन लिया, ऐसे एलएलएम तक की पढ़ाई पूरी की। प्रैक्टिस भी शुरू कर दी थी।

ज्ञानमोहन : जानती हो अमेरिका में एडवोकेसी सबसे महँगा पेशा है। ऐडवोकेट से अप्वाइंटमेंट लेनी होती है, भारी फ़ीस देनी पड़ती है। प्रोफ़ेसन इतना हीई प्रोफ़ाइल है मानो अमेरिका में 'प्रेसिडेंट' से मिलना तो आसान हो लेकिन ऐडवोकेट से, ना बाबा गायज आर वेरी बिजी। तो क्या रफ़ीक़ तुम भी वकील हो?

रफ़ीक़ : एक दिन आपा ने कहा कि तुम भी लॉ कर लो। मेरे साथ ही प्रैक्टिस करना। सो आपा ने फ़ीस जमा कर दी, ऐसे रफ़ीक़ बी.ए., एल.एल.बी. कर अपना ख़र्च उठाने लगा। रही बात आपा की तो अदालतों में इनकी मिसाल दी जाती है।

ज्ञानमोहन : अच्छा-अच्छा ठीक है, समझ गया तुम्हें सुनकर ऐसा लगा ट्रेजेडी किंग दिलीप कुमार बोल रहे हों।

भारती : मैंने क़ानून पढ़ा और बार एसोसिएशन में रजिस्ट्रेशन करवाया, रात-दिन जो मेहनत करती हूँ वो महज़ पैसा कमाने के लिए नहीं।

ज्ञानमोहन : तो क्या नाम कमाना चाहती हो? जब कि सुना है बड़े से बड़े मुक़दमे में तुम्हारी दलीलों की नज़ीरें चलती हैं।

रफ़ीक़ : उन्हीं मुक़दमों को ऐज ए जूनियर मैं असिस्ट करता हूँ।

भारती : मेरी कोशिश है कि मोहन साहब मेरे साथ जो नाइंसाफ़ी हुई वो औरों के साथ न हो। यही सोचकर इतने सालों से वकालत कर रही हूँ कि गुनहगार सलाखों के पीछे हों या फन्दे पर झूल रहे हों।

(ड्राइंगरूम में टँगी एक तस्वीर को देखते हुए)

ज्ञानमोहन : ये तस्वीर किसकी है भारती, क्या तुम्हारा बेटा है ये?

भारती : मेरा चन्दन तो मर चुका है।

ज्ञानमोहन : अगर ये तुम्हारा बेटा नहीं तो फिर कौन है? वो भी तुम्हारे ड्राइंग रूम में?

(रफ़ीक़ भारती को धैर्य खोता देखते हुए)

भारती : आप तो सन् 46 में हम लोगों को छोड़कर चले गये थे। तब मुझे एक बेटा हुआ था, सेठ जी की इकलौती निशानी। उसी चन्दन की लाश इस तस्वीर में टँगी है।

रफ़ीक़ : जी वो मर चुका है।

ज्ञानमोहन : माफ़ करना भारती, मुझे मालूम नहीं था, लेकिन देहान्त के बाद तो तस्वीर पर हार डाल दिया जाता है स्वर्गवासी की आत्मा की शान्ति के लिए।

भारती : आतंकवादियों की जीत मेरी हार बनकर आज भी मेरे गले में लटकी हुई है क्योंकि एक दहशतगर्द पाकिस्तानी के विस्फोट से जब चन्दन मरा तब... *(ख़ामोश हो जाती है।)*

रफ़ीक़ : उस वक़्त मैं और आपा एक मुल्जिम को सज़ा दिलाने के लिए अदालत में जिरह कर रहे थे।

ज्ञानमोहन : मैं तुम्हारा दर्द समझ सकता हूँ लेकिन मेरे नज़रिये से दोस्ती और दुश्मनी तब तक अच्छी होती है जहाँ वापसी की गुंजाइश हो, कहीं ये अदावत फिर रंजिश में न बदल जाये।

भारती : *(आँसू पोंछते हुए)* रफ़ीक़ और मैंने इस मुहिम के लिए अपनी पूरी ज़िन्दगी अदालत, सबूतों, गवाह और जिरह

में बिता दी, लेनिक मन शान्त नहीं हुआ। लगता है मेहनत अभी अधूरी है।

ज्ञानमोहन : मन की शान्ति बाहर से कोई देने नहीं आयेगा, भारती तुम्हें स्वयं खोजना होगा।

भारती : आपकी अनबूझ पहेलियों को मैं आज भी बूझ नहीं सकती।

ज्ञानमोहन : मैंने अपनी बात में कोई पहेली नहीं पूछी, मैं समझ सकता हूँ चन्दन की तस्वीर जिसे तुम देखकर दुखी हो जाती हो, यहाँ तक कि लाश कहने लगती हो, बेहतर होगा कि ड्राइंग रूम से चन्दन की तस्वीर...

भारती : नहीं एकदम नहीं! चाहे कुछ हो जाय लेकिन चन्दन की तस्वीर नहीं हट सकती। इसे देखती हूँ तो मुझे यक़ीन हो जाता है कि चन्दन एक न एक दिन ज़रूर मेरे पास वापस लौट आयेगा।

(रोती हुई भारती को कुर्सी पर बिठाता है।)

ज्ञानमोहन : भारती को इस तरह भावुक होते और संयम खोते पहले कभी नहीं देखा।

रफ़ीक़ : ऐसी बात नहीं है मोहन साहब! छाले फूटते हैं तो पानी का बहना लाजिमी है लेकिन आपा का दूसरा रूप देखना है तो अदालत ज़रूर आइयेगा।

ज्ञानमोहन : आपकी दावत मुझे क़बूल है।

भारती : *(अपने आपको सँभालते हुए)* रफ़ीक़ काका को नाश्ते के लिए बोला था। मेरे हाथ का बनाया हुआ अचार और गलका भी लगवा दो।

(रफ़ीक़ जाता है।)

ज्ञानमोहन : ये तो मुझे याद है कि रोशनी के शहर कराची में तुम अचार और गलका बड़े शौक से बनाती थी।

भारती : सेठ जी बहुत पसन्द करते थे न। कराची में कच्चे आमों की कमी नहीं थी, सो मैंने सेठजी के लिए बनाना सीख लिया था। अब भी कभी-कभी बना लेती हूँ।

ज्ञानमोहन : रफ़ीक़ बहुत अच्छा आदमी है। कमाल है अब तक तुम्हारे साथ है।

भारती : सेठ जी ने हमले के समय रफ़ीक़ से कहा था कि तुम्हें अगर दिल्ली जाना ही है तो भारती को सुरक्षित पहुँचाने का वादा करो। सो वो आज तक साथ है।

ज्ञानमोहन : लोग दिया हुआ वादा कहाँ निभाते हैं? जिन बँटवारे के दिनों में तुम्हें रफ़ीक़ लेकर आया है, याद है तब वहाँ जानवर भी इन्सानों के गोश्त से तंग आ गये थे, सारे रिश्ते ख़त्म हो गये थे।

(थोड़ी देर भारती और ज्ञानमोहन ख़ामोश हो जाते हैं।)

भारती : *(ख़ामोशी तोड़ते हुए)* रिश्ता तो रफ़ीक़ का चन्दन से था वो चाचा बोलता तो ये कहता नहीं तुम्हारा बड़ा भाई हूँ।

ज्ञानमोहन : हाँ तुम्हारे घर के बाहर लिखा है 'मेरी माँ'।

भारती : मैं तो सेठ जी के नाम पर ही कोठी का नाम रखना चाहती थी, लेकिन ये रफ़ीक़ ने ही नाम का चुनाव किया था 'मेरी माँ'।

ज्ञानमोहन : रफ़ीक़ बड़ा टैलेंटेड है।

भारती : कभी बाहर जाती थी तब रफ़ीक़ ही तो चन्दन को सम्भालता था। लेकिन चन्दन की हत्या से पहले रफ़ीक़ उसकी शिकायत करने लगा था।

ज्ञानमोहन : क्या तुमने उन शिकायतों पर ध्यान दिया था?

भारती : हाँ एक दिन डाँटा था चन्दन को, रो कर कहने लगा अब कभी नहीं जाऊँगा, फिर रफ़ीक़ ही बीच में चन्दन को बचाने आ गया।

ज्ञानमोहन : बच्चे जब बड़े होने लगते हैं तो अकेले घूमना चाहते हैं।

भारती : मोहन साहब घूमने कहाँ जा पाता? तभी एक दिन धमाके में उसकी हत्या हो गयी?

ज्ञानमोहन : ये सब सुनकर बड़ा दुख हुआ। अब तो तुम बिल्कुल अकेली हो गयी हो। क्या पता चला कि किसने विस्फोट किया था?

भारती : आतंकवादी गिरफ़्तार हो गया है, सज़ा के लिए अदालत में मुक़दमा शुरू होने वाला है।

ज्ञानमोहन : इस मुक़दमे को सुनने मैं अदालत ज़रूर चलूँगा।

(बात बदलते हुए)

ये रफ़ीक़ कोर्ट में कैसा है? मेरा मतलब है उसकी वकालत से है?

भारती : मेरा बेस्ट जूनियर है। *(रफ़ीक़ का पुनः प्रवेश)*

रफ़ीक़ : कल ये कैविएट हाईकोर्ट में दाख़िल होना है, करेक्शन भी कर दिया है। एक बार देख लो।

भारती : पन्द्रह साल से भरोसा है तुम पर। कल फ़ाइल साथ लेते आना।

रफ़ीक़ : नहीं आपा, कल शायद पाकिस्तानी लड़के का वकालतनामा कोर्ट में मैं दाख़िल करूँ।

(ज्ञानमोहन चौंककर रफ़ीक़ को देखते हुए)

भारती : जानते हो रफ़ीक़ क्या कह रहे हो तुम?

रफ़ीक़ : हाँ मैं अच्छी तरह जातना हूँ, लोग यही तो कहेंगे, कि जिसके सहारे मैं यहाँ तक पहुँचा, अब उसी के ख़िलाफ़ खड़ा हूँ।

भारती : ऐसे मुक़दमे तो हम एक साथ पहले भी लड़ते रहे हैं। लेकिन यह केस तुम्हारे लिए इतना पर्सनल क्यों है?

ज्ञानमोहन : तो मेरा सोचना सही था, भारती मैं भी तो समझूँ यह माजरा है क्या?

भारती : अब आप ही बताइये मोहन जी कराची पाकिस्तान का एक आतंकवादी लड़का, जिसके विस्फोट से चन्दन मारा जाता है, उसी गुनहगार को बचाने के लिए रफ़ीक़ उसकी पैरवी कर रहे हैं।

ज्ञानमोहन : क्या बात है रफ़ीक़ ऐसी कौन-सी वजह है जिसकी वजह से तुम ऐसा क़दम उठाने को मजबूर हो?

रफ़ीक़ : देखिये मोहन साहब, क़ानून और उसूल तो मुझे आपा ने ही सिखाये हैं। बस नज़रिये का फ़र्क़ है।

भारती : किस नज़रिये की बात कर रहे हो तुम?

रफ़ीक़ : मैं तो बस सिर्फ़ ये कह रहा हूँ कि माना कि वो पाकिस्तानी लड़का आतंकवादी ही सही, कोई उसकी पैरवी करे, इसका विरोध ग़लत है।

ज्ञानमोहन : लेकिन अदालत तो ख़ुद ऐडवोकेट प्रोवाइड करती है!

रफ़ीक़ : चन्द लोग यह चाहते हैं कि कोई उसका मुक़दमा न लड़े। इस रवैये की वजह से वो लड़का किसी को अपना वकील बनाना ही नहीं चाहता। मतलब यह कि वह ख़ुद मौत को दावत दे रहा है।

ज्ञानमोहन : देखो भारती, रफ़ीक़ तुम्हारे विरुद्ध जाकर न्याय हासिल कर सकता है तो मेरी राय में इसमें कोई परेशानी नहीं।

भारती : रफ़ीक़ अगर उस आतंकवादी से वकालतनामे पर दस्तख़त करा ले तो मुझे क्या आपत्ति है!

रफ़ीक़ : कल हम अदालत में विरोधी होंगे।

भारती : उत्सव वर्मा और कुंज बिहारी भी तो मेरे जूनियर्स ही थे। बाहर पैर छूते हैं और अदालत में मुझसे ही बहस करते हैं।

ज्ञानमोहन : किसी मसले पर ज़रूरी नहीं कि हम सब एक राय हों। रफ़ीक़ का यह मुक़दमा लड़ना ज़रूरी है, देखें चन्दन को न्याय कैसे मिलता है?

रफ़ीक़ : मेरी गुरु और गार्ज़ियन जिसने मेरी पढ़ाई, रोज़मर्रा के ख़र्च, जिसने मुझे मेरी गर्दिशों से बाहर निकाला हो, मैं चन्दन और पाकिस्तानी लड़के दोनों को न्याय दिलाना चाहता हूँ।

भारती : चन्दन को न्याय तो मैं ख़ुद दिला दूँगी लेकिन रफ़ीक़ तुम उस आतंकवादी को निर्दोष कैसे साबित करोगे, यह अदालत में देखूँगी।

रफ़ीक़ : तुम जैसा सोचो, लेकिन सेठ जी से कभी वादा किया था मैंने...

भारती : तुम्हारे रिश्तों को याद करने से घाव फिर से हरे हो जाते हैं। सेठ जी का अज़ीज़ दोस्त सोहराब मानो आज भी ख़ंजर ताने खड़ा हो।

ज्ञानमोहन : भारती कब तक ऐसे अन्दर ही अन्दर घुटती रहोगी? किसी की तरक़्क़ी में रिश्ते आड़े न आयें।

भारती : अब मैं कैसे कहूँ, मैं आशीर्वाद देती हूँ रफ़ीक़।

ज्ञानमोहन : अब तो तुम अपनी इंडिपेंडेंट प्रेक्टिस शुरू कर सकते हो।

भारती : चाहो तो लखनऊ का मशहूर 'डॉ. मधु दीवान' मर्डर केस ले सकते हो!

रफ़ीक़ : आपा मुझे किसी केस की ज़रूरत नहीं, हाँ तुम्हारे साथ रहकर न सिर्फ़ मुझे सीखने का मौक़ा मिला, इन्साफ़ के मुश्किल रास्तों पर चलना भी सीख चुका हूँ।

भारती : अपने जज़्बातों पर अदालत में क़ाबू रखना।

रफ़ीक़ : अगर पाकिस्तानी लड़के ने वकालतनामे पर दस्तख़त किये और कोई रुकावट न आयी तो कल अदालत में ज़रूर मिलूँगा, लेकिन तुमसे एक सवाल पूछना चाहूँगा।

भारती : पूछो रफ़ीक़, पूछो!

रफ़ीक़ : अब जब अदालत भी वही होगी, और मुक़दमों में भी तो आमना-सामना होगा।

भारती : बिल्कुल ठीक, जब कभी ऐसी स्थिति आ ही जाये तब मैं अपना फ़र्ज़ निभाऊँगी और तुम अपना फ़र्ज़ निभाना।

ज्ञानमोहन : अच्छा तो रफ़ीक़ बेस्ट ऑफ़ लक।

रफ़ीक़ : थैंक यू।

ज्ञानमोहन : मेरी मौजूदगी में अंडरस्टैंडिंग हो ही गयी है फिर भारती मुझे इजाज़त दो।

भारती : अब आप कहीं नहीं जायेंगे। जब तक हैं इसे अपना ही घर समझिये।

ज्ञानमोहन : अच्छा तो ठीक है, तुम चाहती हो तो मैं कल से आ जाऊँगा। अदालत में तुम्हारी जिरह भी तो सुननी है, लेकिन अमेरिका में रहकर मेरी दख़लअन्दाज़ी की आदत पड़ गयी है।

भारती : ठीक है। रफ़ीक़ चलो पहले नाश्ता कर लें।

दृश्य सात

(दिल्ली की अदालत का कमरा नं. 140; जज सोमनाथ जो अपने फ़ैसलों से जनता में लोकप्रिय हैं। वहीं वकीलों की पंक्ति में बैठी भारती भी अपने मुक़दमे के आने का इन्तज़ार कर रही हैं।

जज साहब के प्रवेश पर सब खड़े हो जाते हैं। जज साहब के बैठने पर सभी ख़ामोश होकर बैठ जाते हैं। जज साहब एक फ़ाइल की ओर पुकार का आदेश करते हैं।)

अर्दली : *(दरवाज़े पर पुकार करता हुआ)* सरकार बनाम रोज़े ख़ान हाज़िर हों।

(दो मिनट बाद पुनः) सरकार बनाम रोज़े ख़ान हाज़िर हों।

भारती : जी हुज़ूर! मैं सरकार की ओर से हाज़िर हूँ।

(हथकड़ी बाँधे नौजवान लड़का रोज़े ख़ान मुल्जिम के कठघरे में लाये जाते हैं।)

जज साहब : तो क्या इस तारीख़ को भी मुल्जिम को क्या कोई वकील नहीं मिला?

भारती : जज साहब सुना है इस देशद्रोही का कोई वकील मुक़दमा नहीं लेना चाहता।

(वकील रफ़ीक़ का प्रवेश)

रफ़ीक़ : हुज़ूर ये मेरा वकालतनामा जिस पर मुल्जिम रोज़े ख़ान के दस्तख़त हैं।

(वकालतनामा निकालकर पेशकार के माध्यम से

जज को बढ़ाते हुए। रफ़ीक़ को मुल्जिम के पक्ष में देख भारती आश्चर्यचकित।)

जज : मि. रफ़ीक़ आपको वकालतनामा मिल गया।

रफ़ीक़ : मीलार्ड, हक़ीक़त यह है कि मुट्ठी भर लोगों का संविधान और न्याय पर भरोसा नहीं, वो मुझसे वकलातनामा छीनना चाहते थे।

जज : ये तो बड़ा अन्याय है, मैं आपकी सुरक्षा...

रफ़ीक़ : रहनें दें जज साहब जैसे क़ानून मुजरिम तक पहुँच जाता है उसी तरह मुजरिम भी बेगुनाह लोगों को चोट पहुँचा ही देते हैं।

जज : तो ठीक है, मुक़दमे की कार्यवाही शुरू की जाय।

(जज अपनी फ़ाइल खोलते हुए)

(ऐडवोकेट रफ़ीक़ व अन्य बैठ जाते हैं। सरकारी वकील भारती किताबों को बेंच पर रखकर चोंगा सँभालते हुए।)

(भारती रोज़े ख़ान को देखते हुए)

सरकारी कर्मचारी : *(रोजे ख़ान से शपथ दिलाने आता है)*

क़ुरान पर हाथ रखकर शपथ लो कि जो कुछ कहोगे सच कहोगे, सच के सिवा कुछ न कहोगे।

मुल्जिम : मैं क़सम खाता हूँ सच बोलूँगा, सच के सिवाय कुछ नहीं बोलूँगा।

भारती : वाद सं. 1408 दिनांक 03.04.1967 में मैं बतौर सरकारी वकील वाद चलाने की आज्ञा चाहती हूँ।

जज : इजाज़त है। *(फ़ाइल खोलते हुए)*

भारती : *(रोजे ख़ान को देखते हुए)* क्या नाम है तुम्हारा?

मुल्जिम : रोज़े ख़ान!

भारती : यह नाम किसने रखा था?

मुल्जिम : जी वालिद साहब ने...

भारती : तुम रहने वाले कहाँ के हो?

मुल्जिम : गाँव अम्बाबाड़ी, डाक पत्थर, देहरादून, उत्तर प्रदेश।

(ऐडवोकेट भारती गुनहगार के कठघरे की तरफ़ बढ़ती है।)

भारती : दिल्ली कैसे आना हुआ?

मुल्जिम : किसी से मिलने।

भारती : किससे, कहाँ, क्यों?

मुल्जिम : वो कौन है, कहाँ है, ये सब तो नहीं जानता, लेकिन उनसे मिलना ज़रूर चाहता हूँ।

भारती : किसे चकमा देना चाहते हो, इस अदालत को?

मुल्जिम : मेरी फूफी ने बताया था कि मेरा कुछ रिश्ता है उनसे।

भारती : तो उन्होंने नाम, पता भी नहीं बताया या तुम अदालत को गुमराह करना चाहते हो?

रफ़ीक़ : ऑब्जेक्शन मी लॉर्ड, इस उम्र में बहुत से लड़के घर छोड़कर दिल्ली, बम्बई भाग आते हैं।

जज : ऑब्जेक्शन ओवररूल्ड।

भारती : धन्यवाद! बताओ किससे मिलने आये थे?

मुल्जिम : जिस दिन मालूम चल जायेगा, सबसे पहले आपको बता दूँगा?

भारती : दिल्ली में कब से हो?

मुल्जिम : नौ महीने लगभग

भारती : यहाँ क्या कर रहे हो?

मुल्जिम : मज़दूरी करता हूँ! फ़िल्में देखता हूँ। राज कपूर की फ़िल्में पसन्द हैं।

भारती : अच्छा, कौन-सी फ़िल्म देखी?

मुल्जिम : जी कनॉट प्लेस के प्लाज़ा हाल में 'आवारा'

भारती : मैं अदालत को बताना चाहूँगी कि आवारा फ़िल्म का शौक़ीन मज़दूर नहीं बल्कि पाकिस्तान कराची का ख़ूख़ार

आतंकवादी रोज़े ख़ान उर्फ़ अब्दुल्ला बुखारी उर्फ़ रहमत अली है जो अपने आकाओं को हुकुम की तामील करने भारतीय फ़ौजी इलाक़े के नक़्शे, उनकी तादाद जानने, आतंकवाद और दहशत फैलाने की नीयत से आया है। मुल्जिम रोज़े ख़ान शहर कराची का रहने वाला है जो इस्लामिक कट्टरपन्थी तंजीम जिहाद-अल-हरब का सदस्य है। ये आईएसआई द्वारा कोयटा के आर्मी हैडक्वार्टर में हथियार चलाने और एक्सप्लोसिव बम बनाने, उसे एक्सप्लोड करने की ट्रेनिंग प्राप्त है जिससे भारत की सम्प्रभुता को ख़तरा है।

रोज़े ख़ान : झूठ एकदम झूठ, मुझ बेगुनाह को फँसाने की साज़िश है।

भारती : ख़ुद को शरलाक होम्स समझने वाला ये आतंकवादी 25.11.1969 को अपनी छोटी-सी भूल से सी.आई.डी. इंस्पेक्टर चार्ल्स के हाथों गिरफ़्तार कर लिया जाता है जो लगातार इसका पीछा कर रहे थे, क्योंकि विस्फोट-स्थल पर चश्मदीदों के अलावा सी.आई.डी. इंस्पेक्टर को कुछ सबूत भी मिले थे जो यह साबित कर देंगे कि क़ातिल आतंकवादी घटना-स्थल पर मौजूद भी था।

मुल्जिम : आप ख़ुद अदालत को गुमराह कर रही हैं। मैं कोई आतंकवादी नहीं हूँ।

भारती : मी लॉर्ड, ये मासूम सा दिखने वाला चेहरा भारत की सीमा में अँधेरे में घुस आता है तब तक इसका नाम अब्दुल्ला बुखारी था। लेकिन बस से दिल्ली पहुँचते-पहुँचते इसका नाम रोज़े ख़ान हो जाता है। सारे सबूत हमारे पास हैं।

रफ़ीक़ : ऑब्जेक्शन मी लॉर्ड! सरकारी वकील मुल्जिम को झूठे इलजामों में फँसाना चाहती हैं।

जज : ऑब्जेक्शन मी लॉर्ड! सरकारी वकील को दलील देने का पूरा मौक़ा ये अदालत देती है।

भारती : थैंक्स मी लॉर्ड! मैं तो केस की डिटेल दे रही हूँ। अभी डॉक्यूमेंट्स, एविडेंसेज और विटनेसेस बाक़ी हैं।

जज : प्लीज़ कैरी ऑन।

भारती : तो आतंकवादी मुल्जिम पुरानी दिल्ली सीधे चाँदनी चौक पहुँचा, जहाँ उसे लोकल हाइडआउट्स मिले, जिसने सुरक्षा की दृष्टि से दरियागंज के होटल इम्पीरियल में 25.11.1969 को ठहरा दिया। अपने एक सूत्र के सहयोगी के साथ कुछ ही दिनों में बम विस्फोटक सामग्री नबी-करीम के एक दुकानदार से हासिल कर चावड़ी बाज़ार में 28.11.69 को दिन के क़रीब एक बजकर पाँच मिनट पर 'सुहाग महल' नामक कॉस्मेटिक शॉप के सामने भीड़ में विस्फोट कर देते हैं। उस विस्फोट में मेरा इकलौता बेटा चन्दन भी बदक़िस्मती से मौक़े पर मारा जाता है और मेरे पति का एक मित्र व्यापारी शिवनाथ बुरी तरह पूरा जल जाता है। आज भी वह वेलिंगटन हॉस्पिटल में आख़िरी साँसें ले रहा है। साथ ही आठ-दस लोग मामूली रूप से घायल हुए हैं।

रफ़ीक़ : ऑब्जेक्शन मी लॉर्ड! मैं जानता हूँ कि सरकारी वकील मनगढ़ंत क़िस्से सुनाने पुलिस, सरकार और ख़ुफ़िया तन्त्र का दुरुपयोग करने में इनका कोई सानी नहीं है। वकील साहिबा ने अभी बताया कि मुल्जिम के बताये गये पते पर कोई नहीं मिला, बस तो सरकार पुलिस और ख़ुफ़िया तन्त्र को मौक़ा मिल गया मुल्जिम को आवारा और आतंकवादी बनाकर उसे झूठे आरोप में फँसाने का। झूठे आरोपों में फँसाकर, आरोप सिद्ध करने की सरकारी वकील की मजबूरी को मैं समझ सकता हूँ लेकिन इन्हें भी यह देखना होगा कि नौजवान मुल्जिम भी किसी की औलाद है। क्या इन्हें मुल्जिम कभी अपने खोये बेटे चन्दन की तरह नहीं लगता?

भारती : मुल्जिम ही मुजरिम है। अदालत को गुमराह करके नहीं, सबूत, गवाह ही सिद्ध करेंगे कि मुल्जिम पर आरोप सिद्ध होता है या नहीं। दैट्स आल योर माय लॉर्ड! सरकार की ओर से यह सबूत हैं–

1. एफ.आई.आर., पंचनामा, पोस्टमार्टम रिपोर्ट, दिल्ली

पुलिस की चार्जशीट

2. केस डायरी (पुलिस इंस्पेक्टर)
3. होटल इम्पीरियल, दरियागंज का इंट्री रजिस्टर
4. 09.11.1969 का एक बस टिकट वाघा से दिल्ली आने का
5. राइटिंग एक्सपर्ट की रिपोर्ट
6. मुल्जिम की लिखी डायरी जिसमें एक पेज पर 'मिशन जन्नत' लिखा है।
7. फ़ौजी एरिये का नक़्शा

और मेरे गवाह हैं–

1. इंस्पेक्टर चार्ल्स
2. पोस्टमार्टम करने वाला डाक्टर
3. 'सुहाग महल' का मालिक जुल्फ़िकार
4. जलालुद्दीन सरकारी गवाह

रफ़ीक़ : बचाव पक्ष के सबूत यह हैं–अख़बारों की कटिंग

जज : डॉक्यूमेंटरी एविडेंस अदालत में जमा हो गये हैं अब सरकारी वकील अपने गवाह पेश करें।

भारती : धन्यवाद, जज साहब मैं इंस्पेक्टर चार्ल्स को पेश करना चाहूँगी।

जज : इजाज़त है।

अर्दली : इंस्पेक्टर चार्ल्स हाजिर हों।

(शपथ के बाद, बाइबिल की शपथ)

भारती : आपका नाम?

चार्ल्स : जी मेरा नाम इंस्पेक्टर चार्ल्स है। आय एम एन एंग्लो-इंडियन बाय बर्थ।

भारती : अच्छा तो इंस्पेक्टर यह बताइये कि घटना के दिन क्या हुआ?

चार्ल्स : 28.11.1969 को लगभग दिन के 1.15 पर वायरलेस सेट पर चावड़ी बाज़ार के विस्फोट की सूचना मिली। मैं नज़दीक ही था, तुरन्त मैं चावड़ी बाज़ार पहुँच गया।

भारती : आगे बताइये।

चार्ल्स : चावड़ी बाज़ार पहुँचकर मैंने वह देखा जो कभी नहीं देखा था। 'सुहाग महल' के सामने दो लोग सड़क पर पड़े थे, लोगों से पता चला कि विस्फोट 1.05 पर हुआ।

भारती : जज साहब, मैं पॉइंट टू बी नोटेड विस्फोट 'सुहाग महल' दुकान के सामने और वक़्त 1.05 पर दोपहर में हुआ था। बिसरा रिपोर्ट भी इस पोस्टमार्टम रिपोर्ट से मिलती-जुलती है।

(जज जगह और टाइम नोट करते हैं)

चार्ल्स : विस्फोट में एक गम्भीर रूप से घायल आदमी जिसकी आयु 60-65 की थी 90 प्रतिशत जला हुआ था। दूसरे नौजवान लड़के की लाश मिली। बाद में पता चला कि मृत लड़का चन्दन, भारती जी का इकलौता बेटा था। शव और घायलों को विलिंग्टन हॉस्पिटल पहुँचा दिया गया।

भारती : क्या आपको कोई और सबूत भी मिला?

चार्ल्स : जी दिल्ली पुलिस दल-बल के साथ पहुँच चुकी थी।

भारती : अच्छा फिर क्या किया?

चार्ल्स : मौक़ा-ए-मुआयना किया, थोड़ी दूर पर मुझे बायें पैर का एक जूता मिला, शायद वह आतंकवादियों में से किसी का हो। आतंकवादी की घटना-स्थल पर मौजूदगी का अहम सबूत है, सोचकर रख लिया।

भारती : इतने दावे से आप कैसे कह सकते हैं?

चार्ल्स : इसमें एक राज छुपा है जो मैंने अपनी केस डायरी में भी लिखा है।

जज : आख़िर एक जूता, सबूत कैसे बन गया?

चार्ल्स : सबूत को मुल्जिम से जोड़ना हमारा पेशा है, केस डायरी में दर्ज करते वक़्त मैंने ग़ौर किया कि जूते का सोल बाहर

की तरफ़ ज़्यादा घिसा हुआ है। आर्थोपेडिक सर्जन ने बताया कि इस जूते को पहनने वाला व्यक्ति फ़्लैट फ़ुटर या नॉक नी या बोन डिसऑर्डर का रोगी हो सकता है।

भारती : इंस्पेक्टर चार्ल्स की ये दलील सही लगती है क्योंकि फोरेंसिक एक्सपर्ट्स का कहना है कि जिस व्यक्ति का ये बायाँ जूता है उसके पैरों का साइज़ 9 नम्बर है लेकिन वो किसी ख़ास वजह से 10 नम्बर जूता पहनता है। रिपोर्ट ये भी कहती है कि सोल बाहर की तरफ़ से घिसा है, दायें पैर का जूता मिलने पर हक़ीक़त सामने आ जायेगी?

जज : फिर दायें पैर का जूता?

चार्ल्स : पुरानी दिल्ली में हम मुल्जिम के पीछे साये की तरह लग गये। एक अख़बार के दफ़्तर को सूचना मिली थी कि पाकिस्तान के आतंकी तंजीम जिहाद-अल-हरब ने विस्फोट की ज़िम्मेदारी ली है और कहा है कि हमारे 'कमाण्डर' जब तक वहाँ हैं विस्फोट जारी रहेंगे।

भारती : सी.आई.डी. इंस्पेक्टर फिर क्या हुआ?

चार्ल्स : मेरे शागिर्द, मेरा मतलब मुखबिर चौकन्ने थे। छोटे से बड़े जूते के हर शोरूम पर नज़रें थीं। बाटा कनॉट प्लेस शोरूम के मैनेजर मि. अरोड़ा ने बताया कि एक लड़का उम्र 22-23 साल, अच्छी क़द-काठी, एक पैर 9 नम्बर दूसरा 9.5 लेकिन जूता 10 नम्बर साथ में बड़ा फीता माँग रहा था। मोलभाव का भी बहुत आदी है।

भारती : तो क्या मुजरिम गिरफ़्त में आया या हमेशा की तरह...

चार्ल्स : मैनेजर ने कहा भारत में सब जगह मोल-भाव होता है लेकिन बाटा में फिक्स रेट है, हाँ बड़ा फीता शाम 7.45 बजे तक स्टोर से मँगवा दूँगा, वो आने को कह गया?

भारती : क्या तय वक़्त पर वह नौजवान आया?

चार्ल्स : जी हाँ, यह वही 10 नम्बरी है जिसे मैंने इसके साथी के साथ अरेस्ट किया था।

भारती : बरामदगी कैसे हुई?

चार्ल्स : वह लड़का आया। मैं और मेरे साथी सादी वर्दी में थे लेकिन मेरा थर्ड सेंस मुझसे कह रहा था कि इसे अभी गिरफ़्तार न करो, पीछा करो ताकि इसके जुर्म का अड्डा और सबूत हाथ लग जाये, तभी इसे सज़ा मिलेगी। मैंने पीछा किया। ये इम्पीरियल होटल में दाख़िल हो गया। वह हमसे आगे था। इम्पीरियल होटल के मैनेजर ने रजिस्टर दिखाया और बताया कि ये लड़का होटल के कमरा नम्बर 203 में ठहरा हुआ है। नाम में रोज़े ख़ान और नैशनलिटी में हिन्दुस्तान।

भारती : पॉइंट टू बी नोटेड मी लॉर्ड! ये आतंकवादी मुल्जिम रोजे ख़ान के नाम से कमरा बुक कराता है और नैशनलिटी में न तो इंडियन और न ही भारतीय बल्कि आज़ादी से पहले वाला नाम हिन्दुस्तान लिखकर होटल मैनेजर को चकमा देता है।

(जज साहब डायरी में लिखते हुए)

फिर आगे बताइये कि चार्ल्स क्या हुआ?

चार्ल्स : अपने साथियों, होटल मैनेजर को लेकर मैं कमरा नम्बर 203 के सामने पहुँचा। कमरा अन्दर से बन्द था। हम लोगों ने अपनी सर्विस रिवॉल्वर निकाल ली थी। मैनेजर ने बता रखा था कि कमरे के पीछे की सड़क की तरफ़ एक खिड़की भी है सो मैं अपने एथलीट होने का फ़ायदा उठाकर दो-तीन क़दम पीछे गया और मेरे एक ही धक्के से कमरे की सिटकनी टूट चुकी थी, दरवाज़ा खुल चुका था।

रोज़े ख़ान के साथ एक मुकामी आतंकवादी भी साथ में था। दोनों को हथकड़ी पहनाने के बाद वहाँ इनके पास से गोला-बारूद बनाने का सामान, पाकिस्तान मेड पिस्टल, जिहाद-अल-हरब का लिटरेचर और इनका लोकल नेटवर्क, कई आपत्तिजनक दस्तावेज़ और साथ में दो अहम चीज़ें और भी बरामद हुईं।

भारती : अदालत को ठीक से बताओ वो दो चीज़ें क्या थीं।

चार्ल्स : पहले धमाके के वक़्त कड़ी जोड़ती इसके दाहिने पैर का जूता और रोज़े ख़ान की लिखी एक निजी डायरी।

भारती : हुज़ूर ये दाहिने पैर का जूता जो पैर के बाहरी तरफ़ से ज़्यादा घिसा है। जो मौक़ा-ए-वारदात पर पैरों से गिरा नहीं और हुज़ूर ये वो डायरी है जिसमें इसके पाकिस्तान के आकाओं के एड्रेस और फ़ोन नम्बर इनके स्लीपिंग सैल्स के नाम और पते भी हैं।

(डायरी को जज साहब पढ़ते हुए)

भारती : हुज़ूर इस डायरी के पीछे वाले पन्ने पर रोज़े ख़ान की आर्ट का मुजाहेरा होता है क्योंकि यहाँ वो बड़ी ख़ूबसूरती से बीच में दो शब्द लिखता है यही वो दो शब्द हैं जिसकी वजह से वो हिन्दुस्तान आया और अपनी कारगुजारियों को अंजाम देने में गिरफ़्तार हो जाता है। ये दो लफ़्ज़ हैं 'मिशन जन्नत'। दो युद्धों के बाद अब पाकिस्तान ने कोल्ड वार अर्थात् शीत युद्ध का रास्ता चुना है। पाकिस्तान की यह नयी लड़ाई अगर थामी नहीं गयी तो हमारा मुल्क बहुत मुश्किल में पड़ जायेगा। ''हुज़ूर पेड़ चाहे जितना घना, कँटीला और विशाल क्यों न हो, छोटी से छोटी चींटियाँ भी उस पर एक न एक दिन चढ़ ही जाती हैं।'' रोज़े ख़ान जैसे मुजरिम को, जो हत्यारा भी हो, षड्यन्त्रकारी और घुसपैठिया भी हो, माननीय अदालत 'फाँसी' की सज़ा अवश्य दे।

जज साहब : ऐडवोकेट रफ़ीक़ अब इंस्पेक्टर चार्ल्स से आप क्रॉस क्वेश्चन कर सकते हैं।

रफ़ीक़ : अच्छा तो इंस्पेक्टर चार्ल्स हम ये मान लें कि अदालत से आपने जो कुछ भी कहा है वह सच है?

चार्ल्स : जी हाँ, मैंने जो कुछ कहा वह सब साबित कर सकता हूँ। रोज़े ख़ान का एक पैर का नम्बर 9 है और दूसरे का नम्बर 9.5 है।

रफ़ीक़ : बिल्कुल सच कहा तुमने, लेकिन क्या ये भी सच है कि रोज़े ख़ान का एक पैर का जूता चावड़ी बाज़ार में घटना-स्थल के पास गिर गया था?

चार्ल्स : जी-जी हाँ, ये भी सच है।

रफ़ीक़ : लेकिन अख़बारों की कटिंग, पुलिस द्वारा मौक़े पर फ़ोटोग्राफ़ी कराना और यहाँ तक कि इस बदनाम जूते को केस डायरी में बाद में दर्ज किया जाना, यह सब देखकर मेरा क़ानूनी दिमाग़ कहता है कि जिस आदमी के शागिर्द मुख़बिर होंगे, ज़रूर मुखबिरों का सरदार होगा।

भारती : ऑब्जेक्शन मी लॉर्ड!

जज : ऑब्जेक्शन ओवर रूल्ड।

रफ़ीक़ : हुज़ूर माननीय अदालत को मैं सिर्फ़ ये साबित करना चाहता हूँ कि क्या मुल्ज़िम मौक़ा-ए-वारदात पर मौजूद था, और क्या वह जूता मौक़ा-ए-वारदात पर पैर से निकल गया—इसे समझने के लिए पहले हमें यह समझना होगा कि 10 नम्बर जूता पहनने वाला रोज़े ख़ान जिसके पैरों का नम्बर 9 और 9.5 है, उसके पैरों से जूता निकल ही नहीं सकता। अगर अदालत इजाज़त दे तो मैं रोज़े ख़ान को कठघरे से बाहर लाना चाहता हूँ।

भारती : ऑब्जेक्शन मी लॉर्ड!

जज : ऑब्जेक्शन ओवर रूल्ड।

(रोज़े ख़ान कठघरे से बाहर आ जाता है।)

रफ़ीक़ : रोज़े ख़ान अपना पूरा जूता दिखाओ।

(रोज़े ख़ान जूते से ऊपर अपना फीता दिखाते हुए)

हुज़ूर आप और यह अदालत देखे कि ये अपने जूतों के फीते को टखने के ऊपर बाँध लेता है। तो मौक़ा-ए-वारदात पर इस आदमी का जूता वहाँ गिरना तो मुमकिन ही नहीं है। हाँ अगर जूता गिर ही जाता तो इसका एक न एक फीता ज़रूर टूटता।

अब जूता मौक़ा-ए-वारदात पर छूटा नहीं, ये तो साबित हो गया। सच्ची बाइबिल की झूठी क़सम खाने वाला इंस्पेक्टर चार्ल्स झूठ बोलता रहा। कमाल कर दिखाया तुमने। मैं

तो कहूँगा कि चार्ल्स तुम शारलक होम्स की किताबें पढ़ लो या उनकी फ़िल्में देख लो। कम से कम इन्वेस्टिगेशन करना तो सीख ही जाओगे।

(चार्ल्स घबराकर अपना पसीना पोंछते हुए)

तुम दो-तीन क़दम पीछे हटे और मिलखा सिंह से तेज़ दौड़कर 203 का दरवाज़ा तोड़ दिया। गिरफ़्तारी और बरामदगी भी हो गयी!

भारती : क्या आपको इस पर भी ऐतराज़ है?

रफ़ीक़ : जब आप बोल रही थीं तब मैं चुप था। मुझे मेरी बात पूरी कर लेने दीजिए।

जज साहब दो मिनट मैं पुलिस इन्वेस्टिगेशन के बारे में आम धारणा बताना चाहता हूँ।

जज साहब : प्लीज़ कैरी ऑन!

रफ़ीक़ : मैं अदालत को बताना चाहता हूँ कि कई पुलिस के जवान और अधिकारी आये दिन अलग-अलग घटनाओं में मारे जाते हैं लेकिन अगर पुलिस को मालूम चल जाये कि फलाँ ठिकाने पर ख़ूँख़ार लोग जमा हैं तो पुलिस अधिकारी अपनी और जवानों की जान बचाने के लिए भेष बदल लेते हैं, अजीबोग़रीब कपड़े पहन लेते हैं ताकि इन्तज़ार करके ऐसी रेड की जाय जो कम-से-कम नुक़सान देने वाली हो। लेकिन इंस्पेक्टर चार्ल्स धक्का देने की कहानी झूठी है। कमरा नम्बर 203 वारदात के बाद से सील्ड है। कमरे को पीछे वाली खिड़की से देखा जाय तो सिटकनी टूटी नहीं है। ये वो सबूत है जो चीख़-चीख़ कर बताता है कि सिटकनी कभी टूटी ही नहीं।

मतलब साफ़ है कि बाहर दरवाज़ा धक्के से नहीं खुला बल्कि खटखटाने पर अन्दर से खोला गया और असलहों और दस्तावेज़ों की बरामदगी ये सब झूठ है।

अब मैं अदालत के सामने वो डॉक्यूमेंट्स पेश करता हूँ जो अख़बारों की कटिंग है।

(कटिंग जज साहब को बढ़ाते हुए)

हुज़ूर ये अख़बार बताते हैं कि विस्फोट के बाद विपक्ष ने सरकार की नींद हराम कर दी। तब मजबूरी में गृह मन्त्रालय का बयान आता है कि षड्यन्त्र का पता चल गया है किसी भी पल कामयाबी मिल जायेगी। दूसरे दिन विपक्ष ने गृह मन्त्री से इस्तीफ़ा माँगा, वरना जंतर-मंतर पर धरना दिया जायेगा। बस उसी रात लावारिस रोज़े ख़ान को पुलिस उठा चुकी थी। गृह मन्त्रालय ने बयान दिया कि चाँदनी चौक के होटल इम्पीरियल से रोज़े ख़ान और उसके साथी को गिरफ़्तार कर चावड़ी बाज़ार में हुए विस्फोट और षड्यन्त्र का भण्डाफोड़ कर दिया। दरअसल भारत के मज़बूत विपक्ष से घबराई सत्ता ने अपना चेहरा बचाने के लिए ये घिनौनी हरकत की।

लेकिन एक डायरी की बरामदगी और उस पर लिखी एक इबारत 'मिशन जन्नत' का राज़ रोज़े ख़ान ही जानता है। मैं अदालत से अपील करूँगा कि रोज़े ख़ान को बाइज़्ज़त बरी किया जाय।

दृश्य आठ

(भारती के घर का दृश्य सुबह की चाय का इन्तज़ार करती हुई)

(टेबल पर फ्रूट बास्केट, छोटी ट्रे और चाकू रखा हुआ)

भारती : आजकल आप चुप-चुप से रहते हैं।

ज्ञानमोहन : नहीं चुप तो नहीं, हाँ कुछ सोचने लगा हूँ।

भारती : कहीं खोये तो रहते हैं आप लेकिन कहाँ?

ज्ञानमोहन : क्या तुम ऐसा नहीं मानती हो कि उन्हीं में से कुछ निर्दोष भी होंगे?

भारती : मैं अपना काम पूरी ईमानदारी से करती हूँ। फ़ैसला देना अदालत का काम है।

ज्ञानमोहन : क़ानून के जानकार लोगों का ये भी मानना है कि अन्तिम फ़ैसले पर पुनर्विचार किया जाय तो शायद दोषी बच सकता है।

भारती : लेकिन ऐसी व्यवस्था इस देश में नहीं है। एक क्रिमिनल, क्रिमिनल ही होता है।

ज्ञानमोहन : मैं तुम्हारी इस दलील से सहमत नहीं हूँ कोई अपना सबूत और गवाह न जुटा पाये तो भारती ये ज़रूरी नहीं है कि उसने क्राइम किया ही होगा।

भारती : ये भारत है अमेरिका नहीं!

ज्ञानमोहन : क़ैदी चाहे इंडियन हो या अमेरिकन, ज़रूरी नहीं कि वो ही क्रिमिनल हो, ऐसा तो वहाँ आये दिन देखने को मिलता है।

भारती : क्या बात है आज आप मुजरिमों का डिफेंस बहुत कर रहे हैं?

ज्ञानमोहन : जब से पाकिस्तानी लड़के का मुक़दमा अदालत में सुन रहा हूँ तब से न जाने क्यों दो बातों से उलझन में हूँ।

भारती : कौन-सी बातें?

ज्ञानमोहन : उस लड़के की डायरी में लिखा होना 'मिशन जन्नत' हो सकता है मैं ग़लत हूँ, लेकिन मेरा मानना है कि एक बड़ा क्रिमिनल ऐसी भूल नहीं कर सकता।

भारती : मोहन साहब, इनके आका जन्नत के ख़्वाब न दिखायें तो दूसरों की ज़िन्दगी दोजख़ कैसे बने! दूसरी बात क्या है?

ज्ञानमोहन : हाँ मुझे तुम्हारी जिरह से यह अहसास भी हुआ कि बतौर पब्लिक प्रोसीक्यूटर तुम इस मुक़दमे में क़ैदी को बस सज़ा दिलाना चाहती हो, लेकिन सच क्या है यह नहीं जानना चाहतीं?

भारती : मोहन साहब ऊपर वाले की बड़ी मेहरबानी है जो इस केस में आप मेरे जज नहीं हैं।

(दरवाज़ा खटखटाने की आवाज़)

भारती : कौन है देखो तो काका?

काका : *(दरवाज़ा खोलते हुए)*

(आगन्तुक का प्रवेश)

आगन्तुक : भारती-भारती!

काका : अदब से वकील साहिबा कहो।

भारती : अन्दर आइये कौन हैं आप?

(सिर पर टोपी और दाढ़ी ख़ुद को चादर से ढँके है, पूरे घर को निहारने के बाद भारती को टकटकी नज़र से देखता है।)

ज्ञानमोहन : शायद तबियत ठीक नहीं है आपकी बैठ जायें।

(आगन्तुक ख़ाली कुर्सी पर बैठ जाता है, काका आगन्तुक के सामने पानी रखते हैं।)

भारती : जी बताइये क्या काम है? मैं ही ऐडवोकेट भारती हूँ।

(आगन्तुक भारती के कमरे में रखी क़ानून की किताबें तो कभी भारती के चेहरे को देख रहा है।)

आगन्तुक : हाँ-हूँ-जी।

भारती : आप कुछ बोलेंगे! क्या काम है? कोई फ़ौजदारी का मामला है क्या?

आगन्तुक : तुम वकील तो नहीं थीं भारती।

भारती : आवाज़ जानी-पहचानी सी है लेकिन लिबास से शिनाख़्त नहीं हो पा रही है।

आगन्तुक : वक़्त, तन्हाई और रुसवाई ने मेरी शिनाख्त बदल दी है।

भारती : इतने खोये-खोये से क्यों हैं आप? लगता है किसी को तलाश रहे हैं?

आगन्तुक : चार काँधों को तलाश रहा हूँ, भारती मुझे कहीं दफ़ना दो।

(भारती ज़ोर से चीख़ते हुए)

भारती : सोहराब! मेरे पति का क़ातिल।

(मेज़ पर रखे चाकू को भारती तेज़ी से उठाती है, सोहराब पर हमला। ज्ञानमोहन भारती की कलाई को रोकते हैं। झट सोहराब पीठ करके बैठ जाते हैं।)

ज्ञानमोहन : अभी तो तुम क़त्ल कर देतीं।

(काका भी दौड़ते हुए आ जाते हैं।)

ज्ञानमोहन : बैठ जाओ भारती शान्त रहो।

(भारती बैठते हुए)

भारती : तुम्हारी हिम्मत कैसे हुई यहाँ आने की? निकल जाओ, तुझ पर फिर ख़ंजर उठाने में देर न लगेगी।

ज्ञानमोहन : *(चाकू को अन्दर भिजवाते हुए)* भारती तुम्हें सज़ा दिलाने का अधिकार तो है, सज़ा देने का कतई नहीं।

भारती : ये क्यों आया है यहाँ? तेरी दी हुई ज़िन्दगी को सुबक-सुबक कर जी रही हूँ मैं!

(सोहराब चुप्पी तोड़ते हुए)

सोहराब : तुम्हारी पैनी नज़रों से मैं बच नहीं सका, कराची में तब तुम्हारी दहलीज़ को ढकेल कर आया था ताउम्र तुम्हारा मुजरिम बन गया। ख़ुदा ने भी कभी मेरी करनी माफ़ नहीं की।

ज्ञानमोहन : जुर्म से बड़ा पश्चाताप होता है, मुझे भी पहचानो सोहराब, अंग्रेज़ों की गिरफ़्त से तुमने कई बार बचाया था मुझे।

सोहराब : हाँ याद आ रहा है, शायद तुम ज्ञान हो–ज्ञानमोहन, एक इंकलाबी सहाफी!

चमनलाल का क़त्ल ज़रूर किया था मैंने लेकिन गुनहगार नहीं हूँ मैं।

भारती : मुक़दमा दुबारा खुल सकता है अदालत फिर लग सकती है।

सोहराब : तुम नहीं जानती हो भारती, मज़हब, हुकूमत और सियासत पहले आँख पर पट्टी बाँधती है, मुँह में ज़हर भर देती है तब हाथ में तलवार थमा देती है।

ज्ञानमोहन : चाहे जितनी वजह गिनाओ, गुनाहों पर लाख दलीलें दो लेकिन वक़्त की अदालत गुनहगार तो क्या उसकी परछाइयों तक को कुचल डालती है।

सोहराब : बेशक, ज़रा मुझे ग़ौर से देखिये अपनी उम्र से काफ़ी बड़ा लगता हूँ मैं। वक़्त ने सज़ा दे ही दी। जिस्म के नासूरों से ख़ून इतना बह चुका है मानो लाश के ढेरों ने मुझसे हिसाब चुकता कर लिया हो।

भारती : इसकी रुदादों पर न जाइये, कराची कांग्रेस प्रेसिडेंट बनने की चाहत थी इसे।

सोहराब : ख़बरदार मुझ पर ये इलज़ाम न लगाना। सेठजी मुझसे ख़ुद कहते थे तुम प्रेसिडेंट बन जाओ, अच्छा दोस्त समझते थे, मेरे तो आदर्श थे वो। अक्सर मैं उन्हें कराची का गांधी कहता था।

(भारती ताली बजाते हुए)

भारती : चलो सोहराब ये बताओ इस बार कौन-सा मोहरा लेकर आये हो?

सोहराब : मैं शतरंज का खेल नहीं जानता। मैं तो पाकिस्तान के लिए एक पीस डेलीगेशन के साथ आया हूँ। एहतराम यहाँ पाकिस्तान एम्बेसी में बड़े ओहदे पर है।

भारती : क्या जाल फिर बिछ रहा है?

सोहराब : भँवर में फँसे हुए आदमी को तो तिनके का सहारा ही बहुत होता है।

भारती : तो ठीक है खुलकर बताओ क्या काम है?

सोहराब : एक बेगुनाह पाकिस्तानी लड़का तिहाड़ जेल में बन्द है।

भारती : वो आतंकवादी, हाँ उसे मैं फाँसी दिलाने का मुक़दमा लड़ रही हूँ।

ज्ञानमोहन : ये वही लड़का है जिसकी डायरी में लिखा था, 'मिशन जन्नत'।

सोहराब : उसकी मिशन जन्नत की पहेली तो मैं नहीं जानता। ये सच है कि वह शहर कराची का रहने वाला है।

भारती : जिसके विस्फोट से इस बेवा का इकलौता बेटा *(चन्दन की तस्वीर की तरफ़ इशारा करते हुए)* चन्दन मारा गया है।

(सोहराब अपना सिर पकड़ लेते हैं।)

सोहराब : ये पाकिस्तानी लड़का ढहते हुए खंडहरों को तो रोक सकता है, किसी का क़त्ल नहीं कर सकता है। बेकसूर है, उसे बचा लो।

भारती : तो आज आप सबके सामने चन्दन की शपथ लेती हूँ कि उस हत्यारे को फाँसी की सज़ा दिलवाकर रहूँगी वरना मुझे बेवा करने वाले! ये मेरा आख़िरी मुक़दमा होगा।

दृश्य नौ

रोज़े ख़ान के कमरे में क़ैद बाबा राघव की अपनी कमज़ोर सेहत और बीमारी के कारण साँसें कमज़ोर हो रही हैं।

रोज़े ख़ान : उठिये बाबा आपका खाना ले आया हूँ।

राघव : अच्छा सुन लिया। लेकिन जलाभिषेक का जल भी मँगवाया था। रोज़ की तरह जल चढ़ाकर मूर्ति पूजा कर लूँ ये पण्डित तभी भोजन करेगा।

रोज़े ख़ान : शुद्ध जल तो अलग से ले ही आया हूँ लेकिन आपकी सेहत ठीक नहीं है, अच्छा होता कि पहले भोजन कर लेते।

(पानी मूर्ति के पास रखता हुआ, जहाँ पहले से फूल और पत्ते पड़े हुए हैं।)

(रोज़े ख़ान बाबा को उठाते हुए)

राघव : कितना डरपोक है तू रोज़े?

रोज़े ख़ान : नहीं, मैं सिवाय ख़ुदा के किसे से भी नहीं डरता।

राघव : मैं जानता हूँ, सब जानता हूँ, तू ख़ुदा से ही नहीं इस पत्थर की मूर्ति से भी डरता है। अगर नहीं डरता होता तो मूर्ति के जलाभिषेक में मेरी मदद करता! यहाँ तुझे देखने वाला कोई नहीं है।

रोज़े ख़ान : ये आपका अधिकार है बाबा मैं आपकी ये आज्ञा न मानूँगा।

(बाबा उठकर मूर्ति को नहलाते हैं, पूजा करते हैं,

फिर रोज़े ख़ान बाबा को सहारा देकर बैठाता है और खाना खिलाता है।)

राघव : पूजा में मेरे हाथों को सहारा देने से तेरा मज़हब कैसे ख़तरे में पड़ गया?

रोज़े ख़ान : *(ग़ुस्से में)* मैं इतनी सेवा करता हूँ फिर भी मुझ पर ये इलज़ाम मैं कभी भी पूजा में मदद नहीं करूँगा।

रोज़े ख़ान : कल से कहोगे कि पूरी पूजा ख़ुद कर दो। थोड़ा बहुत जो उठ-बैठ जाते हैं वो भी बन्द करना चाहते हैं आप!

(राघव ज़ोर से खाँसते हुए, रोज़े ख़ान दौड़कर उनके सिर को अपनी गोद में रख लेता है।)

बाप रे! इतना तेज़ बुख़ार। मैं आवाज़ देता हूँ।

राघव : नहीं, मैं ठीक हूँ। जानते हो रोज़े, जब मैं आया था तब मैं पूजा नहीं करता था। ज़िन्दगी से कोई मोह नहीं, कोई मिलने तक तो आया नहीं इतने सालों में। तुमसे मिलने के कुछ महीनों बाद पूजा-पाठ करने लगा, मैं अच्छी तरह समझता हूँ, तुम बेकसूर हो, तुम्हें आज़ाद कराने का सुबुत तो किसी के पास नहीं होगा, लेकिन इस तरह फाँसी देना...! देखो ये फॉसी का क़ानून कब ख़त्म होता है।

रोज़े ख़ान : तो क्या आप मेरे लिए पूजा करते हैं? अपने लिये नहीं? आप भी तो हत्यारे नहीं हो सकते?

(रोज़े ख़ान बाबा को पानी पिलाते हुए)

राघव : मैं अदालत में ख़ुद को हत्यारा मान चुका हूँ। बड़ा सुन्दर गाँव है हमारा ब्राह्मण कुटी। अगड़े-पिछड़े सभी लोगों का गाँव है। एक दिन अचानक गाँव के दक्षिण में अछूतों की बस्ती में आग लग गयी। सभी दौड़े-दौड़े मेरे पास आये, कहने लगे, ''आग बुझाने के लिए पानी चाहिए, सूखे से किसी तालाब और कुएँ में पानी नहीं है। मैंने कहा कि मन्दिर के कुएँ से पानी ले लो, वो अछूत पानी ले ही जा रहे थे कि हमारे गाँव का राक्षस हरविशाल आ गया। वो मौक़े की ताक में था, उसने उन कमज़ोर, बेसहारा लोगों

को मारकर जलते हुए कच्चे मकानों पर फेंक दिया। फिर उसने अपने साथियों के साथ मेरा रुख़ किया। पलक झपकते ही मेरा त्रिशूल उसके पेट में जा धँसा और फिर मैंने हरविशाल को त्रिशूल से गिरने नहीं दिया, तब तक कसकर त्रिशूल घुमाता रहा जब तक पुलिस नहीं आ गयी।

रोज़े ख़ान : अब बस चुप हो जाइये। आपकी तबियत बिल्कुल ठीक नहीं है।

(राघव पीतल के लोटे में रखे गंगाजल को लाने का इशारा करते हैं। दौड़कर रोज़े गंगाजल लाता है। अपने पैरों का सहारा दिये।)

राघव : अब बस बेटे! मेरे लिए दौड़-भाग ठीक नहीं, मुझे तुम्हारी गोद में प्राण त्यागने हैं।

रोज़े ख़ान : ये आप कैसी बातें कर रहे हैं, बाबा।

राघव : भगवान् तुम्हें इस षड्यन्त्र से मुक्ति दे। बस अब गंगाजल मुँह में डाल दो।

(रोज़े ख़ान बाबा को गंगाजल पिलाते हैं। बाबा अन्तिम समय में आँखें बन्द कर रहे हैं।)

रोज़े ख़ान : *(बाबा को देखते हुए)* मैं तो कुछ जानता भी नहीं, ऐसे में क्या करना चाहिए। हाँ याद आया *(बाबा के कान में रोज़े ख़ान धीरे-धीरे बोलते हैं)* राम-राम, राम-राम...

(बाबा का देहान्त हो जाता है।)

दृश्य दस

(सुहाग महल के मालिक जुल्फ़िकार की गवाही देते हुए)

भारती : जज साहब अब मैं अपना दूसरा चश्मदीद गवाह 'सुहाग महल' दुकान के मालिक जुल्फ़िकार को पेश करना चाहूँगी।

जज : इजाज़त है।

(शपथ के बाद)

भारती : जुल्फ़िकार आप ही सुहाग महल नाम की दुकान के मालिक हैं।

जुल्फ़िकार : जी हाँ चावड़ी बाज़ार के बीचोबीच हुज़ूर नाचीज़ की एक छोटी-सी दुकान है, सुहाग महल।

भारती : तो जुल्फ़िकार जो विस्फोट तुम्हारी दुकान के ठीक सामने 20.11.69 को हुआ, जिसमें एक माँ से उसका बेटा छीन लिया। ये अदालत उस घटना के बारे में आपकी ज़ुबानी जानना चाहती है।

जुल्फ़िकार : दोपहर के लगभग 1.00 बजे एक औरत अपनी बच्ची के साथ मेरी दुकान में दाख़िल हुई तभी पीछे एक नौजवान लड़का और उसका साथी जो काफ़ी देर से बातें कर रहे थे, अपना ब्रीफ़केस दुकान के सामने छोड़कर चले गये और कुछ देर बाद वह ख़ौफ़नाक विस्फोट हो ही गया, यही वो लड़का है जिसे मैं पहचान रहा हूँ।

(भारती बैठ जाती है।)

रफ़ीक़ : इस हादसे में आप घायल नहीं हुए जब कि आपकी दुकान के शीशे चकनाचूर हो गये?

ज़ुल्फ़िकार : इस बार फिर ख़ुदा ने मुझे ज़िन्दगी बख़्श दी है।

रफ़ीक़ : ख़ुदा का इतना ही ख़ौफ़ है तो सच बयान करो।

ज़ुल्फ़िकार : अच्छा होता कि मैं उस धमाके में ही मारा जाता।

रफ़ीक़ : लेकिन ये अदालत जानना चाहती है कि तुम ही ज़ख़्मी क्यों नहीं हुए?

ज़ुल्फ़िकार : हुज़ूर! मैं दुकान के तहखाने में बैठा था, जहाँ माल रखने के साथ हिसाब भी होता है। मेरी सरगोधा पाकिस्तान की बिछड़ी मोहब्बत मेरी पहली बीवी अंजुमन आयी थी। मैं उसी से बात कर रहा था।

रफ़ीक़ : क्या बात कर रहे थे?

ज़ुल्फ़िकार : अंजुमन कह रही थी कि तलाक़ के बिना पाकिस्तान मुझे किसके सहारे छोड़ आये थे?

रफ़ीक़ : तुमने क्या कहा?

ज़ुल्फ़िकार : सालों दूर रहकर शरीयत के हिसाब से हमारा तलाक़ ख़ुद-ब-ख़ुद हो चुका है। अब मुझे दूसरी बीवी से दो बेटे हैं। इस पर अंजुमन ने कहा कि तुम्हारे अचानक चले जाने के बाद तुम्हें तुम्हारी निशानी रुकय्या को तुम तक पहुँचाने के लिए कितने धक्के खाये हैं। मैं सुनकर हैरान था कि मेरी एक बेटी भी है तभी...

रफ़ीक़ : तभी क्या?

ज़ुल्फ़िकार : ज़ोरदार धमाका। हम दोनों सीढ़ियों से ऊपर भागे, इसी वजह से हम ज़ख़्मी नहीं हुए।

रफ़ीक़ : क्या तुम दावे से कह सकते हो कि तहखाने में बस तुम दो लोग ही थे।

ज़ुल्फ़िकार : *(घबराते हुए)* मुझे ठीक से याद नहीं कि वहाँ कोई और भी था।

रफ़ीक़ : ये एक मासूम लड़के की ज़िन्दगी और मौत का सवाल है। तुम्हारे याद न आने पर मुल्जिम को फाँसी भी हो सकती है। ठीक से याद करो।

जुल्फ़िकार : जी हाँ हुज़ूर मुझे सब याद आ गया है। धमाके से चन्द मिनट पहले मेरी दूसरी बीवी निखत आरा भी आ चुकी थी।

रफ़ीक़ : आप सुहाग महल पर जाने के लिए घर से कब निकले थे?

जुल्फ़िकार : दोपहर लगभग 12.00 बजे घर से निकलकर शायद 1.00 बजे के लगभग दुकान पहुँच गया था।

रफ़ीक़ : तो इतनी जल्दी आपकी दूसरी बेगम के आने की वजह?

जुल्फ़िकार : मैं घर पर चश्मा भूल आया था, शायद उसे देने आयी थीं। एक धमाका दुकान के सामने और दूसरा तहखाने में हो चुका था?

रफ़ीक़ : मी लार्ड! जिस आदमी की नज़रें कमज़ोर हों वो उस वक़्त मुल्जिम को देखकर पहचानने में नाक़ाबिल था।

जुल्फ़िकार : चश्मा लगाने वाले की नज़रें ज़रूर कमज़ोर होती हैं। मेरे चश्मों का नम्बर +2 है। रीडिंग ग्लासेस पहनता हूँ, वकील साहब माफ़ कीजियेगा अन्धा नहीं हूँ।

भारती : ऑब्जेक्शन मी लॉर्ड!

जज : ऑब्जेक्शन ग्रांटेड।

भारती : जुल्फ़िकार इस लड़के को ठीक से पहचानो!

जुल्फ़िकार : मैं ठीक से पहचान रहा हूँ इसे, यही कम्बख़्त विस्फोट वाला ब्रीफ़केस मेरी दुकान के सामने छोड़ गया था।

भारती : थैंक यू मी लॉर्ड! गवाह ने इस अदालत से कुछ भी नहीं छुपाया, न ही मुल्जिम से कोई जाती दुश्मनी है। रिडिंग ग्लास लगाने वाला व्यक्ति चश्मा न होने पर पढ़ तो नहीं सकता लेकिन बड़ा आकार पहचानने में भूल नहीं करता।

जज : यस, आई डू एग्रीड विद द काउंसिल *(डायरी में नोट करते हुए)*

(अदालत में गोम्स की गवाही)

भारती : अब मैं होटल इम्पीरियल के मैनेजर गोम्स को गवाही के लिए बुलाना चाहूँगी।

(पुकार के बाद गोम्स कठघरे में आते हैं।)

मिस्टर गोम्स क्या आप होटल इम्पीरियल के मैनेजर हैं?

गोम्स : जी नहीं! लेकिन रोज़े ख़ान की होटल में दिनांक 25.11.69 की आमद और 30.11.69 को पुलिस द्वारा गिरफ़्तारी के वक़्त मैं ही होटल इम्पीरियल का मैनेजर था।

भारती : आपके होटल रजिस्टर में रोज़े ख़ान ने नैशनलिटी क्या लिखी थी?

गोम्स : जी रोज़े ख़ान ने हिन्दुस्तान लिखा था।

भारती : तब क्या आपको शक नहीं हुआ था?

गोम्स : शक तो नहीं लेकिन अजीब लगा था क्योंकि ज़्यादातर गेस्ट इंडियन या भारतीय लिखते हैं।

भारती : रोज़े ख़ान किस कमरे में रुका था?

गोम्स : कमरा नम्बर 203, वह डबल बेड रूम है लेकिन रोज़े ख़ान का कहना था कि उसके पास लगेज ज़्यादा है इसलिए उसे डबल बेड रूम ही चाहिए था। होटल मैनेजमेंट को कोई ऑब्जेक्शन भी नहीं था।

भारती : आपने होटल क्यों छोड़ दिया?

गोम्स : नहीं, मैंने होटल नहीं छोड़ा, मेरे द्वारा छह महीने की बाक़ी तनख़्वाह माँगने पर होटल मालिक ने निकाल दिया।

भारती : 25 नवम्बर की रात आपके होटल में क्या हुआ?

गोम्स : जी उस रात रोज़े ख़ान अपने एक साथी के साथ पहुँचा ही होगा कि इं. चार्ल्स लॉयन का माफ़िक, अपने दल-बल के साथ आया। मुझसे एंट्री रजिस्टर माँगा और पूछा कहाँ हैं वो लड़के। तो मैं रिप्लाय किया 2nd फ़्लोर, रूम न. 203. फिर सब भागकर स्टेयर्स से ऊपर गये। साथ ही मैं

भी लिफ्ट से ऊपर पहुँच गया। इं. चार्ल्स ने एक हिट में दरवाज़ा तोड़ दिया।

भारती : फिर क्या हुआ?

गोम्स : अन्दर रोज़े ख़ान, इसका एक साथी, पाकिस्तानी पिस्टल, डायरी, दाहिने पैर का जूता और न जाने क्या-क्या बरामद हुआ।

भारती : उस दरम्यान कुछ ख़ास बात जो तुमने देखी हो?

गोम्स : मैडम रोज़े ख़ान का सिर्फ़ राइट लैग का पुराना शू रखा था जो एक तरफ़ से ज़्यादा घिसा था। पिस्टल पर मेड इन पाकिस्तान लिखा था और हाँ इसकी डायरी के ऐंड में 'मिशन जन्नत' लिखा। मुझे इं. चार्ल्स ने दिखाया था।

भारती : मी लॉर्ड! मि. गोम्स इस मुक़दमे के वो चश्मदीद गवाह हैं जिसने दाहिने पैर के जूते की बरामदगी रोज़े ख़ान के कमरे में देखी, जबकि उसी पैर का बायाँ जूता इं. चार्ल्स को मौक़ा-ए-वारदात यानी कि चावड़ी बाज़ार में मिलता है। कमरे में ज़ब्त सामान के वक़्त गोम्स वहाँ मौजूद थे और बतौर गवाह इनके भी दस्तख़त हैं।

(जज साहब डायरी में नोट करते हैं।)

जज : अगर सरकारी वकील ने गवाह गोम्स से जिरह कर ली हो तो ऐडवोकेट रफ़ीक़ गवाह से अपने सवाल कर सकते हैं।

(सरकारी वकील जज के सामने सिर झुकाकर अपनी कुर्सी पर बैठ जाती है।)

रफ़ीक़ : मि. गोम्स क्या तुम जानते हो आतंकवाद, षड्यन्त्र, विस्फोट, हत्या के इस मुक़दमे में मुल्जिम रोज़े ख़ान को तुम्हारे बयान पर सज़ा हो सकती है।

गोम्स : आपने करेक्ट बोला है लेकिन जीसस का क़सम मैं फ़ाल्स कभी नहीं बोलता।

रफ़ीक़ : अच्छा तो ठीक है। यह बताओ घटना वाली तारीख़ को हफ़्ते का कौन-सा दिन था।

गोम्स : वो वीक का डे तो मुझे ठीक से याद नहीं है।

रफ़ीक़ : कोई बात नहीं, कई लोग इसी अदालत में ऐसे भी हैं जिन्हें आज ही का दिन और तारीख़ याद न हो। *(हॉल में ठहाके)*

गोम्स : मुझे सब याद है 25.11.69 को रात 8 बजे मैंने रोज़े ख़ान को रूम अलाट किया और 30.11.69 को इं. चार्ल्स ने मुल्जिम और उसके साथी को गिरफ़्तार किया।

रफ़ीक़ : अच्छा गोम्स सच बताओ तुम अपने जीसस से कितना और कैसे प्यार करते हो?

गोम्स : मैं होटल ट्रेड में हूँ लेकिन कभी ड्रिंक नहीं किया, न कभी फ़ाल्स बोलता हूँ। जीसस क्राइस्ट तो मेरी सोल में है। मैं हर संडे को सुबह से शाम तक चर्च के प्रार्थना में असेंबल्ड रहता हूँ और फ़ादर पिंटो का बताया हुआ काम भी करता हूँ।

रफ़ीक़ : तुम किस दिन हॉलीडे करते हो?

भारती : ऑब्जेक्शन मी लॉर्ड! मेरे मुवक्किल से फ़ालतू सवाल पूछकर माननीय न्यायालय का समय नष्ट किया जा रहा है।

जज : ऑब्जेक्शन ओवर रूल्ड!

रफ़ीक़ : बताइये हफ़्ते में आपकी छुट्टी कब रहती है?

गोम्स : ऑन अवर प्रेयर डे 'संडे'! ऑफ कोर्स।

रफ़ीक़ : मी लॉर्ड! मैं यही जानना चाहता था कि गोम्स संडे को छुट्टी करता है लेकिन बड़े इत्तेफ़ाक़ की बात है रोज़े ख़ान की गिरफ़्तारी का दिन 30 नवम्बर 1969 को संडे था तो जब गवाह मौक़े पर मौजूद ही नहीं था तो इनकी गवाही को सच कैसे माना जा सकता है?

जज : मि. गोम्स अब तुम्हें ये साबित करना होगा कि गिरफ़्तारी के दिन जब संडे था तो तुम होटल इम्पीरियल में कैसे थे?

गोम्स : सर मैं ये तो भूल गया था कि 30 तारीख़ को संडे था

और मैं वीकली रेस्ट पर भी था। चर्च भी गया था, शाम 5 बजे तक चर्च में ही रहा। फादर पिंटो गवाह हैं लेकिन ऐडवोकेट सर को मैं ये बता दूँ कि होटल के मालिक ने रूम नम्बर 105 का कमरा मुझे जॉब के एग्रीमेंट में फूड फेसिलिटीज़ के साथ रहने को दिया था। डिनर से पहले मैं संडे को भी होटल पहुँच जाता था।

भारती : तो जज साहब दूध का दूध और पानी का पानी हो चुका है। गोम्स के सामने गिरफ़्तारी, रिवॉल्वर, डायरी और आपत्तिजनक सामग्री और सबूत दाहिने पैर के जूते के ज़ब्ती का होना साबित हो गया है।

रफ़ीक़ : मी लॉर्ड, 'द हिन्दू' के प्रेस रिपोर्टर ने अपने अख़बार में यह भी लिखा है कि पुलिस द्वारा इस्तेमाल की जाने वाली किट बैग सामग्री भी होटल के कचरे में पायी गयी। दरअसल उसी थैले में रोज़े ख़ान को तिहाड़ जेल का रास्ता दिखाने के लिए पुलिस ने पाकिस्तान मेड पिस्टल, आपत्तिजनक दस्तावेज़, दाहिने पैर का जूता कमरा नम्बर 203 में दोनों की गिरफ़्तारी के बाद ज़ब्त लिखवा दिये जबकि यह सच है कि रोज़े ख़ान के दोनों पैर अनबैलेंस्ड हैं जिस पर शरारती ई. चार्ल्स की पैनी नज़र पड़ गयी और उसने एक जूता मौक़ा-ए-वारदात पर दिखा दिया जब कि दूसरा जूता कमरा नम्बर 203 में होना दिखा दिया।

भारती : मी लॉर्ड, क़ानून की आँख पर काली पट्टी बँधी होती है क्योंकि क़ानून सिर्फ़ गवाह और सबूत पर ही चलता है।

(जज डायरी में पॉइंट नोट करते हुए)

जज : ऐडवोकेट रफ़ीक़ क्या आपके पास अपनी बातों को साबित करने का सबूत है, हो तो पेश करें?

रफ़ीक़ : आय एम सॉरी सर! सरकारी वकील की तरह मेरे पास सरकारी संस्थाओं का सहयोग नहीं है अगर अदालत केवल सबूतों को मानती है तो मैं इस बात को कहने का

मौक़ा नहीं चूकूँगा कि अदालत पुलिस के पैदा किये हुए नाजायज़ सबूतों को भी पहचाने।

जज : मैं आपके मुक़दमे में निहायत दिलचस्पी और हौसलों की क़द्र करता हूँ लेकिन आप अपना काम करें और अदालत को अपना काम करने दीजिए।

रफ़ीक़ : जज साहब मैं एक वचन, एक वायदे से मजबूर हूँ वरना शायद ये मुक़दमा मुझे लड़ना ही न पड़ता।

जज : पब्लिक प्रोसिक्यूटर क्या अब भी कोई गवाह शेष है?

भारती : जी हाँ हुज़ूर! अब मैं सेक्शन 306 Cr. पी.सी. के तहत सरकारी गवाह को पेश करना चाहती हूँ।

(जज इशारे से इजाज़त देते हैं। पुकार के बाद जलालुद्दीन उर्फ़ जलाली से कठघरे में भारती की पूछताछ)

भारती : जलालुद्दीन क्या तुम पुरानी दिल्ली नबी करीम के रहने वाले हो?

जलालुद्दीन : एक तरह से साहब ठीक बोलती हैं। वैसे पूरा नबी करीम उधर के सब गुण्डे-मवालियों का माई-बाप हूँ मैं। अपने नाम से उधर बड़ा प्राउड है।

भारती : तब तो तुम नबी करीम में काम करते हो लेकिन ठिकाना तिहाड़ जेल में, साफ़-साफ़ बताओ।

जलालुद्दीन : साहब मेरे को कौन जेल लेकर जायेगा, वो साला माँ का छूटा पुलिस।

भारती : तमीज़ से बात करो। माननीय अदालत को ऐसी बातें नापसन्द हैं।

जलालुद्दीन : तो ठीक है, मैं तो साहब वही बोलूँगा जो पिछले 30 साल मेरे हलक के नीचे उतारा गया है। अरे, कालेज तो छोड़ो मैं और मेरा ख़ानदान कभी स्कूल भी नहीं गया है।

भारती : अदालत सिर्फ़ यह जानना चाहती है कि तुम जेल किस जुर्म में गये?

जलालुद्दीन : नबी करीम में बोलते हैं जलाली तुम हम ग़रीबों के सरताज हो, कुछ भी उल्टा-पुल्टा कर दो लेकिन धन्धा ईमानदारी और शराफ़त से। अब वो नूरी है न, अरे खाला की बड़ी लड़की कालेज जाती है। एक-दो बार मेरे छोकरे लोग बोले नूरी को डेंजर है। मैं बोला कोई जलाली को रिक्वेस्ट नहीं करता है तो जलाली के पास भी टाइम का टोटा है।

एक दिन नाक झुकाकर आयी थी न, क्या साहब दुपट्टा सीधा किया उसने। मैंने कहा, तू फुल कालेज जा, डरना मत।

भारती : ये अदालत तुम्हारी लव स्टोरी सुनने के लिए नहीं है।

(अदालत में हँसी)

जलालुद्दीन : तो मैं भी कहाँ लव स्टोरी बोलता हूँ। फिर एक दिन हुमायूँ का बेटा अपने चार पप्पू के साथ नूरी को ओपन रोड से उठा लिया। ख़बर मेरे कान को पहुँची। आग बदन को लग गयी। खटारा अम्बेसडर को धक्का देकर स्टार्ट किया और रात तक हमारा कुछ पुलिस दोस्त का भी मदद हुआ।

नूरी का दुपट्टा भी कोई नहीं छू सका था। एकदम धरमेन्दर बन गया मैं और जितना भी शेट्टी मुझे मिला मैं सबको मार-मारकर पार्सल बना दिया।

अब क्या हुआ रोती, बिलखती नूरी मुझसे आकर लिपट गयी। मैंने बोल दिया दुपट्टे पर आँसू न गिरा, लिपट मत दूर हट। मैं जब लिपटना चाहता था तब तू भाग जाती थी, मैं इधर का निज़ाम हूँ, डर से नहीं जब प्यार हो तो बावले जलाल को याद कर लेना। घड़ी में घण्टा नहीं बजा था, पुलिस आ गयी। मैं दायें-बायें नहीं, सीधा तिहाड़ जेल गया।

भारती : मारपीट, ख़ून-ख़राबे के बाद कितने साल जेल में रहे?

जलालुद्दीन : जेल कैसी, सनीचर को अन्दर मंडे की शाम को बाहर एक अच्छा वकील मिल गया वो फ़ीस के अलावा ख़र्चा बताने लगा।

भारती : तो तुम जेल से छूट गये? लेकिन जेल में क्या हुआ?

जलालुद्दीन : मैं तिहाड़ जेल के 16 नम्बर बैरक में था। वहाँ एक बड़े जुर्म का क़ैदी था। मैं सलाम किया, उसने गले लगा लिया। फिर एक फ़ोटो देकर बोला क़ौम का काम है। इसको चाँदनी चौक में ठहरा दो। इसकी मदद करो, ये मेहमान है अपना। खर्चा मिलेगा 500/- रुपया। बस ऐसे ही पाकिस्तानी लौंडे से मुलाक़ात का रास्ता देख लिया।

रोज़े ख़ान : झूठ, एकदम झूठ, मैं इसे पहचानता तक नहीं।

जलालुद्दीन : अबे जहाँ का रहने वाला है, वहाँ कौन सच बोलता है, सब जानते हैं।

जज : ऑर्डर-ऑर्डर-ऑर्डर

भारती : तुम्हारी रोज़े ख़ान से पहली मुलाक़ात कब हुई?

जलालुद्दीन : बस अड्डे पर।

भारती : तुम्हारे पास तो फ़ोटो थी लेकिन रोज़े ख़ान ने तुम्हें कैसे पहचाना?

जलालुद्दीन : कोड कलर, मैं काला टी शर्ट पर हरे रंग का पाकेट लगाकर गया था।

भारती : तुमने चाँदनी चौक के होटल में इसे क्यों नहीं ठहराया?

जलालुद्दीन : समझाता हूँ आपका डाउट! वहाँ पुलिस की नज़र रहती है। उधर कुछ डरपोक होटल हफ़्ता देता है। इस खातिर होटल इम्पीरियल दरियागंज सेफ लोकेशन था।

भारती : क्या तुम ये भी मानते हो कि रोज़े ख़ान एक ख़तरनाक आतंकवादी है?

जलालुद्दीन : ऐसा बात नहीं है साहब हमारा रोज़े ख़ान पाँच वक़्त नमाज़ पढ़ता है, दुआ माँगता है। जलाली से ज़्यादा पढ़ा-लिखा है, अल्लाह से डरता है लेकिन...

भारती : लेकिन क्या?

जलालुद्दीन : पैसे का लालची बहुत है मेरा अपना 500/- रुपया नहीं दिया।

भारती : अल्लाह से डरने वाला ये रोज़े ख़ान शायद अपने आकाओं से ज़्यादा डरता है। क्या तुम रोज़े ख़ान का मक़सद जानते थे?

जलालुद्दीन : मालूम होता तो कान से ख़ून निकाल देता। देश का दुश्मन मेरा दुश्मन। मेरा पूरा अप्रैल फूल बनाया।

भारती : अच्छा तो ठीक-ठीक बताओ, इसने तुमसे क्या-क्या काम करवाये?

जलालुद्दीन : होटल इम्पीरियल में ठहराया। अगले दिन इसने सामान का लिस्ट दिया वो मैं नबी करीम के मुस्टंडे शाह से मँगवाया। वो मुल्ला सेठ पूछा भी ये सामान क्यों? बस उसका कालर मेरा आदमी पकड़ लिया, बोला, जलाली भाई का टाइम, रोकड़ा, आइटम कभी पूछना मत, वो तेरी ज़ुबान तेरे पाकेट में डाल देगा।

भारती : क्या तुम नहीं जानते थे कि ये विस्फोटक सामानों की लिस्ट है जिसमें गन पाउडर, लोहे की कीलें, छर्रे, काँच बम बनाने की सामग्री है?

जलालुद्दीन : मुझको पूरा तो नहीं हाफ डाउट हो गया था। मुझे याद है कि मैंने इस कमीने रोजे ख़ान से पूछा था।

भारती : तब क्या बताया था इसने?

जलालुद्दीन : मेरे साथ धोखा हो गया, नूरी की क़सम अब मेरे ख़ानदान में कोई जाहिल नहीं होगा। लेकिन ये गुनहगार अल्लाह का वास्ता देकर धोखा दिया। काग़ज़ दिखाया, बोला, अपने रिश्तेदारों से मिलने आया है।

भारती : पॉइंट टू बी नोटेड मी लॉर्ड! वादा माफ़ गवाह ने मुल्जिम के ठहरने का इन्तज़ाम और विस्फोटक सामग्री अनजाने में लाकर के दे दी थी। वो मुस्टंडा शाह भी दुकान छोड़कर भाग चुका है जिसने डर से विस्फोटक सामग्री जलालुद्दीन के आदमियों को देने का बन्दोबस्त किया था।

(जज साहब पॉइंट नोट करते हुए)

अब कुछ अहम बातें जलालुद्दीन तुम्हें अदालत को

बतानी होंगी ताकि सरकारी गवाह होने के नाते तुम्हें अदालत से रहम मिल जाये।

जलालुद्दीन : साहब मैं सिर्फ़ ख़ुदा से डरता हूँ। मौत तो बारहक है आज नहीं तो कल आनी ही है।

भारती : तो फिर ये बताओ 28 नवम्बर 1969 को पूरे दिन क्या हुआ?

जलालुद्दीन : 27 तारीख़ को मैंने इससे अपना 500/- रुपया माँगा लेकिन इसने जवाब दिया पहले काम फिर दाम। मैं समझा नहीं तो बोला कल समझ जाओगे।

भारती : फिर 28 नवम्बर 1969 को तुम्हारी मुलाक़ात मुल्जिम से कब हुई?

जलालुद्दीन : मैं सुबह नहा-धोकर 11 बजे इसके कमरा नम्बर 203 पर था। ये बिल्कुल इंडियन ड्रेस में था लेकिन जूते वही पुराने बाहर की तरफ़ घिसे हुए थे।

भारती : ये जूते फीते वाले थे या पम्प शूज़, मेरा मतलब है कि बिना फीते के।

जलालुद्दीन : मैडम ये अलग डिजाइन का जूता पहले मैंने कभी नहीं देखा लेकिन मुझे अच्छी तरह याद है कि इसके फीते बँधे हुए थे।

भारती : मी लॉर्ड पॉइंट टू बी नोटेड! मुल्जिम के पैरों में लेस शूज़ थे पम्प शूज़ नहीं। और बाहर की तरफ़ घिसे हुए।

(जज साहब डायरी में नोट करते हुए)

जलालुद्दीन : हम लोग जब 12 बजे चलने को तैयार हुए तो इसने एक बड़ा-सा ब्रीफ़केस हाथ में उठा लिया। मैंने पूछा तो इसने कहा कि अपने रिश्तेदारों के यहाँ कोई ख़ाली हाथ जाता है।

ख़ैर हम लोग ऑटो करके 12.30 बजे के क़रीब चावड़ी बाज़ार के बीचोबीच उतर गये और वहीं पास में 'सुहाग महल' के सामने चहल-पहल देखकर रोज़े ख़ान और मैं खड़े हो गये।

भारती : मी लॉर्ड पॉइंट टू बी नोटेड कि विस्फोटकों से भरा ब्रीफ़केस चावड़ी बाज़ार, सुहाग महल के सामने पहुँच चुका था जिसे मुल्ज़िम रिश्तेदारों के तोहफ़े बताकर जलालुद्दीन को धोखे में रखे था।

(जज विस्फोटक के घटना-स्थल पर पहुँचने को लिखते हैं।)

जलालुद्दीन फिर तुम और मुल्ज़िम वहीं खड़े रहे या...।

जलालुद्दीन : हम लोग वहीं खड़े रहे, ब्रीफ़केस रोज़े ख़ान के पैरों के बीच ज़मीन पर ही रखा हुआ था।

भारती : जज साहब मैं अदालत को ठीक से ध्यान दिलाना चाहती हूँ कि जिस वक़्त जलालुद्दीन और रोज़े ख़ान पैरों के पास ब्रीफ़केस रखकर बात कर रहे थे ठीक उसी वक़्त सुहाग महल का मालिक जुल्फ़िकार भी उन्हें देख रहा था।

(जज साहब नोट करते हुए)

जलालुद्दीन : तभी उसने कहा सिगरेट ख़त्म हो गयी है वो तुम्हारे पीछे सिगरेट की दुकान है, वहीं से ले आओ। मैं उस दुकान की तरफ़ बढ़ चला। पीछे-पीछे रोज़े ख़ान भी आ गया। तभी सुहाग महल के सामने एक ज़ोर का विस्फोट हुआ। मैंने रोज़े ख़ान को ख़ाली हाथ भागते हुए देखा। भगदड़ की वजह से रोज़े ख़ान का एक जूता वहीं उतर गया।

भारती : पॉइंट टू बी नोटेड! रोज़े ख़ान बड़ी चालाकी से सुहाग महल के सामने ब्रीफ़केस छोड़कर आगे चला गया और विस्फोट के बाद जलालुद्दीन का कहना है कि रोज़े ख़ान के हाथ ख़ाली थे। फोरेंसिक एक्सपर्ट की रिपोर्ट है कि ब्लास्ट में ब्रीफ़केस का इस्तेमाल किया गया है।

हुज़ूर! इस तरह से मुल्ज़िम ने मौक़ा-ए-वारदात पर वो विस्फोट कर ही दिया जिसके लिए ये सारा खेल 'मिशन जन्नत' है जिसमें मेरा अपना बेटा चन्दन मारा जाता है, घायल शिवनाथ विलिंग्डन हॉस्पिटल में ज़िन्दगी और मौत से जूझ रहे हैं।

मैं अदालत से अपील करूँगी कि इस गुनहगार अपराधी को धारा-120बी, 121, 121ए, 122, 124 और 302 के तहत कड़ी से कड़ी सज़ा यानी सज़ा-ए-मौत दी जाये ताकि पाकिस्तान, वहाँ का इंटेलिजेंस दोबारा ऐसा सोचने की हिम्मत न कर सके। साथ ही अदालत पुलिस महकमे से पूछे कि मुल्जिम से बरामद पते, फ़ोन नम्बर, शहरों के नाम और स्लीपिंग सैल्स का ताना-बाना नष्ट करने के लिए वो क्या कर रहे हैं?

जज : ठीक है पब्लिक प्रोसीक्यूटर लेकिन अभी ऐडवोकेट रफ़ीक़ के सवाल बाक़ी हैं।

(रफ़ीक़ को बुलाने का इशारा करते हैं।)

(कठघरे में जलालुद्दीन)

रफ़ीक़ : क्या नाम है तुम्हारा?

जलालुद्दीन : *(कुछ डरते हुए)* जलालुद्दीन।

रफ़ीक़ : सिर्फ़ नाम नहीं उर्फ़ियत और वालिद का नाम भी?

जलालुद्दीन : जलालुद्दीन उर्फ़ जलाली बाप का नाम मासूम अली।

रफ़ीक़ : तुम्हें अदालत को यह बताना होगा कि वो कोड क्या था?

(जलालुद्दीन ख़ामोश है)

जज : ऑब्जेक्शन ओवर रूल्ड।

जलालुद्दीन : वकील साहब मुझे फँसाने की नाजायज़ कोशिश कर रहे हैं।

भारती : हुज़ूर मेरे साथी वकील बातों में उलझा रहे हैं और जब कि जलालुद्दीन एक सरकारी गवाह है।

रफ़ीक़ : नहीं हुज़ूर! मेरी जिरह अभी जारी है।

जज : मि. ऐडवोकेट आप अपनी जिरह जारी रखें।

रफ़ीक़ : आई.एस.आई. एजेंट तुम कहाँ के रहने वाले हो?

जलालुद्दीन : जी नबी करीम, पुरानी दिल्ली।

रफ़ीक़ : वहाँ कहाँ?

जलालुद्दीन : जी सलीम होटल की गली में।

रफ़ीक़ : करते क्या हो?

जलालुद्दीन : काम तो मिलता नहीं है साहब, पुलिस की नज़र न लगे तो हफ़्ता रेगुलर है साहब।

रफ़ीक़ : तो हफ़्ता भी वसूलते हो?

जलालुद्दीन : आपको मैंने ग़लत नहीं बोला।

रफ़ीक़ : जेल कितनी बार गये हो?

जलालुद्दीन : जी एक बार।

रफ़ीक़ : तुम झूठ बोलते हो। नबी करीम थाने में तुम्हारी फ़ोटो लगी है। हिस्ट्रीशीटर हो तुम। कभी जलाली तो कभी जलालुद्दीन के नाम से जेल जाते रहे हो। पहले मासूम लोगों को लड़वाना, फिर हमदर्द बन पैसा वसूलना तुम्हारा पेशा है।

ये है जज साहब थाने की रिपोर्ट जो बताती है कि ये हिस्ट्रीशीटर है।

(जज साहब को रिपोर्ट पहुँचाते हुए)

अच्छा रोज़े ख़ान से तुम्हारी पहली मुलाक़ात कब हुई?

जलालुद्दीन : तारीख़ 25.11.1969, दिल्ली के बस अड्डे पर। यह बाघा बॉर्डर से शाम को लगभग 5 बजे बस से उतरा। मैं बहुत ख़ुश था कि पाकिस्तान का अपना भाई हम लोगों की तरह ही है। फिर ऑटो वाले को चाँदनी चौक बोलकर दोनों ऑटो में बैठ गये। लेकिन रास्ते में मुझे चाँदनी चौक अनसेफ लगा तो मैंने ऑटो वाले को दरियागंज होटल इम्पीरियल चलने को कहा और इसे वहाँ ठहरा दिया।

रफ़ीक़ : क्या तुम नहीं जानते हो कि किसी भी विदेशी को होटल में ठहराने पर नज़दीक के पुलिस स्टेशन पर इन्फॉर्म करना पड़ता है।

जलालुद्दीन : वैसे तो होटल का ड्यूटी है, गोम्स मुझे जानता भी है फर्स्ट

टाइम धोखा, मेरे माथे पर कमीनेपन का दाग़ लगा दिया।

(जज साहब पॉइंट नोट करते हैं।)

रफ़ीक़ : एक आई.एस.आई. एजेंट की ऐसी ख़ातिरदारी, फिर भी तुम्हें रुपये नहीं मिले?

जलालुद्दीन : मैं अपनी नज़रों में गिर तो गया लेकिन वतनफरोश नहीं हूँ।

रफ़ीक़ : अच्छा विस्फोट वाले दिन ठीक से याद करके बताओ कि रोज़े ख़ान किस रंग की सैंडिल पहने था।

जलालुद्दीन : नहीं साहब! वो पुराने जूते पहने था।

रफ़ीक़ : माना कि वो पुराने जूते पहने था तो फिर वो अपने फीते को गाँठ मारकर एक गोला बनाता था या दो, सोचकर जवाब दो।

जलालुद्दीन : अरे साहब दो बनाता था।

भारती : ऑब्जेक्शन मी लॉर्ड!

जज : ऑब्जेक्शन ओवर रूल्ड।

रफ़ीक़ : मैं अदालत को यह साबित करना चाहता हूँ मुल्जिम आज भी जूते के फीते को ऊपर ले जाकर पैरों पर गाँठ मारकर बाँधता है।

(जज साहब और अदालत क़ैदी के पैरों को देखते हुए)

जज : मि. ऐडवोकेट, आप इस अदालत को क्या समझाना चाहते हैं?

रफ़ीक़ : हुज़ूर! मैं अदालत को ये बताना चाहता हूँ कि रोज़े ख़ान पहनता तो 10 नम्बर का जूता है लेकिन बायाँ पैर 9 नम्बर है और दाहिना 9.5 है। हिन्दुस्तान-पाकिस्तान की कोई भी मशहूर कम्पनी, यहाँ तक कि बाटा भी 9.5 नम्बर का जूता नहीं बनाती।

इसलिए मजबूर होकर रोज़े ख़ान 10 नम्बर का जूता पहनता है।

मुल्जिम अपने फीते लम्बे रखता है ताकि फीते को टखने के ऊपर कसकर बाँध सके। ऐसे में जूते के घटनास्थल पर गिरने का सवाल ही नहीं उठता।

भारती : ऑब्जेक्शन मी लॉर्ड! मुल्जिम के घटनास्थल पर मिले जूते का फीता टूट गया था इसलिए वह मुल्जिम के पैर से निकल गया था।

(जज साहब जूते का मुआयना करते हुए)

ऐडवोकेट रफ़ीक़ का तर्क यहाँ ख़त्म हो जाता है, क्योंकि एक जूता घटनास्थल पर तो, दूसरा होटल इम्पीरियल के कमरा नम्बर 203 से बरामद होता है।

जज : अजीबोग़रीब बात है दोनों पैरों का नम्बर अलग है, जूते का नम्बर अलग है। कुदरत का निज़ाम है। जूते विपरीत दिशा से घिसे हुए हैं।

रफ़ीक़ : हुज़ूर अगर ग़ौर करें तो विस्फोट 28 तारीख़ को होता है, गिरफ़्तारी और बरामदगी 30 नवम्बर यानी कि दूसरे दिन। इं. चार्ल्स घटनास्थल पर भी मौजूद था। गृह मन्त्रालय और दिल्ली पुलिस पर विपक्ष का दबाव भी था। 29 नवम्बर को जल्दबाज़ी में गृह मन्त्रालय घटना के सुबूतों की जानकारी प्रेस को देते हैं। केस डायरी में जूते की बरामदगी तो है लेकिन जूते का सोल विपरीत दिशा में घिसा हुआ है ये ज़िक्र नहीं है। तो इसका कोई सबूत मौजूद नहीं है कि रोज़े ख़ान का ही जूता घटनास्थल पर मिला था या दिल्ली पुलिस ने रोज़े ख़ान से बरामद जूते में से एक घटनास्थल तो दूसरा होटल में बरामद कर मुल्जिम के ख़िलाफ़ साज़िश की।

(जज साहब नोट करते हुए)

जज साहब! मैं जलालुद्दीन उर्फ़ जलाली से कुछ सवाल और पूछना चाहता हूँ।

जज : इजाज़त है।

रफ़ीक़ : तो ऐन मुल्जिम की गिरफ़्तारी के वक़्त तुम कहाँ थे?

जलालुद्दीन : हुज़ूर शाम को मैं रोज़े ख़ान के रूम में ही था तभी अचानक पुलिस ने दबिश दे दी।

रफ़ीक़ : तुम किस काम से मुल्जिम के पास गये थे?

जलालुद्दीन : रोज़े ख़ान ने बुलाया था?

रफ़ीक़ : क्यों?

जलालुद्दीन : रोज़े ख़ान से 500/- रुपये मिलने थे।

रफ़ीक़ : ठीक है, तो जलालुद्दीन ये बताओ कि तुम आज तक हिन्दुस्तान के बाहर कहाँ-कहाँ गये?

जलालुद्दीन : *(लहजे में लड़खड़ाते हुए)* जी मैं, मैं कहाँ जाऊँगा?

रफ़ीक़ : ठीक से याद करो जलालुद्दीन तुम दुबई और पाकिस्तान गये हो। एल.आई.यू. की एक रिपोर्ट के मुताबिक़ जलालुद्दीन पाकिस्तान आता-जाता रहता है और यह एक आई.एस.आई. एजेंट है जो चन्द रुपयों के लिए पाकिस्तान के हाथ में बिका है। हिस्ट्रीशीटर है, क्राइम इसका पेशा है। मैं ईमानदारी से कह सकता हूँ कि मुल्जिम को फँसाने के लिए जलालुद्दीन हमारे पुलिस के चन्द बिकाऊ अफसर और क़ाबिल सरकारी वकील के हाथों की कठपुतली है। पहचानने में इनसे भूल हुई है। दरअसल चावड़ी बाज़ार में विस्फोट करने वाला मुल्जिम रोज़े ख़ान नहीं है बल्कि जलालुद्दीन ख़ुद है। ये आई.एस.आई. एजेंट बच निकलने में कामयाब हो रहा है। रोज़े ख़ान को महज़ फँसाने की दिल्ली पुलिस की साज़िश है।

भारती : एल.आई.यू. की रिपोर्ट यह साबित करने में सक्षम नहीं है कि सरकारी गवाह जलालुद्दीन कोई आतंकवादी है। हाँ ये अपराधी प्रवृत्ति का ज़रूर है लेकिन मेरे क़ाबिल वकील ने अपने तथ्यों के लिए साक्ष्य प्रस्तुत नहीं किये हैं। न सिर्फ़ रोज़े ख़ान एक पाकिस्तानी नागरिक है बल्कि

शातिर दिमाग़ अपराधी एक ऐसा आतंकवादी है जो अपने आकाओं के हाथ की कठपुतली है। विस्फोट, विनाश और हत्याएँ इसका उद्देश्य है जिसे यह कोड लैंग्वेज़ में 'मिशन जन्नत' ...।

रोज़े ख़ान : *(अपने कानों में आवाज़ न आये, कानों पर हाथ रखकर)* बस करिये ये बहस मुझे इन्साफ़ नहीं चाहिए। झूठे इलज़ामों का गवाह बना दिया है। *(रोता हुआ)* इस ज़िन्दगी से निजात दिला दीजिए मुझे। जज साहब मुझे फाँसी दे दीजिए।

रफ़ीक़ : चुप हो जाओ, हिम्मत न हारो। रोज़े ख़ान अदालत का फ़ैसला सुबूतों, गवाहों और जिरह से तय होता है लेकिन ये ज़रूरी नहीं कि "फ़ैसला भी दिया जाय और इन्साफ़ भी हो जाय।"

जज : मि. काउंसिल ध्यान रहे, आपका ऐसा बयान अदालत की अवमानना माना जायेगा।

रोज़े ख़ान : मैं कौन हूँ मेरा मक़सद क्या है, इलज़ाम क्या है, गवाह और सबूत क्या कह रहे हैं? एक रहमदिल औरत मोहब्बत नहीं नफ़रत से सोचती हो, बड़ी ख़ूबी से क़ानून का ग़लत इस्तेमाल कर इलज़ाम लगा रही हैं। मुझे इस अदालत से आने वाले फ़ैसले से कोई नाइत्तफ़ाक़ी नहीं है क्योंकि हर अदालत से बड़ी एक और अदालत होती है जिसे सब पता है। हुज़ूर वो अदालत फ़ैसलों पर नहीं इन्साफ़ पर चलती है। वहाँ मेरा सख़्त हाथ होगा और रहमदिल वकील साहिबा का दामन होगा।

रफ़ीक़ : जज साहब मेरे साथ न ही कोई सरकारी महकमा है, न ही तफ़्तीश में पुलिस की कोई मदद। मैं बहस के आख़िरी लम्हों में ये कहना चाहूँगा कि मैं मुल्जिम की उम्र, उसकी एक क़सम की वजह से उसका चुप रहना, अदालत से अपने लिए फाँसी माँगना यह बताता है कि कहीं कुछ मुल्जिम के साथ ज़रूर ग़लत हो रहा है। इसलिए मैं

अदालत से गुज़ारिश करूँगा कि मुल्जिम को ज़िन्दा रहने का हक़ ज़रूर दें। ठीक है, उम्रक़ैद भी एक बड़ा इन्साफ़ होगा।

भारती : ऑब्जेक्शन मी लॉर्ड।

जज : ऑब्जेक्शन ग्रान्टेड।

भारती : विपक्षी वकील की बेबुनियाद दलीलें सबूत और गवाहों के बग़ैर मुल्जिम को बेगुनाह साबित करने में पूरी तरह नाकाम रहे हैं। मुझे उम्मीद ही नहीं पूरा भरोसा है कि माननीय अदालत मुल्जिम को सख़्त से सख़्त सज़ा यानी कि सज़ा-ए-मौत से कम कुछ भी न दे और निचली अदालत का फ़ैसला रद्द हो, विपक्षी वकील की ये दलील कि पाकिस्तानी मुल्जिम की उम्र पर रहम करें, मैं इस अपील का सख़्त विरोध करती हूँ।

दैट्स ऑल मी लॉर्ड!

(रोज़े ख़ान ख़ामोश भारती को निहारता हुआ। अदालत के फ़ैसले से पहले लोगों में ज़बरदस्त उत्सुकता और अदालत के बाहर स्वयंसेवी संस्थाओं का रोज़े ख़ान के हित में प्रदर्शन।)

जज : ऑर्डर ऑर्डर! आप लोग शान्त हो जायें, मैं अपने फ़ैसले का प्रमुख हिस्सा अदालत में पढ़ रहा हूँ। महीनों की लगातार मशक्कत के बाद इस मुक़दमे में अदालत ने अपने विचार-बिन्दु बनाये हैं। (1) मुल्जिम रोज़े ख़ान की नागरिकता, सरकारी गवाह, उनके सबूत और गृह मन्त्रालय की रिपोर्ट यह सिद्ध करती है कि मुल्जिम भारत नहीं कराची पाकिस्तान का नागरिक है। (2) विस्फोट स्थल का मुआयना-सुहाग महल का मालिक जुल्फ़िकार बताता है कि मुल्जिम रोज़े ख़ान और उसका साथी जलालुद्दीन सुहाग महल के सामने ब्रीफ़केस में विस्फोटक के साथ मौजूद थे जिससे विस्फोट हुआ। मौक़ा-ए-वारदात पर इत्तेफ़ाक़ से इं. चार्ल्स को बायें पैर

का एक जूता मिलता है जिसका सोल बाहर की तरफ़ से ज़्यादा घिसा हुआ था। याद रहे कि यही जूता घटनास्थल और गिरफ़्तारी की कड़ी को जोड़ता भी है। (3) पुलिस पुरानी दिल्ली नबी करीम के उस दुकानदार को गिरफ़्तार नहीं कर सकी जो विस्फोट के तुरन्त बाद फरार हो गया था लेकिन यह साबित करने की आवश्यकता नहीं है कि विस्फोट में इस्तेमाल की गयी सामग्री एकत्र की गयी थी। (4) मुल्जिम रोज़े ख़ान को होटल मैनेजर द्वारा कमरा नम्बर 203 देना, रजिस्टर में नागरिकता भारत के बदले हिन्दुस्तान लिखकर इम्पीरियल होटल के मैनेजर को गुमराह करना और चश्मदीद गवाहों के सामने कमरा नम्बर 203 में मुल्जिम का पाया जाना और इनके स्लीपिंग सैल्स का साथी अब सरकारी गवाह जलालुद्दीन का कमरे में साथ मौजूद होना, विस्फोटक सामग्री का मिलना। मेड इन पाकिस्तान पिस्टल की बरामदगी और रोज़े ख़ान के दायें पैर का वह जूता जिसका सोल बाहर की तरफ़ ज़्यादा घिसा हुआ है यानी मुल्जिम के बायें पैर का एक जूता घटनास्थल पर तो दूसरा कमरा नम्बर 203 से दायें पैर का जूता बरामद होना। अदालत द्वारा आर्थोपेडिक सर्जन डॉ. परवेज इस्लाम के पैनल ने जो मुल्जिम रोज़े ख़ान के पैरों का मुआयना किया वह रिपोर्ट यह कहती है कि मुल्जिम के नॉक नी है यानी मुल्जिम के दोनों घुटने आपस में जुड़ जाते हैं और फ्लैट फुटर भी है जिसकी वजह से भी उसके सोल विपरीत दिशा में घिसते हैं। इस मुख्य प्रमाण के अलावा (5) मुल्जिम रोज़े ख़ान भारत चलने से पहले अपने आकाओं से 'मिशन जन्नत' का वादा करता है फिर भारत में जलालुद्दीन इसके ठहरने, विस्फोट करने के वक़्त साथ रहने का गुनाह क़बूल करता है लेकिन वह वादामाफ़ सरकारी गवाह भी है। बचाव पक्ष के वकील की जिरह में एक दर्द भरी दास्तान ज़रूर है लेकिन वह कोई अहम गवाह और सबूत पेश नहीं कर सके। तमाम सबूतों और गवाहों को ध्यान में रखकर अब

ये अदालत ताज-ए-रात-ए-हिन्द की दफा-120बी, 121, 121ए, 122, 124, 302 के तहत सरकारी वकील भारती के आरोप और अपील से सहमत है। सो ये अदालत निचली अदालत के फ़ैसले को रद्द करते हुए मुल्जिम रोज़े ख़ान को फाँसी की सज़ा देती है।

(जज साहब फ़ैसले पर दस्तख़त कर रहे हैं। पेन की निब तोड़ देते हैं।)

(अदालत में शोर। कुछ रोज़े ख़ान के समर्थक भी मौजूद हैं।)

(एक कर्मचारी रफ़ीक़ को टेलीग्राम देता है, रफ़ीक़ इसे पढ़ते हैं।)

रफ़ीक़ : रोज़े ख़ान तुम्हें फाँसी की सज़ा तो मिल ही चुकी है लेकिन तुम्हें अदालत को 'मिशन जन्नत' का राज़ बताना ही होगा।

भारती : ऑब्जेक्शन मी लॉर्ड! अदालत के फ़ैसले के बाद मुजरिम की दास्तान अदालत में सुनाने की कोई नज़ीर नहीं मिलती। इस अपराधी को फाँसी के फन्दे पर लटकना ही होगा।

जज : भारती जी मैं तुम्हारी जिरह पर सहमत हूँ। फ़ैसला हो चुका है। मृत्युदण्ड क़ायम रहेगा, लेकिन ये अदालत 'मिशन जन्नत' का राज़ भी जानना चाहती है।

(जज साहब रोज़े ख़ान को बोलने का इशारा करते हुए)

रोजे ख़ान : जी हाँ, हुज़ूर ये सच है कि मैं कराची पाकिस्तान का रहने वाला हूँ।

(अदालत में खलबली) मेरा असली नाम भी रोज़े ख़ान ही है। सन् 46 के किसी बदक़िस्मत महीने में पैदा होता हूँ मैं और इसी दिन माँ का आँचल मेरे सिर से छिन जाता है। ये वह दौर था जब हिन्दुस्तान महात्मा गांधी की क़यादत में

आज़ादी को छटपटा रहा था और मैं दूध के लिए एड़ियाँ रगड़ रहा था। इस बदक़िस्मती के लिए मेरे फूफी कराची की गलियों में एड़ी-चोटी का ज़ोर लगाये थी। हमारे अपने सगे रिश्तेदारों और मज़हब के लोगों ने मेरे वालिद को कांग्रेसी कहकर इनकार कर दिया। लेकिन फूफी अम्मा तो मुझे अपनी औलाद समझती थी न। हमारा कोई भी रिश्तेदार अपना सदका-ख़ैरात देने को राज़ी न था, तभी दाई अम्मा ने कहा एक हिन्दू बनिये की औरत राज़ी है, वालिद साहब को ख़बर नहीं दी गयी। एक दिन फूफी अम्मा ने बताया कि उस हिन्दू ने दाई से कहा था मैं इन्सान हूँ, मैं हिन्दू-मुसलमान का फ़र्क़ नहीं जानती, अभी साल भर पहले अपनी सख़्त बीमारी के दौर में मेरी फूफी ने ये बता ही दिया कि मेरी वालिदा के मरने के बाद भी मेरी माँ के पैरों की जन्नत एक हिन्दू औरत के पास मौजदू है, जो इन्सानियत का ख़ज़ाना हर ज़रूरतमन्द को आँख बन्द कर लुटाती है। वो दिल्ली में मौजूद है। फूफी की साँसें टूट रही थीं, उन्होंने कहा, "तू जा उस अज़ीम औरत के पैरों तले अपनी जन्नत को तलाश ले।"

(भारती रोज़े ख़ान को हैरत से खड़ी देखते हुए)

फिर उन्होंने उस मरियम, उस यशोदा की बदनसीबी का वाक़ाया भी बताया। उनके शौहर का भी नाम बताया। बस शरलाक होम्स की डिटेक्टिव नॉवेल का ये फैन अपनी डायरी में ख़ूबसूरत रंगों के बीच 'मिशन जन्नत' लिख देता है। दो सौ रुपये में बॉर्डर पार कराने वाले दोनों तरफ़ मौजूद हैं सो मैं सरहद पार कर दिल्ली आ गया। यह सच है कि मैं फ्लैट फुटर भी हूँ और नॉक नी भी हूँ। मैंने जलालुद्दीन को अदालत के सिवाय कभी नहीं देखा। ये जूते मेरे ज़रूर हैं लेकिन मैं कभी चावड़ी बाज़ार नहीं गया। होटल के रजिस्टर में हिन्दुस्तान इसलिए लिख दिया क्योंकि मैं बँटवारे से राज़ी नहीं हूँ।

रफ़ीक़ : जब तुम्हारी फूफी ने सब बता दिया तो आज अदालत को

ये भी बता दो कि जिसका दूध तुम्हारी रगों में ख़ून बनकर दौड़ रहा है वो मरियम और यशोदा कौन है? तुम्हारा मिशन अभी पूरा नहीं हुआ है।

(भारती के सहयोगी, साथी, जज साहब सब टकटकी लगाये देख रहे हैं।)

रोज़े ख़ान : मैं उस माँ का नाम और पता तो नहीं जानता लेकिन वह रहती कहीं दिल्ली में ही हैं। जो तब के शहर कराची कांग्रेस सद्र सेठ चमनलाल की बीवी हैं।

भारती : सेठ चमनलाल की बीवी बेवा हैं। सेठ जी की पीठ पर ख़ंजर तेरे बुजदिल बाप नक़ाबपोश सोहराब ने ही मारा था। तब से पूरी ज़िन्दगी ख़ौफ़नाक अँधेरों में बदल गयी। उस अँधेरे में एक उम्मीद चमकी थी जिसे तूने मार दिया। रफ़ीक़ इसी अदालत में मेरे साथ था।

(भारती बेहोश होकर गिरने को है। दौड़कर रफ़ीक़ उसे सँभालते हैं।)

जज : ऐडवोकेट रफ़ीक़ आख़िर ये माजरा क्या है?

रफ़ीक़ : हुज़ूर ये माजरा नहीं है। ये रिश्तों का तकाजा है। मुल्क तक्सीम हो गया, लोग बँट गये, मज़हब के नाम पर चन्द नामचीन लोगों ने मौक़े का फ़ायदा उठा लिया तो सरहदों पर लकीरें खिंच गयीं, जो रिश्ते थे वो आज भी नहीं बदले। क्योंकि इन्सान नहीं बदला, वही रिश्ते ग़ुलाम हो गये। आपा रोज़े ख़ान को जन्म तो नहीं देतीं लेकिन अपने खुलूस और मोहब्बत से इन्सानी हक़ अदा करते हुए एक ऐसे ज़रूरतमन्द दुधमुँहे बच्चे को अपने आँचल से सींचती हैं जिसका बाप मरहूम सेठ चमनलाल के घर पर हमला करता है। भारती ही सेठ चमनलाल की पत्नी हैं, उनके शौहर का क़त्ल सन् 1947 में मेरी आँखों के सामने रोज़े ख़ान के वालिद सोहराब ने ही किया था।

घायल सेठ जी के कहने पर मैं आपा को हमलावरों से बचाता हुआ दिल्ली ले आता हूँ। देखने में ये संगदिल

दरअसल इस औरत के पीछे मरियम और यशोदा जैसी एक रहमदिल शख़्सियत है जिसने मुझे भी अनजान दिल्ली में सँभाल लिया। दरअसल आपा महज़ ऐडवोकेट भारती नहीं आदर्श भारत की महान महिला है।

(जज साहब उठ जाते हैं, रोज़े ख़ान को पुलिस ले जाती है।)

दृश्य ग्यारह

(देर रात ज्ञानमोहन वापस अमेरिका जाने के लिए भारती से विदाई लेते हुए, पाकिस्तानी उच्चायोग और स्वयंसेवी संस्थाओं का प्रयास कि रोज़े ख़ान की क्षमा याचना स्वीकृत हो लेकिन बाधा यह है कि मुजरिम रोज़े ख़ान मर्सी अपील पर राज़ी नहीं है।)

(भारती के घर का दृश्य)

भारती : काका देखो रात गये ये ज़ोरों से दरवाज़ा कौन खटखटा रहा है?

काका : अभी देखता हूँ।

(ज्ञानमोहन कक्ष में आते हुए)

ज्ञानमोहन : तुम्हारा जानने वाला ही होगा।

(रफ़ीक़ का एक महिला के साथ कक्ष में प्रवेश, महिला बैठ जाती है। मन से अशान्त रफ़ीक़ मोहन और भारती को अचरज भरी नज़रों से देखता है।)

भारती : तुम यहाँ? इतनी रात गये?

रफ़ीक़ : पेशे में ज़रूर विरोधी हूँ लेकिन दिल में तो वही जज़्बात हैं। उन जज़्बातों के हक़ से ही आया हूँ।

भारती : तुम्हारे साथ ये महिला कौन है?

रफ़ीक़ : बताता हूँ, आने की वजह भी बताता हूँ।

भारती : शायद मुक़दमे की हार ने तुम्हें बेचैन कर दिया है?

ज्ञानमोहन : पहले रफ़ीक़ की बात सुन लो!

रफ़ीक़ : जीती तुम हो आपा लेकिन हारने वाला भी तुम्हारा सालों पुराना शागिर्द है।

भारती : फिर अदालत के फ़ैसले पर उस्तानी से बहस कैसी?

रफ़ीक़ : क़ानूनी दाँव-पेंच में तो मुझे हारना ही था, क़ाबिल वकील जो हो आप।

ज्ञानमोहन : लगता है फ़ैसले से अनसेटिसफाइड हो। फिर भी ये ज़रूर कहूँगा तुम्हारी पैरवी क़ाबिले तारीफ़ थी।

रफ़ीक़ : अदालत में रोज़े ख़ान ने जो इकबालिया बयान दिया, क्या उस बयान को आपा झूठ समझती है?

भारती : सफ़ेद झूठ, हो सकता है 20 साल पहले मेरी किसी इन्सानियत को मुझ ही से भुनाकर मुजरिम को बचाने की कोशिश हो।

ज्ञानमोहन : भारती मैं लगातार तुमसे कह रहा हूँ कि मुजरिम की डायरी में लिखे 'मिशन जन्नत' ने तुम्हें सगी माँ न सही लेकिन रिश्ते की माँ तो साबित कर ही दिया है।

भारती : मेरी ही माँग को अपने नाख़ूनों से खरोंचने वाला शख़्स सोहराब ही था जो आज भी ज़िन्दा है।

ज्ञानमोहन : लेकिन बाप के किये की सज़ा बेटे को तो नहीं दी जा सकती है भारती।

भारती : फिर मुझे इन्साफ़ कौन देगा?

रफ़ीक़ : बँटवारे के वक़्त न कोई भाई था, न कोई पति, न दोस्त न दुश्मन। फिर ख़ून और रिश्तों की क्या अहमियत! क़ानून तोड़े जा चुके थे, इन्सानियत से ज़्यादा उसूलों को कुचला गया, ख़ून सफ़ेद हो गया था।

भारती : मेरे जख़्मों को कुरेदकर आख़िर किस गुनाह की सज़ा दे रहे हो?

रफ़ीक़ : मैं अच्छी तरह जानता हूँ आप सबूत और गवाह के बिना कुछ नहीं मानतीं।

भारती : हाँ ये बिल्कुल सच है, लेकिन अब कैसी जिरह, मैंने रोज़े ख़ान की दलील को भरी अदालत में इनकार किया है।

रफ़ीक़	:	मेरी आख़िरी गवाह सिर्फ़ ये बताना चाहती है कि जो दूसरा बच्चा 20 साल पहले तुम्हारे आँचल से महीनों लिपटा रहा उसी रोज़े ख़ान ने तुम्हारे चन्दन को विस्फोट कर नहीं मारा है।
राधा	:	ये सच कह रहे हैं दीदी!
भारती	:	कौन हो तुम? आवाज़ कुछ जानी-पहचानी लगती है।
राधा	:	मैंने तो पहचाना, तुम ही भूल गयीं, मुझे ब्याह के तुम ही लायी थीं। और मोहन साहब का नाम तो शिवनाथ अक्सर लिया करते थे।
भारती	:	तो क्या...
राधा	:	जी हाँ मैं स्व. शिवनाथ की पत्नी राधा हूँ।
राधा	:	सच पूछो तो रफ़ीक़ ही वह शख़्स है जो बँटवारे के बाद पिछले 20 सालों से भारत और पाकिस्तान के बीच आज भी रिश्ते जोड़ रहा है। आपका बेटा चन्दन कभी-कभी मेरे घर भी आता था।
भारती	:	तुम्हारे घर, उसने तो कभी नहीं बताया?
राधा	:	हमेशा मैं शिवनाथ से डरती थी, क्योंकि वो रोज़ सुबह शस्त्रों की पूजा करता था। उसके जाल में भोला-भाला चन्दन भी फँस गया। मेरे विरोध करने पर मुझे जानवरों की तरह पीटता।
भारती	:	तुमने कभी बताया क्यों नहीं मुझे?
राधा	:	नाम तो सुनती थी, पता नहीं मालूम था। फिर उस बेरहम का डर पूरी ज़िन्दगी खा गया।
भारती	:	तुम्हें कोई औलाद भी है?
राधा	:	जी नहीं! *(चीख़ते हुए)* चुप हो जाओ, भारती भगवान के लिए चुप हो जाओ, हिंसा देख हिंसक प्रवृत्ति का हो जाना, ठीक नहीं है।
भारती	:	तुम्हें जो कुछ कहना हो, साफ़-साफ़ कहो।

राधा : यहाँ न बाइबल है, न गीता है, न क़ुरान है। सुहाग उजड़ चुके हैं, गोद सूनी है लेकिन जीने का सहारा एक उम्मीद एक सच है।

भारती : कौन-सा सच, कैसी उम्मीद?

राधा : माना कि सोहराब ही सेठ चमनलाल का क़ातिल है। चाहे क़त्ल जुनून, नफ़रत और बँटवारे के माहौल में हुआ हो लेकिन इसे स्वीकारो दीदी कि सेठ चमनलाल की हत्या, दहशत, लूट, क़त्ल और बँटवारे जैसे हालात का नतीजा था। लेकिन बेकसूर रोज़े ख़ान को झूठे आरोपों में फँसाया गया है।

भारती : क्या तुम अदालत का फ़ैसला बदलने आयी हो या ज़ख़्मों को हरा करने?

राधा : जब कान सुनना न चाहे तो हर बात ज़ख़्म बन जाती है लेकिन हक़ीक़त यह है कि भारती 28 नवम्बर 1969 की वो मनहूस सुबह मुझे अच्छी तरह याद है। शिवनाथ ने आपके घर का फ़ोन मिलाया। उधर चन्दन ने फ़ोन उठाया। शिवनाथ ने कहा 12.30 और 1.00 बजे के बीच चावड़ी बाज़ार में जहाँ कई मुसलमानों की दुकानें इकट्ठा हैं, सुहाग महल पर मिलो। आज एक बड़ा महोत्सव होगा। दीदी मैंने शिवनाथ के पैर पकड़ लिए और कहा, ऐसा अनर्थ न करो। लेकिन वह मुझे घूँसे-लात मारता चला गया।

ज्ञानमोहन : तुमने भारती को फ़ोन क्यों नहीं किया?

राधा : टेलीफ़ोन डायरेक्टरी में आपका नम्बर ढुँढ़वाने में देर हो गयी तब तक आप अदालत जा चुकी थीं। थोड़ी देर बाद रेडियो पर ख़बर आयी कि दोपहर चावड़ी बाज़ार में विस्फोट हो गया है। चन्दन की मौत हो चुकी थी, घायल पापी शिवनाथ कुछ महीनों बाद यह कहकर "मुझे माफ़ कर देना" अपनी नफ़रत की लपटों में चिता के साथ भस्म हो गया।

(ख़ामोश भारती अपनी कुर्सी में धँस जाती है।

शिवनाथ की पत्नी को सँभाल कर बैठाते हुए रफ़ीक़)

रफ़ीक़ : *(भारती से)* दूसरों के सामने जिसकी आँखों में आँसू नहीं होते सुना है वो तनहाइयों में फूट-फूटकर रोता है। तुम सब कुछ जान चुकी हो। अनजान बनकर ख़ुद को धोखा मत दो। रोज़े ख़ान ने अब तक मर्सी अपील पर दस्तख़त नहीं किये हैं, किसी की नहीं सुन रहा है, मेरी भी नहीं, जान देने पर उतारू है।

(भारती ख़ामोश है।)

ये मर्सी अपील की दरख़्वास्त है। मुझे पूरी उम्मीद है कि इस पर दस्तख़त सिर्फ़ तुम ही करा सकती हो। चलो राधा।

राधा : दो मिनट रुको रफ़ीक़। बात यह नहीं है कि भारती दीदी रोज़े ख़ान से दस्तख़त कराती है कि नहीं, आज सच की परीक्षा है।

रफ़ीक़ : कैसा सच?

राधा : दीदी अब आपको यह फ़ैसला लेना है। भगवान कभी इन्सानों में भी आकर बसते हैं या केवल पत्थरों में ही वास करते हैं।

(रफ़ीक़ और राधा घर से जाते हुए)

ज्ञानमोहन : अच्छा मेरे जाने का वक़्त आ गया है, भारती जाने से पहले सिर्फ़ यह कहना चाहूँगा अब जो भी फ़ैसला लेना, एक वकील की तरह नहीं, बल्कि एक माँ की तरह ही लेना।

(भारती खड़ी हो जाती है, नमस्ते की मुद्रा के बाद अँगूठे और दूसरी उँगली से आँसू रोकती है। ज्ञानमोहन कक्ष से निकलते हैं। काका सामान उठा लेते हैं।)

(सबके जाने के बाद भारती काका को भोजन लगाने के लिए मना कर देती है। काका को सोने को कहती है। टेबल लैम्प के सामने ईजी चेयर पर बैठी भारती जज के फ़ैसले, रोज़े ख़ान की तड़पती आवाज़,

कभी चन्दन की मौत तो कभी सेठ जी की चीख़ों के बीच रफ़ीक़ का लगाव और उसकी जद्दोजहद तो दूसरी तरफ़ एक मजबूर बेसहारा राधा की आवाज़ें भी भारती की आत्मा को जगाकर दूध के रिश्ते से ही सही रोज़े ख़ान को बचाने के लिए और रफ़ीक़ के रोज़े ख़ान के मर्सी अपील पर दस्तख़त कराने की ज़िद।)

(भारती पत्थर की मूर्ति में छिपे भगवान के सामने माथा टेकने पर मजबूर हो जाती है। अचानक ऐडवोकेट भारती माँ के रूप में कुर्सी से खड़ी हो जाती है और काग़ज़ हाथ में उठा लेती है।)

(अपनी मौत के दिनों का इन्तज़ार करता रोज़े ख़ान उसे मौत मिल जाये यह तो क़बूल है लेकिन ख़ुद को गुनहगार मानकर मर्सी अपील करना नहीं चाहता। तभी तिहाड़ जेल में घमण्ड और नफ़रत की दीवार तोड़ती भारती रोज़े से ऐसे मिलना चाहती है कि कहीं वो उसे भी न खो दे।)

दृश्य बारह

(तिहाड़ जेल का दृश्य)

रोज़े ख़ान : *(भारती को देखते हुए)* मुझसे अब क्यों मिलने आयी हो।

भारती : शदीद नफ़रत और दुश्मनी की दीवार को तोड़कर आयी हूँ। ये इतना आसान न था।

रोज़े ख़ान : कल तक अदालत में इस बेगुनाह पर इलज़ामों का अम्बार लगाया जा रहा था तब तुमने मुझे क्यों नहीं पहचाना?

भारती : *(थकी हारी और कमज़ोर आवाज़ में अजीब हँसी के साथ)* 20 साल पहले तुम दूध पीते बच्चे थे न। चन्दन तुझे हटाने की कोशिश करता था। मैं तुझे खींचकर अपने आँचल में समेट लेती थी लेकिन अब तो मुझसे भी लम्बा, बड़ा हो गया है तू!

रोज़े ख़ान : लेकिन फूफी अम्मा तो कुछ और ही कहती थीं, ''आँख में पट्टी बाँध दो तो भी सैकड़ों में माँ अपने बच्चे को पहचान लेती है।''

भारती : फ़ातिमा सही कहती थीं लेकिन मैंने ही शायद तुझे पहचानना नहीं चाहा।

रोज़े ख़ान : क्या आप भी हिन्दुस्तान-पाकिस्तान की अवाम और ऐडवोकेट रफ़ीक़ की नाकाम कोशिश को पूरा करने के लिए वकील से माँ की शक्ल में मुझसे दस्तख़त कराने आयी हैं?

भारती : क्या तू यह चाहता है कि मैं अपनी चिता की लपटों से न मरकर पछतावे की आग से ज़िन्दगी भर जलती रहूँ?

रोज़े ख़ान : मैं जियूँ या मरूँ मेरा मक़सद तो पूरा हो गया है, हाँ फ़र्क़ करने वालों की जीत हो गयी।

भारती : रोज़े ख़ान, मेरे लाडले, मेरे जिगर के टुकड़े, कैसा फ़र्क़, कौन-सा फ़र्क़?

रोज़े ख़ान : एक ऐसा फ़र्क़ जिसे इन्सान और ख़ुदा तो मान लेगा, लेकिन कोई और शख़्स नहीं।

भारती : रोज़े और चन्दन में मैंने तो फ़र्क़ नहीं किया था बेटा, न तो मज़हब, न देश का, इस औरत को लोग जिसे बड़ा दरख़्त समझते हैं, वो जड़ों से सूख चुकी है और इस घने और कँटीले दरख़्त पर छोटी-छोटी चींटियों का क़ब्ज़ा हो चुका है।

रोज़े ख़ान : नहीं, तुम कतई नहीं, जो कभी झुक जाये। जिसके घूरने से गुनहगार डर जाये, जिसकी चीख़ पर वो सच क़बूल कर दे, हिन्दुस्तान के क़ानून की हाफिज़ हो तुम, फिर तुम्हें रोज़े ख़ान कैसे याद आ गया?

भारती : तू कब से चन्दन सा हो गया है? क्या अपनी माँ को रुलायेगा?

(कागज आगे बढ़ाते हुए)

रोज़े ख़ान : मैं तो फ़र्क़ करने वालों से ये कहना चाहता हूँ कि मुझे मेरी जन्नत मिल चुकी है। क्या फ़र्क़ पड़ता है कि मेरी दुनियाबी जन्नत मरियम के पैर के नीचे हो या यशोदा माँ के पैर के नीचे हो। अब जीने की आरज़ू ही कहाँ बची है!

भारती : ठीक है मेरे लाडले तू दस्तख़त नहीं करता तो जा, मैं भी तुझे दूध नहीं बक्शूँगी।

रोज़े ख़ान : अगर एक रहमदिल माँ की ये शर्त है तो ठीक है लेकिन तुझे भी एक वादा करना होगा!

भारती : वादा, कैसा वादा?

रोज़े ख़ान : वैसे तो ये नामुमकिन है लेकिन अगर कभी फिर मैं पैदा हूँ तो इस बार तेरी ही कोख से ताकि जिस हमदर्दी और प्यार के लिए मैं ताज़िन्दगी तड़पा हूँ, तेरी बेलौस मुहब्बत से ये

रिश्ता, 'ग़ुलाम रिश्ता' नहीं आज़ाद रिश्ता बन जाये।

(भारती रोज़े ख़ान को गले लगा देती है। रोज़े ख़ान दस्तख़त कर देता है। भारती मर्सी अपील के साथ प्रस्थान करती है।)

(रोशनी बन्द होकर फिर जलती है।)

(तिहाड़ जेल में रोज़े ख़ान के कक्ष में रफ़ीक़ खड़े हैं, भारती का पुनः प्रवेश)

रफ़ीक़ : तुम्हें बधाई हो आपा! हिन्दुस्तान-पाकिस्तान की तमाम अपील और तुम्हारे माननीय राष्ट्रपति से ख़ुद मिलने के बाद अब रोज़े ख़ान आज़ाद है।

(रोज़े ख़ान की हथकड़ी को खोलता हुआ सिपाही)

भारती : महामहिम राष्ट्रपति का हर आदेश राष्ट्र का गौरव होता है। फाँसी की सज़ा तो माफ़, लेकिन सशर्त, क्योंकि अब मेरे लाडले को तीन दिन में देश छोड़ना होगा।

(रोजे ख़ान दौड़कर भारती से लिपट जाता है।)

रोज़े ख़ान : माँ मैं जाना नहीं चाहता, मुझे रोक लो, कुछ तो करो, तुम एक बड़ी वकील हो।

रफ़ीक़ : किसी घर में अगर दीवार तोड़कर दूसरा दरवाज़ा लगा दिया जाय तब आँगन का बँटवारा भी तय हो जाता है।

भारती : *(रोती-बिलखती)* रफ़ीक़ मुझसे इसकी जुदाई बर्दाश्त नहीं। ये कहता है कि माँ मैं फिर आऊँगा, मुझे चिट्ठियाँ लिखेगा, फिर से मिलना चाहता है। इससे तुम ही कह दो रफ़ीक़ रोज़े ऐसा चाहता है तो मैं भी तैयार हूँ लेकिन वापस पाकिस्तान जाकर अपने वादों को न भूल जाये।

(बोलते-बोलते भारती बैठ जाती है, रोज़े ख़ान बैठकर भारती के दोनों पैरों पर सर रख देता है। दृश्य फ्रीज हो जाता है।)

खिलौनों की बारात

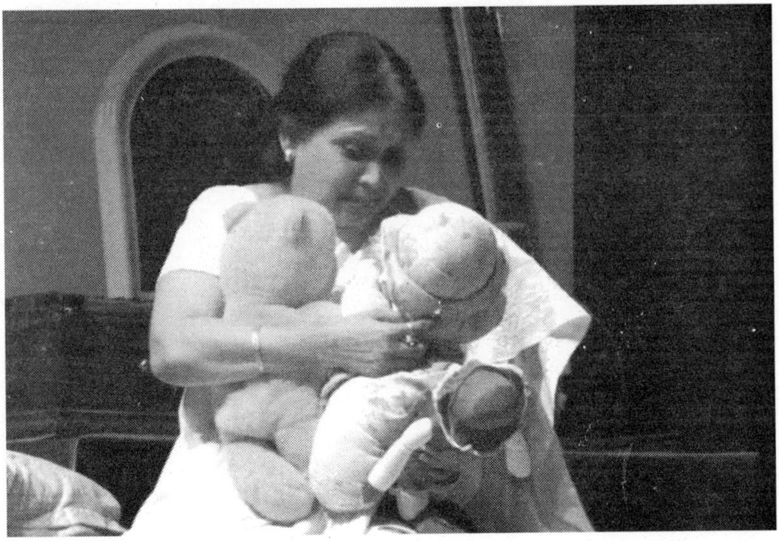

पात्र परिचय

राजा बलपुर राष्ट्र	-	उत्तम नरेश
सूत्रधार	-	रिटायर्ड म्यूज़िक टीचर
मधुमिता	-	मधुमिता का पोता
संजू	-	मधुमिता की पोती
अंजू	-	मधुमिता का भतीजा मुरारी
धीरज की पत्नी	-	किरन
मधुमिता का बेटा	-	धीरज
डाक्टर	-	डाक्टर

दृश्य एक

(मधुमिता का कक्ष, पूरा कक्ष खिलौनों से भरा पड़ा है। बीच की रैक पर जो खिलौने रखे हैं वो देखने में रेल का इंज़न और डिब्बे लगते हैं। हेलीकॉप्टर और प्लेन भी हैं। भिन्न-भिन्न आकार और रंगों के गुड्डे-गुड़िया, चुस्त-दुरुस्त बच्चे, जेंटलमैन, जानवर और पक्षी भी जहाँ-तहाँ सजा कर रखे गये हैं।)

(मंच पर मधुर संगीत के साथ धीमा प्रकाश उभरता है। धीमे प्रकाश में कमरे की सारी चीज़ें बहुत धुँधली-सी दिखायी पड़ती हैं। उसी के साथ तानपूरे पर आलाप लेती मधुमिता जी की छाया दिखायी पड़ती है।)

(मंच के अग्र भाग में प्रकाश वृत्त के भीतर सूत्रधार दिखायी पड़ता है।)

सूत्रधार : नमस्कार! तरक़्क़ी के इस दौर में ज़िन्दगी से वे चीज़ें हटती चली जा रही हैं या हटायी जा रही हैं जिनकी वजह से ज़िन्दगी, ज़िन्दगी बनती है। जिनकी वजह से हम इन्सान कहलाते हैं। दरअसल इन्सान होना अब हमारी अहमियत रही नहीं। अहमियत इस बात की हो गयी है कि कैसी भी हो, पैसा हो, शोहरत हो, ऐशो-आराम हो–बस एक चीज़ ना हो! क्या... मेरी ज़िन्दगी में किसी और का दख़ल ना हो! क्योंकि मेरी ज़िन्दगी मेरी ज़िन्दगी है। मुझमें अपने भले-बुरे की समझ है। किसी के सलाह-मशवरे की ज़रूरत नहीं है।

इन सब बातों की वजह से समाज टूट रहा है। परिवार टूट रहा है। और रिश्तों के वजूद पर कभी ना भरने वाले घाव बनते जा रहे हैं, कुछ लोग इन घावों का दर्द झेल रहे हैं और उन्हें ठीक करने की कोशिश भी कर रहे हैं। जैसे संगीत का दिव्य आनन्द ले रहीं श्रीमती मधुमिता मेहता जी। स्व. जज सुमित वर्मा जी की इकलौती बेटी मधुमिता जी केन्द्रीय विद्यालय में म्यूज़िक टीचर थीं। कुछ साल पहले रिटायर हो गयी हैं। पति अरविन्द मेहता जी का देहान्त हो चुका है। एक बेटा है, बहू है। जुड़वाँ पोता-पोती हैं।

मैंने मोटा-मोटा परिचय दे दिया है। ज़रूरत पड़ी तो फिर नाटक और आपके दरम्यान हाज़िर हो जाऊँगा।

(सूत्रधार का प्रस्थान)

(कमरे में प्रकाश प्रखर हो उठता है। मधुमिता जी संगीत-अभ्यास पूरा कर तानपूरे को किनारे रखती हैं।)

(एक पुराना कपड़ा लेकर खिलौनों को साफ़ करने लगती हैं।)

(संजू और अंजू स्कूल से लौटकर दबे पाँव अन्दर आते हैं। संजू दादी के पीछे पहुँचकर)

संजू : भौं!

(दादी डरती नहीं, उलटे संजू-अंजू की तरफ़ घूमकर ज़ोर से ठहाका लगाती हैं।)

मधु : हा हा हा हा हा हा!

संजू : अरे! दादी आप तो डरी नहीं!!

मधु : संजू! तू क्या दादी को मूर्ख समझता है! वो जो आईना लटका है उसमें अन्दर आने वाले का चेहरा दिखायी पड़ जाता है।

अंजू : आईना न होता तो दादी ज़रूर डर जातीं है ना!

मधु : क्यों डर जातीं!

अंजू : भूत समझकर!

मधु : अरे बेटा! भूत-चुड़ैल भगाना तो मेरे बायें हाथ का खेल है।

संजू : अच्छा दादी ये बताओ, भूत क्या सच में होते हैं?

मधु : नहीं बेटा! भगवान ने अलग से भूत-प्रेत नहीं बनाये! ये इन्सान जो है ना यही कभी-कभी भूत-प्रेत का काम करने लग जाता है।

अंजू : ओ हो ये बात है!

मधु : ये क्या भूत-प्रेत की बात ले बैठे। जाओ कपड़े चेंज करो। लंच करो। फिर अपना होमवर्क करो।

संजू : दादी आज कोई होमवर्क नहीं मिला है। आज आप इन खिलौनों की कहानी बतायेंगी।

अंजू : हाँ दादी! आप कब से टाल रही हैं।

संजू : कई साल हो गये।

मधु : बेटा! जिस दिन मेरा मन कहेगा उस दिन अपने आप बता दूँगी।

अंजू : तो अपने मन से कहिये कि वो आपसे आज कहानी कहने को कहे।

मधु : हा हा हा! वो कह रहा है लंच के बाद कहूँगा।

संजू : ठीक है! हम जा रहे हैं लंच करने...।

(बच्चे भागकर पिछले कमरे में निकल जाते हैं।)

(मुरारी का बैठक में प्रवेश। हाथ में बैग)

मुरारी : *(ज़ोर से)* बुआ जी! ...बुआ जी!

मधु : कौन! *(अपने कमरे से बैठक में आती हैं)* ओहो! मुरारी!

मुरारी : *(पैर छूते हुए)* प्रणाम बुआ जी!

मधु : जीते रहो बेटा! ...बैठो! बैठो! सब ठीक-ठाक है? *(बैठती हुई)*

मुरारी : *(बैठकर)* सब आपका आशीर्वाद है। आपने देख लिया मानो गंगा स्नान से पवित्र हो गये।

मधु : अच्छा-अच्छा! लगा चपड़-चपड़ बातें करने। ये बता भाई साहब कैसे हैं? स्वास्थ्य ठीक है उनका?

मुरारी : एकदम दुरुस्त। जब तक दो लोटा दूध डकार ना लें, तब तक सुबह नहीं होती उनकी। दो मिनट में दो मील नाप देते हैं।

मधु : सब ईश्वर की कृपा है। तुझे अपनी बुआ की याद आ ही गयी।

मुरारी : बुआ जी हमसे ग़लती हो गयी।

मधु : क्या बुआ से मिलने आना ग़लती हो गयी?

मुरारी : नहीं बुआ जी! ग़लती हो गयी थी उसको सुधारने के लिए यहाँ आना पड़ा!

मधु : अच्छा! ग़लती सुधारने के लिए आये हो, हमसे मिलने नहीं आये हो!

मुरारी : ओ हो! बिना ग़लती के माफ़ कर दीजिए बुआ जी! आपसे कौन जीते! हम तो भूल ही गये कि आप मास्टरनी रही हैं।

मधु : हा हा हा! माफ़ किया, अब ग़लती क्या हो गयी थी ये बता!

मुरारी : जब धीरज भैया और भौजी नैनी आये थे तो हम ही उनको गाँव का खेत-खलिहान घुमाये थे। तो लौटते समय धीरज भैया ने कहा था कि दिल्ली आना हम घुमा देंगे।

मधु : अच्छा! तो बुआ से मिलने नहीं बल्कि घूमने के लिए आये हो।

मुरारी : बुआ जी! आपकी वजह से ही हम दिल्ली आ पाये हैं!

आये हैं तो थोड़ा घूमकर दिल्ली का दिल भी रख लें।

मधु : बड़ी मेहरबानी होगी बेटा! दिल्ली तेरा एहसान कभी नहीं भूलेगी।

मुरारी : हा हा हा! मगर बुआ जी! हम भैया-भौजी को ये नहीं बतायेंगे कि हम आपसे मिलने आये हैं। उनको तो हम यही कहेंगे भैया! गँवार मुरारी को दिखा दो दिल्ली का नज़ारा, ज़िन्दगी भर एहसान मानेगा, ये मुरारी तुम्हारा!

(अभिनय के साथ गाता हुआ बताता है।)

(संजू और अंजू प्रवेश करते हैं)

संजू-अंजू : नमस्ते मुरारी अंकल!

(मुरारी चौंक कर अपने पीछे देखने लगता है।)

संजू : पीछे क्यों देख रहे हैं! वहाँ कोई नहीं है।

अंजू : आपसे ही बोला है नमस्ते।

मुरारी : मैं तो किसी का अंकल नहीं हूँ! मैं तो केवल संजू-अंजू का चाचा हूँ।

संजू-अंजू : ओ सॉरी! नमस्ते पूजनीय मुरारी चाचा जी!

मुरारी : जीते रहो प्यारे भतीजा-भतीजी जी!

(डिब्बे से गुड़ निकालकर उनके हाथ में देते हुए)

इसी बात पर खाओ ताज़ा-ताज़ा गुड़!

अंजू : अभी बनाया है क्या?

मुरारी : नहीं तो!

संजू : तो ताज़ा कैसे हो गया?

मुरारी : अरे बेटा! गुड़ एक साल तक ताज़ा ही रहता है।

अंजू : उसके बाद?

मुरारी : उसके बाद वो गुड़ ताज़ा हो जाता है जो एक साल बाद बनता है।

(सब लोग ठहाका लगाकर हँसते हैं)

मधु : अरे तुझे कुछ भूख-वूख लगी है कि नहीं या सूखी गप्पों से पेट भरता रहेगा।

मुरारी : नहीं बुआ जी! गाड़ी से उतरते ही पहले प्लेटफॉर्म पर छक कर खाया। तब आया हूँ।

मधु : क्यों प्लेटफॉर्म पर क्यों खाया!

मुरारी : बुआ जी! आख़िरी डिब्बे में जगह मिली थी बैठने की। रिज़र्वेशन मिला ही नहीं। जब गाड़ी किसी स्टेशन पर रुकती तो हमारा डिब्बा प्लेटफॉर्म से पचास क़दम पीछे। कोई चाय वाला तक तो दिखायी नहीं देता था। इसकी शिकायत मैं सीधे रेल मन्त्रालय से करूँगा।

संजू : आप मेरे साथ चलना! मैं रोज़ रेल मन्त्रालय के सामने से ही स्कूल जाता हूँ।

अंजू : लेकिन अंकल सॉरी चाचा जी! इसमें शिकायत क्या करनी होगी!

मुरारी : यही कि रेलगाड़ी में कोई आख़िरी डिब्बा ना लगाया जाय और अगर लगाना ज़रूरी हो तो कहीं बीच में लगा दिया जाय!

(ख़ुद ही ज़ोर-ज़ोर से हँसने लगता है। सभी ठहाका लगाते हैं।)

मधु : अरे बेवकूफ़ गप्पे हाँकना बन्द कर! मेरा मतलब था, जब घर आ ही रहा था तो प्लेटफॉर्म पर क्यों खा आया?

मुरारी : बुआ जी! भैया-भौजी! दोनों ड्यूटी करते हैं। दोपहर बाद के तीन बजे मुझे कौन खाना खिलाता बनाकर। मैं अपनी प्यारी बुआ जी को किचन में झोंक देता तो गप्पें किससे लड़ाता!

मधु : अब तू मुझको माफ़ कर! मैं हार गयी तुझ गप्पी से!

संजू : दादी! मुझे लग रहा है कि खिलौनों की बारात वाली कहानी आज फिर नहीं हो पायेगी।

मधु : क्यों?

अंजू : क्योंकि आज आपके बहुत बड़े गप्पी खिलौने आ गये हैं।

मधु : तो!

संजू : तो आज हम जाकर खेल लेते हैं। हमारी टीम की बैटिंग टर्न है, सोच रहा हूँ टीम को जिता आऊँ।

अंजू : तो मैं भी अपना बॉस्केट बॉल खेल ही आऊँ। यहाँ बैठकर क्या करूँ? बोलने का तो मौक़ा मिलेगा नहीं!

मधु : हा हा हा! ठीक है। मेरा दिया होमवर्क तो कम्पलीट है ना!

अंजू-संजू : हंड्रेड पर्सेंट!

(दौड़ पड़ते हैं।)

मधु : पानी की बोतल लेते जाना!

अंजू-संजू : *(नेपथ्य से)* जी दादी!

मुरारी : बड़े प्यारे बच्चे हैं। आपका ख़ूब दिल बहलाते होंगे!

मधु : बेटा एक दो साल और बहल पायेगे!

मुरारी : क्यों?

मधु : इनमें से एक को डॉक्टर बनाया जाना है, दूसरे को इंजीनियर! ये तो बाहर निकल जायेंगे अपनी पढ़ाई के लिए!

मुरारी : हूँ! सो तो है!

मधु : अभी भी मेरा इनके साथ जुड़ाव इस घर को बर्दाश्त नहीं होता। फिर तो मेरे पास रह जायेगी केवल मेरे खिलौनों की बारात!

मुरारी : पापा बताते हैं कि आपको बचपन से ही खिलौनों का शौक़ था। वो आपको चिढ़ाने के लिए आपके खिलौने

छिपा देते थे, आप बहुत रोती थीं और दादा जी आपके लिए नये खिलौने ले आते थे।

मधु : हाँ! बाद में भाई साहब छिपाये खिलौने भी दे देते थे।

मुरारी : बुआ! क्या भौजी का रवैया बदला नहीं?

मधु : बेटा! इन्सान का व्यवहार उसकी सोच और सपने तय करते हैं। फर्ज़ और ज़िम्मेदारी पर भी इसी सोच और सपनों का क़ब्ज़ा हो जाता है।

(पल भर की ख़ामोशी)

मुरारी : बुआ मैं हाथ-मुँह धो लेता हूँ।

मधु : अरे पगले मैं अकल से भी बुढ़ा गयी! तुझको पानी तक ना पूछा!

मुरारी : बैठो बुआ! प्यास लगी होती तो मैं ख़ुद बोल देता!

(किरन का प्रवेश)

मुरारी : पाय लागी भौजी!

किरन : रहोगे गँवार के गँवार ही! भाभी नहीं कह सकते!

मुरारी : अरे सॉरी भौजी! मैं तो भूल ही गया था कि हमारी भौजी तो लेक्चरारनी हैं। इसमें तो भाभी नहीं भाभीश्री बनता है! प्रणाम भाभीश्री!

किरन : बातें बनाना तो कोई तुमसे सीखे!... कब आये?

मुरारी : बस आया ही हूँ।

किरन : अचानक कैसे आ धमके?

मुरारी : बस बुआ जी की याद खींच लायी!

मधु : झूठा कहीं का! धीरज ने दिल्ली घुमाने को कहा था इसलिए आया है।

किरन : *(थोड़ा उखड़कर)* घुमाने को कहा था! यहाँ अपने ऑफ़िस का काम निपटाने को तो टाइम नहीं है उनके पास तुमको

घुमाने के लिए बुला लिया।

मुरारी : अरे नहीं! उन्होंने ये थोड़ी कहा था कि वे अपना काम-धन्धा छोड़कर मेरे साथ घूमेंगे। वो तो मुझे सवेरे लिखकर दे देंगे कि आज यहाँ जाना, यहाँ से वहाँ जाना, वहाँ से वहाँ चले जाना, वहाँ से यहाँ चले जाना और यहाँ से यहाँ चले आना... इस तरह तीन-चार महीने में तो दिल्ली घूम ही लूँगा।

किरन : *(हँसते हुए)* ओह! तो तुम तीन-चार महीने तक यहाँ रहोगे!

मुरारी : और क्या! नैनी से अप एंड डाउन करके दिल्ली थोड़े घूमा जा सकता है।

(ख़ुद ही ठहाका लगाता है।)

(सभी लोग हँसते हैं)

किरन : अरे वो बात नहीं है। तुम तो जानते हो, हम दोनों सर्विस करते हैं। नाश्ता भी ठीक ढंग से नहीं हो पाता। लंच बाहर ही करते हैं। डिनर ही कभी-कभी ठीक-ठाक हो पाता है।

मधु : अरे बहू तू क्यों चिन्ता करती है। नाश्ते में क्या करना होता है, ब्रेड पर जैम या बटर ही तो लगाना है। लंच तो मैं ही बनाती हूँ, संजू-अंजू के साथ इसका भी बन जाया करेगा।

किरन : अरे हाँ! संजू-अंजू कहाँ हैं?

मधु : खेलने निकले हैं अभी-अभी।

किरन : आप उनको जब-तब खेलने भेज देती हो। पढ़ाई की तरफ़ से उनका ध्यान हटता जा रहा है। इस तरह ये मेडिकल और इंजीनियरिंग निकाल पायेंगे?

मधु : अरे पढ़ाई-लिखाई भी तो करते ही हैं। मैं चेक करती रहती हूँ।

किरन : कोई फ़ायदा नहीं होता आपके चेक करने से। आपके लाड़-प्यार से दोनों बहुत लापरवाह हो गये हैं। आप उनको अपने से दूर ही रखिये वरर्ना करियर चौपट हो जायेगा उनका।

(धीरज का प्रवेश)

मुरारी : भैया प्रणाम!

(उठकर पैर छूता है)

धीरज : अरे तुम कब आये?

(धीरज के आते ही किरन भीतर चली जाती है)

मुरारी : बस थोड़ी देर पहले!

धीरज : मामा जी कैसे हैं?

मुरारी : दुनिया से बिल्कुल अलग हैं।

धीरज : क्या मतलब?

मुरारी : मतलब ये कि जहाँ दुनिया वाले आज जवानी में भी खटिया पकड़े हैं पिताजी हमारे सत्तर साल की उमर में कुएँ से ख़ुद बाल्टी खींचते हैं।

धीरज : भई नाना जी भले ही जज थे पर मामाजी को तो खेती से ही प्यार रहा। मोटा अनाज खाया, दूध-घी की कभी कमी नहीं हुई, डॉक्टर से हमेशा दूर ही रहे।

मधु : और शहर में तो जिस घर में डॉक्टर न जाता हो, वो घर ही नहीं।

मुरारी : अच्छा! तभी कहूँ रास्ते में दवाई की दुकानों में इतनी भीड़ क्यों थी!

धीरज : बीमारी की मूल जड़ हमारे क़ाबिल डॉक्टर हैं, दवा कम्पनियाँ हैं जो किसी तरह बीमारी और बीमार को अपनी तरफ़ खींच रही हैं। मगर इलाज कुछ नहीं हो पाता।

मुरारी : तब तो मैं यहाँ ज़्यादा दिन नहीं रहूँगा वरना यहाँ के डॉक्टर और दवाइयाँ मुझे भी खींच लेंगे।

(सब ठहाका लगाते हैं।)

दृश्य दो

(किरन और धीरज का शयन-कक्ष, किरन स्लीपिंग गाउन में है। सामने बच्चे खड़े हैं। किरन बच्चों को डाँट रही है।)

किरन : पढ़ाई-लिखाई की ओर बिल्कुल ध्यान नहीं है। ऐसे क्लीयर नहीं कर पाओगे मेडिकल और इंजीनियरिंग। बस दादी से गप्पें लड़ाना या खेलना-कूदना। कपड़ों का अलग से सत्यानाश। जानते हो कपड़े धोने का बिल्कुल टाइम नहीं। मशीन ख़ाली पड़ी हुई है। कपड़े लॉण्ड्री में भेजने पड़ते हैं। इतने पैसे नहीं हैं मेरे पास कि कपड़े हर तीसरे दिन लॉण्ड्री भेजे जायें। तुम्हारे पापा की सैलरी से तो उनके ख़ुद के ख़र्चे नहीं निकल पाते।

(इस दौरान किरन अपने बाल ठीक करती है। हाथ के बैंगल्स उतारती है। चेहरे पर मॉइश्चुराइजर लगाती है।)

डिनर हो गया है?

संजू-अंजू : जी!

किरन : तो जाओ पढ़ो चुपचाप! एंड डोंट गो टु बेड बिफोर 12! ओके!

संजू-अंजू : जी!

(चुपचाप तेज़ी से चले जाते हैं।)

(इस पूरे प्रकरण के दौरान मन्द प्रकाश में मधु जी का कमरा भी दिखाई पड़ता है। मधु जी तानपूरे पर मन्द-मन्द आलाप ले रही हैं। मुरारी मुग्ध होकर सुन रहा है। दोनों की केवल छाया दिखायी पड़ती है।)

(बच्चों के जाते ही किरन आलाप सुनते हुए खिन्न हो जाती है।)

किरन : *(स्वगत)* सोने भी नहीं दिया जायेगा। पता नहीं कौन-से कन्सर्ट की तैयारी हो रही है। यहाँ सुबह सात बजे कॉलेज के लिए जाना होता है। कॉलेज के चक्कर में जिम का टाइम शाम को शिफ्ट करना पड़ा है।

(धीरज का प्रवेश। स्लीपिंग गाउन पहने है।)

किरन : सुनो! दिल्ली जैसी जगह में किसी मेहमान को कितने दिन रुकना चाहिए?

धीरज : क्या मतलब!

किरन : मुरारी तीन महीने के लिए आया है।

धीरज : ओहो! तुम भी बिल्कुल! जानती हो वो बात-बात पर मज़ाक़ करता है।

किरन : मज़ाक़ नहीं है। तुमने बुलाया है उसे यहाँ घुमाने के लिए। मेरे सामने ही कहा था तुमने उससे...जब हम नैनी गये थे।

धीरज : अरे यार! कुछ बातें केवल बोलने के लिए बोली जाती हैं। अगला भी जानता है कि केवल कहने के लिए कहा जा रहा है। मुरारी जैसा आदमी तो ऐसी बातें ख़ूब समझता है। ये तीन दिन नहीं रुक पायेगा यहाँ!

किरन : क्यों?

धीरज : तुम्हारी वजह से।

किरन : क्या मतलब!

(आँखें तरेरकर)

धीरज : मेरा मतलब हमारी वजह से।

(बात बैलेंस करते हुए)

किरन : बहुत अच्छा होगा अगर तीन दिन में चला गया तो।

धीरज : तुम तो ऐसे कह रही हो जैसे कोई आफत आ गयी हो इस घर में।

किरन : ये कुछ दिन रुक गया तो आफत आ ही जायेगी।

धीरज : क्या मतलब?

किरन : जैसे कुछ समझते नहीं। मम्मी मेरे बारे में जहाँ-तहाँ कितना उलटा-सीधा बोलने लगी हैं। जानते नहीं हो क्या! आये दिन अग्रवाल आंटी के यहाँ जाकर पता नहीं क्या-क्या बकती रहती हैं मेरे बारे में। वही सब मुरारी को बतायेंगी। बस पूरे ख़ानदान में चर्चे हो जायेंगे।

धीरज : चर्चे तो वैसे भी चल ही रहे होंगे... मुरारी या मामाजी को मम्मी से तुम्हारे व्यवहार का पता ना होगा।

किरन : क्या व्यवहार है मेरा! क्या ग़लत करती हूँ मैं। मैं ब्लैक एंड व्हाइट ज़माने की बहू नहीं हूँ। टाइम बदल चुका है। मेरी अपनी ज़िन्दगी है। मुझे अपने ढंग से जीने, अपने ढंग से सोचने का पूरा हक़ है!

धीरज : ये तो सभी को है। मगर बड़े-बूढ़ों का भी घर के बच्चों पर हक़ होता है। जज़्बात का रिश्ता होता है उनसे।

किरन : मगर बच्चों पर अपनी बातें लादी नहीं जाती हैं। पुरानी और ऑब्स्लीट वैल्यूज नहीं पढ़ाई जाती हैं।

धीरज : ऐसा मम्मी क्या पढ़ाती हैं, किसको पढ़ाती हैं?

किरन : बच्चों को पढ़ाती हैं! मुझको पढ़ाती हैं।

धीरज : तो तुम मत पढ़ा करो।

किरन : मैं क्यों पढ़ने लगी। मुझे दिक्कत ये है कि वो बच्चों में अपनी सोच में ग्रैब कर रही हैं। इमोशनली ग्रैब कर रही

हैं। बच्चे मुझसे दूर होते जा रहे हैं।

धीरज : किरन, जिस माँ के बच्चे घर में ही उससे दूर होते जा रहे हैं, उस माँ को अपने दिल में भी देख लेना चाहिए।

किरन : *(उद्वेलित होकर)* क्या है मेरे दिल में? ...क्या मैं अपने बच्चों की दुश्मन हूँ।

धीरज : केवल दुश्मनी होने ना होने से अच्छाई-बुराई नहीं हो जाती। और भी बहुत-सी बातें होती हैं इन्सान के भीतर जो उसे अच्छा या बुरा बनाती हैं।

(ड्राअर से वाइन निकालकर पीने लगता है।)

किरन : हाँ होती हैं। और ये केवल माँ के अन्दर ही नहीं होतीं, बाप के अंदर भी होती हैं जो उसे अच्छा या बुरा बनाती हैं। क्या तुम्हारे भीतर एक भी ऐसी बात है जो तुम्हें अच्छा बाप बनाती हो! नहीं ना, मगर मेरे भीतर कुछ भी अगर बुरा है तो वो तुम्हारी वजह से है।

धीरज : मेरे भीतर जो कुछ भी बुरा है तुम्हारी वजह से है। मैंने जो भी ग़लतियाँ की हैं वो तुम्हारी वजह से की हैं। अगर तुम्हारी जगह कोई और होती तो शायद मुझे ग़लतियाँ नहीं करनी पड़तीं।

(वाइन का घूँट लेता है।)

किरन : अपनी ग़लतियों का ठीकरा, मेरे सिर मत फोड़ो समझे। अगर मेरी जगह दूसरी होती तो सब छोड़-छाड़ कर मायके चली जाती, तुम दर-दर की ठोकरें खाते फिरते।

धीरज : देखो मुझे नींद आ रही है। मैं अभी तुमसे बहस नहीं कर सकता। सुबह बात करूँगा।

किरन : हूँ, तुम्हारे उठने से पहले मैं कॉलेज निकल जाऊँगी। बात कब करोगे तुम?

धीरज : *(झटके से उठकर)* तो सुनो अभी, बच्चे तुमसे इसलिए

दूर हो रहे हैं कि तुम ख़ुद उनसे दूर हो रही हो। ख़ुद एक लेक्चरर होते हुए तुम बच्चों की पढ़ाई पर ध्यान नहीं देती हो।... क्योंकि तुम्हें अपने जिम से फुर्सत नहीं है! ब्यूटी पार्लर से फुर्सत नहीं है। पुराने ऑफ़िस के कलीग्स के साथ किटी पार्टी (Kitty Party) से फुर्सत नहीं है।

(फिर वाइन का घूँट लेता है।)

किरन : तो क्या मैं ये पाप करती हूँ। हायर सोसाइटी में सब ऐसा करते हैं। मुझे गँवार नहीं रहना है। मैं हायर सोसाइटी को डिज़र्व करती हूँ। मेरे साथ एडवांस फैमिली की लड़कियाँ-औरतें लेक्चरर हैं। मुझे उनके साथ को-अप करना पड़ता है। मैं किसी ओल्ड फ़ैशन स्कूल की म्युज़िक मास्टरनी नहीं हूँ।

धीरज : ठीक है! बड़ी अच्छी बात है। तुम बिल्कुल ही एडवाँस हो जाओ। मगर याद करो आज से पाँच साल पहले तुमने प्राइवेट कम्पनी की जॉब इसलिए छोड़ी थी कि तुम बच्चों के लिए टाइम नहीं निकाल पा रही हो। टीचिंग जॉब में तुम बच्चों के लिए अच्छे से टाइम निकाल पाओगी! मगर वो टाइम कहाँ जा रहा है?

किरन : ये बताओ बच्चों की परवरिश और देखरेख केवल माँ की ज़िम्मेदारी होती है! बाप की नहीं!!

धीरज : होती होगी! मगर मुझे ऑफ़िस के बाद प्राइवेट काम भी करना होता है। महीने में एक आध बार ही तो टाइम से घर आ पाता हूँ मैं!

(शराब का घूँट पीता है।)

किरन : वो तो सब तुम्हारे कर्मों का नतीजा है। शराब और जुँए का शौक़ पाला था ना!

धीरज : तुम भी तो पार्टी में पीती हो, जुआ खेलती हो!

किरन : हम लोग इंटरटेनमेंट के लिए खेलती हैं। ख़ुद को बर्बाद

नहीं करतीं। तुमने तो ऐसी लत पाली कि सैलरी का एक पैसा भी घर में देना बन्द कर दिया। क़र्ज़े में डूब गये। क़र्ज़ा निपटाने के लिए ऑफ़िस से ग़बन किया। छह महीने से सस्पेंड चल रहे हो। अगर ये बात माँ को पता चल जाय तो हार्ट अटैक हो जाय उनका। ... बता दूँ उन्हें।

धीरज : माँ को ये बताने की क्या ज़रूरत है। और इस सबके लिए अकेला मैं गुनहगार नहीं हूँ। हायर सोसाइटी से को-अप करने के तुम्हारे फितूर की वजह से भटका मैं जुंए की अन्धी गली में। घर में अलग-अलग कार होनी चाहिए। पॉश इलाके में आलीशान मकान होना चाहिए। अपनी इंडिविजुअल आइडेंटिटी होनी चाहिए। और भी न जाने क्या-क्या!

(फिर शराब का घूँट पीता है। लेटकर चादर ओढ़ लेता है)

किरन : मैं अभी भी चाहती हूँ ये सब! इसीलिए मुझे बच्चों को जल्दी से जल्दी डॉक्टर और इंजीनियर बनाना है। मगर क्या करूँ बच्चे मुझसे दूर किये जा रहे हैं...

(ड्रेसिंग टेबल की ड्राअर से जिन का क्वाटर निकालती है। गिलास में डालती है। पानी मिलाकर एक साँस में पी लेती है। तेज़ी से लेटकर चादर ओढ़ लेती है।)

दृश्य तीन

(बैठक का दृश्य। मधु जी डस्टिंग कर रही हैं।)

(मुरारी का प्रवेश)

मधु जी : बड़ी जल्दी लौट आये! कुतुबमीनार देखा?

मुरारी : नहीं बुआ! बीच रास्ते में ही लौट आया।

मधु जी : क्यों भला! घर से तो ऐसे जोश में गये थे जैसे उसमें एक मंज़िल और बनवा आओगे।

मुरारी : बिल्कुल सही कहा आपने! मैं उसी उम्मीद से बस में बैठा मुस्कराता हुआ जा रहा था। बग़ल में बैठे सज्जन ने पूछ लिया—भैया क्या बात है, बड़ा मुस्करा रहे हो। मैंने उन्हें बता दिया कि कुतुबमीनार की आख़िरी मंज़िल बनवाने जा रहा हूँ। उन्होंने कहा क्या बेवक़ूफ़ी की बात कर रहे हो, तुमको पहली मंज़िल भी नहीं चढ़ने दिया जायेगा, आ ख़िरी मंज़िल कैसे बनाओगे। बस मैं अगले स्टॉपेज पर उतरकर लौटती बस से आ गया।

मधु जी : तू कुछ दिन और यहाँ रुक गया तो दिल्ली वाले तेरी गप्पें सुन-सुनकर बेहोश हो जायेंगे।

मुरारी : मुझको भी यही लगता है बुआ। इसीलिए मैंने वापस जाने का रिज़र्वेशन पहले ही करा लिया था।

मधु जी : क्या मतलब?

मुरारी : बुआ मैं आज रात की गाड़ी से वापस लौट रहा हूँ।

मधु जी : ये क्या बात हुई... इतनी जल्दी लौट जाओगे?

मुरारी : बुआ एक हफ़्ता बहुत होता है!

मधु जी : कुछ नहीं होता एक हफ़्ता।

मुरारी : देखो बुआ, एक ही बार लम्बे समय तक रहने से मेहमान घर की मुर्ग़ी हो जाता है... अगर थोड़ा-थोड़ा टाइम के लिए आते-जाते रहे तो मेहमान वी.आई.पी. हो जाता है।

मधु जी : मैं समझ रही हूँ बेटा तुम्हारी बात!

मुरारी : तो आप क्या चाहती हैं आपका भतीजा घर की मुर्ग़ी बने या वी.आई.पी.।

मधु जी : हा हा हा वी.आई.पी.!

मुरारी : फिर मैं आई.ए.एस., पी.सी.एस. तो बन नहीं सकता, आपकी मुराद पूरी करने के लिए तो ऐसे ही वी.आई.पी. बनने दीजिए ना।

मधु जी : हा हा हा हा!

मुरारी : अरे आज तो इतवार है, घर में इतनी सुनसानी क्यों है? भैया-भाभी, बच्चे कहाँ हैं?

मधु जी : बच्चे तो पढ़ रहे हैं, किरन की कुछ तबीयत ख़राब थी। डॉक्टर ने कुछ जाँच कराने के लिए कहा था। वही रिपोर्ट लेकर गये हैं डॉक्टर के पास।

मुरारी : क्या निकला है रिपोर्ट में?

मधु जी : मुझे कुछ नहीं बताया इन लोगों ने बेटा!

मुरारी : ख़ैर अब आते ही होंगे।

मधु जी : नहीं बेटा! वो तो रात में बाहर से ही खा-पीकर लौटेंगे।

मुरारी : क्यों?

मधु जी : आज इतवार है। दोस्तों से मिलने-मिलाने का दिन। कहीं लंच करना होता है तो कहीं डिनर।

मुरारी : ओह तब तो मुलाक़ात नहीं हो पायेगी।

(संजू-अंजू का प्रवेश, थके-थके से लग रहे हैं।)

मधु जी : आओ बेटा आओ।

मुरारी : हे भगवान! ये पढ़ाई तो जान लिये ले रही है आजकल के बच्चों की!

संजू : चाचा जी! आप जब पढ़ते थे तो कितना होमवर्क मिलता था?

मुरारी : तुम होमवर्क की पूछ रहे हो! हम लोग को क्लास में भी कोई वर्क नहीं मिलता था।

अंजू : तो क्या स्कूल बैग नहीं ले जाते थे?

मुरारी : बैग ले जाते थे मगर उसमें किताबें नहीं ले जाते थे।

अंजू : तो क्या ले जाते थे?

मुरारी : गुल्ली-डंडा, कंचे, बॉल...

संजू : चाचाजी! हर बात में मज़ाक़ मत किया करिये। साफ़-साफ़ बताइये।

मुरारी : सॉरी बेटा सॉरी! ऐसा है होमवर्क का बोझ तो हम लोगों पर भी होता था, मगर वो गधे के बोझ के बराबर नहीं होता था।

अंजू : वाह तब कितना अच्छा होता था!

मधु जी : बेटा अब ज़माना बदल गया है। आजकल के बच्चे जीनियस होते हैं। वो सारा बोझ उठा लेते हैं।

संजू : दादी क्या मैं जीनियस हूँ?

मधु जी : तुम दोनों जीनियस हो।

अंजू : कैसे कह सकती हैं आप?

मधु जी : मैं भी तो तुमको होमवर्क देती हूँ ना! मुझको तो पता होगा ही!

अंजू : *(मुरारी से)* देखा चाचा जी! आजकल के बच्चे जीनियस होते हैं।

मुरारी : अच्छा!! तो बताओ! एक ढैया कितना होता है?

संजू-अंजू : क्या???

मुरारी : दो ढैया कितना हेाता है?

संजू : ये क्या बोल रहे हैं?

अंजू : कौन-सी लैंग्वेज़ बोल रहे हैं?

मुरारी : *(खड़ा होकर)* एक ढैया ढैया! दो ढैया पाँच! तीन ढैया साढ़े सात! चार ढैया दस! समझ में आया???

संजू-अंजू : नहीं आया???

मधु जी : हा हा हा! बेटा ये मल्टीप्लीकेशन है! ढैया माने टू एंड हाफ! वन को टू एंड हाफ से मल्टीप्लाई करो कितना होगा?

संजू : टू एंड हाफ!

मधु जी : टू को टू एंड हाफ से मल्टीप्लाई करो तो कितना होगा?

अंजू : फाइव!

मुरारी : बस इसी तरह टेन तक करते जाओ!

संजू : बिना मतलब क्यों करते जायें?

अंजू : जब ज़रूरत पड़ेगी तो कर लेंगे।

मुरारी : *(खड़े होकर ताली बजाते हुए)* वाह! वाह! ख़ुश हो गये चाचा मुरारी! यही है जीनियस बच्चों की समझदारी!

संजू-अंजू : थैंक्यू चाचा जी!

अंजू : दादी अब सुनाइये! खिलौनों की बारात की कहानी!

संजू : हाँ! बाद में मम्मी आ जायेंगी तो दिक्कत हो जायेगी।

मुरारी : हाँ बुआ! सुना दीजिए! मुझे भी ये कहानी पूरी तरह से नहीं मालूम!

(मधुर संगीत)

(मधु जी सुखद स्मृतियों में चली जाती हैं। उठती हैं।)

मधु जी : आओ मेरे साथ!

(बहुत धीमे क़दमों से अपने कमरे की ओर बढ़ती हैं। बाक़ी लोग उसी तरह से उनके पीछे चलते हैं। संगीत बहुत मधुर और स्वप्निल हो जाता है।)

आओ मेरे साथ!

(बहुत धीमे क़दमों से अपने कमरे की ओर बढ़ती हैं। बाक़ी लोग उसी तरह से उनके पीछे चलते हैं। संगीत बहुत मधुर और स्वप्निल हो जाता है।)

(कुछ पलों बाद सब मधु जी के कमरे में पहुँच जाते हैं।)

(कमरे में रखे खिलौने मन्द प्रकाश में चमक उठते हैं।)

मधु जी : खिलौनों की बारात कोई क़िस्सा नहीं, मेरी अपनी ज़िन्दगी का अनुभव है। मेरा अपना मानना है कि बच्चे, बड़े, बूढ़े सब भगवान के बनाये खिलौने होते हैं। मैं अपनी म्यूज़िक क्लास में बैठे बच्चों को खिलौने ही मानती थी। आज भी वे सब मेरे ज़ेहन में खिलौने बनकर मौजूद हैं। सुबह दस बजे जब मैं अपने म्यूज़िक रूम में अकेली ख़ामोश बैठी होती थी तो सीमा, सोमेश, सुभाष, अशफ़ाक़, कल्पना और भी तमाम बच्चे चहकते हुए कमरे में आते थे। मुझे लगता जैसे खिलौनों की बारात चली आयी हो। एक बार अशफ़ाक़ ने एक पोस्टर पर लिखकर म्यूज़िक रूम में चिपका दिया था–''खिलौने खिलौनों को देखकर ख़ुश होते हैं।''

अंजू : इसका क्या मतलब हुआ?

मधु जी : यही मैंने अशफ़ाक़ से पूछा था तो उसने कहा था कि

मैम आप कहती हैं ना बच्चे, बड़े, बूढ़े सब भगवान के बनाये खिलौने हैं इसीलिए लिखा है। मैंने पूछा कौन-सा खिलौना किसको देखकर ख़ुश हो गया तो वो बोला—मैम जब कोई चार-पाँच साल का बच्चा स्कूल बस से घर पर उतरता है तो उसकी माँ उसे देखकर बहुत ख़ुश होकर उसे गोद में उठा लेती है। दोनों एक-दूसरे को देखकर बहुत ख़ुश हो जाते हैं। तो इसका क्या मतलब हुआ? मैंने बहुत ख़ुश होकर अशफ़ाक को जवाब दिया—खिलौने खिलौनों को देखकर बहुत ख़ुश हो जाते हैं।

संजू	:	आपको अशफ़ाक़ की बातें बहुत याद हैं!
मधु जी	:	बेटा! बड़ा प्यारा बच्चा था अशफ़ाक़। मैं उसे कभी नहीं भूल सकती। हज़ारों की भीड़ में आज भी पहचान लूँगी उसे।
मुरारी	:	बुआ आप म्यूज़िक टीचर क्यों बनीं?
मधु जी	:	क्या सवाल पूछा है तुमने! देखो संगीत में तो मेरा बचपन से ही रुझान था। एक दिन पिताजी ने अख़बार में केन्द्रीय विद्यालय के म्यूजिक टीचर की वांट के बारे में बताया, कहा—चाहो तो अप्लाई कर दो। खिलौनों से तुम्हें बहुत लगाव है ही। तुम्हें वहाँ बच्चों के रूप में असली खिलौने मिल जायेंगे। मेरे लिए तो एक पन्थ दो काज वाली बात थी। संगीत भी मिल रहा था खिलौने भी। बस मैंने अप्लाई कर दिया।... मैं म्यूजिक टीचर बन गयी। मगर रिटायरमेंट के बाद मेरे खिलौने मुझसे सदा के लिए बिछड़ गये। उन्हीं की याद में खिलौनों की ये बारात सजायी हुई है। इनको देखकर मैं ख़ुद को उसी दौर में पाती हूँ।

(माहौल बहुत ही भावुक हो उठता है।)

(बच्चे दादी से लिपट जाते हैं।)

(मुरारी दादी के पैरों पर बैठ जाता है।)

(संगीत की मधुरता अपने चरम पर पहुँच जाती है।)

दृश्य चार

(किरन अपने बेड पर तकिये के सहारे लेटी है। बग़ल में तिपाई पर कुछ दवाएँ रखी हैं।)

(किरन छोटे आईने में देखकर अपने बालों पर हाथ फेर रही है।)

(धीरज का प्रवेश, वो बहुत खिन्न है।)

किरन : क्या बात है?

धीरज : माँ अभी भी बहुत नाराज़ हैं। तुम्हारे इस क़दम से उनको गहरा शॉक लगा है।

किरन : ये केवल मेरा क़दम था? तुम भी तो यही चाहते थे।

धीरज : *(पल भर की ख़ामोशी)* समझ में नहीं आ रहा उनको कैसे समझाऊँ! मेरी बातों का कोई असर नहीं पड़ रहा है। वो तुमसे बात करने आ रही हैं।

किरन : मुझे कोई बात नहीं करनी उनसे।

धीरज : हमें एक बार माँ से पूछ लेना चाहिए था।

किरन : कैसी बात करते हो तुम! 38 साल की एज में मुझे इस मामले में किसी से पूछने की क्या ज़रूरत थी!

धीरज : वो माँ हैं!

किरन : मैं भी बच्ची नहीं हूँ। बीस साल के जुड़वाँ बच्चों की माँ हूँ। इतने गैप के बाद तीसरे को जन्म दूँ या ना दूँ इसका

फ़ैसला केवल मैं ही कर सकती हूँ।

(मधु का प्रवेश)

(कुछ पल ख़ामोशी छा जाती है।)

मधु : कैसी तबीयत है अब?

किरन : ठीक है!

मधु : बेटा! अब तो जो हो गया, हो गया! मैं सिर्फ़ एक बात कहना चाहती हूँ तुमसे, कम-से-कम एक बार मुझसे पूछ लिया होता!

किरन : देखिये माँ जी, आप मना भी करतीं तो मुझे ये काम करना ही था। पहले से दो इतने बड़े बच्चे हैं तो इस उम्र में तीसरे को जन्म देने का क्या तुक था?

मधु : चलो मुझसे नहीं पूछा कोई बात नहीं... अपनी आत्मा से ही पूछ लेती... तब तुम ऐसा नहीं करतीं!

किरन : पूछ लिया था आत्मा से!

मधु : झूठ! नहीं पूछा था आत्मा से? वरना ये पाप न होता मेरे घर में! इतने वर्षों तक ठीक रहा। मगर जब जीव उदर में आ ही गया था तो उसकी हत्या क्यों की गयी!

किरन : माँ प्लीज़ थोड़ा प्रैक्टिकल होकर सोचिए! क्या मैं अकेली औरत हूँ जिसने ऐसा किया! आप टीचर रही हैं फिर भी आप इतनी नासमझी वाली बात कैसे कर लेती हैं।!

धीरज : किरन तुम जरा सोच-समझकर बात करो।

किरन : सोच-समझकर ही बात कर रही हूँ। सही बात कर रही हूँ इसीलिए कड़वी लग रही है। मैं लोकलाज को ताक पर रखकर बच्चे को जन्म दे भी सकती थी। मगर जो हुआ उसके पीछे तुम भी बहुत बड़ा कारण हो। सारी बात ओपन करनी पड़ ही जायेगी मुझे।

मधु : क्या मतलब है तुम्हारी बात का?

किरन : मतलब ये है कि घर में एक पैसा भी नहीं है! बच्चों को प्रोफ़ेशनल पढ़ाई करानी है, कैसे करायेंगे! एक नये बच्चे का घर में आना आजकल कितना एक्सपेंसिव है, उसके लिए पैसा कहाँ से आयेगा!

मधु : अरे दोनों लोग सर्विस करते हो, पैसों की क्या चिन्ता है? घर का ख़र्च तो क़रीब-क़रीब मेरी पेंशन से ही चल जाता है।

किरन : इन्होंने सारा पैसा शराब और जुए में उड़ाया है। ऑफ़िस से ग़बन किया है, जेल हो रही थी। जमानत कराने में पैसा बहाना पड़ा। अब छह महीने से सस्पेंड चल रहे हैं।

(मधु अवाक् रह जाती हैं। धीरे-धीरे धीरज की ओर बढ़ती हैं। उसके पास पहुँचकर उसे थप्पड़ जड़ देती हैं। और फिर वहीं पलंग पर बैठ जाती हैं।)

मधु : *(गहरे आघात के स्वर में)* इतना सब हो गया और मुझे पता तक नहीं चला! आख़िर ये सब क्यों हुआ!!

धीरज : ख्वाहिशें! बेलगाम ख़्वाहिशें! ज़्यादा से ज़्यादा ऐशो आराम पा लेने की ख़्वाहिशें! हायर सोसाइटी में शुमार होने का फितूर! इसी के चलते मैं दलदल में धँसता चला गया।

मधु : आख़िर तेरे भीतर ऐशोआराम की हवस कैसे पैदा हुई? क्या मैंने, तेरे बाबूजी ने यही शिक्षा दी थी तुमको?

(किरन से) बहू तुम ये सब जान रही थीं तो मुझे क्यों नहीं बताया तुमने!

धीरज : हवस में इनकी हिस्सेदारी बड़ी है, इसलिए नहीं बताया... उस ग़बन में इनकी भी रजामन्दी थीं इसीलिए नहीं बताया...!

किरन : मैं तुम्हारी बॉस तो नहीं थी जो तुमने मेरे कहने से ग़बन किया! इतने ही मोरल वैल्यू वाले थे तो ना करते।

(मधु जी धीरे-धीरे उठती हैं। संगीत में व्यथा और तनाव

अभिव्यक्त होता है।)

मधु जी : ये मैंने नहीं सोचा था कभी! ऐसे दुर्भाग्य की कल्पना कहाँ करता है कोई!

किरन : इसमें आपका क्या दुर्भाग्य है! जो झेलना है मुझको झेलना है, इसमें आपको टेंशन लेने की कोई ज़रूरत नहीं!

मधु : बहू इस संसार में कोई आदमी अकेला नहीं जी सकता... और वो लोग बड़े भाग्यशाली होते हैं जिनके लिए कोई दूसरा टेंशन लेता है। आदमी अपनी जवानी और बुद्धिमानी के गुरूर में कुछ भी कहता रहे, जहाज़ ....

किरन : मुझे किसी क़िस्म का कोई गुरूर नहीं है। हमारे लिए आप टेंशन ना लें तो बड़ी मेहरबानी होगी।

धीरज : *(बहुत क्रोधित होकर)* तुम चुप रहोगी अब!!

किरन : मैंने ग़लत बोला है क्या? बात मेरी तबीयत के हालचाल से शुरू हुई थी और अब कहाँ पहुँच गयी है। मैं एक मुजरिम बनाकर कठघरे में खड़ी की जा रही हूँ।

धीरज : कितना निगेटिव होती जा रही हो तुम!

किरन : तुम रहो ना पॉजिटिव! तुम बेटे जो हो। बहू की तो पहचान ही है निगेटिव होना।

धीरज : *(बहुत छटपटाकर)* ओह! गॉड...

(बाहर जाने लगता है।)

मधु : यहीं रहो धीरज! *(धीरज रुक जाता है)*

(किरन से) किरन! तुम वही किरन हो ना जो बहू बनने से पहले भी मेरी बेटी जैसी थीं। मेरी सहेली जिसे जन्म देने के दो दिन बाद स्वर्ग सिधार गयी थी। वही किरन जो मेरी शादी होने तक मेरी गोद में पली-बढ़ी थी। वही किरन जिसकी शुरुआती पढ़ाई-लिखाई और परवरिश मेरे ही मायके में हुई थी।

किरन : मैं इस एहसान के तले दबी हूँ माँ!

(कड़वाहट से)

मधु जी : एहसान! माँ-बाप बच्चों की परवरिश करते हैं तो वो एहसान होता है!! आख़िर इतनी कड़वाहट क्यों है तुम्हारे भीतर!

किरन : अगर किये हुए को कहा जाय तो वो एहसान ही होता है।

धीरज : *(सब्र तोड़कर)* माँ ने एहसान जताने के लिए नहीं कहा है ये! मर चुके जज़्बात को ज़िन्दा करने के लिए कहा है!

किरन : ठीक है... तो अब मेरे जज़्बात ज़िन्दा हो चुके हैं।

(पल भर की ख़ामोशी)

मधु जी : दिल को मारकर कभी जज़्बात ज़िन्दा नहीं हो सकते!

(संगीत तीव्र और करुण)

(मधु जी धीरे-धीरे अपने कमरे की ओर बढ़ती हैं।)

(किरन भी मन्द गति से शीशी से दवा निकालकर पीती है।)

(धीरज हताश होकर माँ को देखता हुआ घिसटता सा कुछ क़दम आगे को बढ़ता है। बेडरूम में प्रकाश बहुत मन्द हो जाता है।)

(इस बीच मधु जी अपने कमरे में पहुँचकर पलंग पर बैठकर खिलौनों को निहारती रहती हैं।)

(मधु जी के कमरे में प्रकाश लुप्त होता है।)

(बेडरूम में प्रकाश तीव्र हो जाता है।)

धीरज : आख़िर क्यों तुम्हारे भीतर ऐसी तल्खी है? तुम बड़ों के सामने थोड़ा चुप नहीं रह सकतीं।

किरन : मैं तुम्हारी तरह हिप्पोक्रेट नहीं हूँ। तुम माँ के सामने चुप रहकर ये शो कर रहे थे कि तुम दूध के धुले हो, मैं ही अकेली गुनहगार हूँ।

धीरज : ये बात नहीं है। मैं माँ के दु:ख को बढ़ाना नहीं चाहता था।

किरन : क्या दुख है उनको बताओ। वो चाहती हैं कि मैं उनके लिए एक बच्चे को जन्म दूँ। ये कैसी बेतुकी, एबनॉर्मल इच्छा है उनकी!!

धीरज : माँ को इस बात का एहसास हो गया है कि उनकी ये इच्छा वाजिब नहीं है। उन्हें सिर्फ़ इस बात का मलाल है कि हमने उनसे शेयर क्यों नहीं किया?

किरन : ये क्या बात हुई! शेयर करके क्या हो जाता, होना तो वही था जो हुआ!

धीरज : घर के बुज़ुर्गों को अहमियत दी जाय तो क्या बुरा है! ...उनको इज़्ज़त दी जाय तो क्या बुरा है!

किरन : अगर घर के छोटों को भी इज़्ज़त दी जाय तो क्या बुरा है! ...छोटों की भी रेपुटेशन का ख़याल रखा जाय तो क्या बुरा है!

धीरज : क्या अपने बच्चों से उम्मीद रखना उनकी बेइज़्ज़ती होती है? इसमें उनकी रेपुटेशन ख़राब हो जाती है क्या!!

किरन : मेरे कहने का ये मतलब हो सकता है क्या! इतनी घटिया सोच तुम्हारी हो सकती है मेरी नहीं! तुम समझते हो मैं क्या कर रही हूँ! दुनिया तो इसी भय में है कि बहू की बेटी जैसी इज़्ज़त हो रही है।

धीरज : किरन सुनी हुई बातें पूरी तरह ग़लत होती हैं! माँ ने क्या तुमसे कुछ कहा कभी?

किरन : मुझमें कोई ऐसी बात होती तो कहती ना! मुझ पर बस नहीं चल रहा तो बच्चों को मुझसे दूर किया जा रहा है।

धीरज : ओह गॉड!

(परेशान होकर चारपाई के किनारे बैठ जाता है। ड्राअर से वाइन का क्वाटर निकालता है जिसमें बहुत थोड़ी-सी बची है। उसे गटक जाता है।)

(किरन उसे घूरते हुए चादर ओढ़कर सो जाती है।)

दृश्य पाँच

सूत्रधार : पता नहीं आप लोगों का क्या सोचना हो, पर मेरा अपना विचार ये था कि पति-पत्नी में झगड़ा तभी होता है जब एक सही और दूसरा ग़लत होता है। या दोनों की ग़लतियाँ और कमज़ोरियाँ अलग-अलग हों। पर ग़लतियाँ और कमज़ोरियाँ कॉमन होने पर तो पति-पत्नी में ज़बर्दस्त प्यार होना चाहिए। अगर प्यार हो पाना मुश्किल हो तो कम से कम झगड़ा तो नहीं ही होना चाहिए। मगर धीरज और किरन के मामले ने मुझे अपना विचार बदलने को मजबूर कर दिया। इसी तरह आपसी कमज़ोरियों को मज़बूत करते-करते उनके दो साल और बीत गये। ये बड़ा ही सुखद संयोग था कि संजू और अंजू पहले ही प्रयास में मेडिकल और इंजीनियरिंग में सेलेक्ट हो गये थे। इसमें किसका योगदान रहा होगा, आप समझ ही सकते हैं। संजू पन्द्रह दिन पहले एडमिशन के लिए चला गया है। हॉस्टल में रहने लगा है। अंजू एक घण्टे पहले लखनऊ मेडिकल कॉलेज के लिए स्टेशन मधु जी के साथ जा चुकी है। धीरज उसके साथ गया है। वो अंजू का एडमिशन कराके हॉस्टल में सेटल कराके एक-दो दिन में लौट आयेगा।

किरन उनको सी-ऑफ़ करके लौट रही होगी। मधु जी स्टेशन तक जाना चाहती थीं मगर जा नहीं पायीं। उनके दिल की दुनिया अब लगभग वीरान हो चुकी है। उनके

खिलौनों की बारात उनके साथ है, लेकिन खिलौने बोलते तो हैं नहीं! उनके बोलने वाले खिलौने तो चले गये। मधु जी इस वीरानी से लड़ने के लिए तैयार हो रही हैं—ख़ुद को संगीत में डुबोकर!

(सूत्रधार का प्रस्थान)

(सूत्रधार के प्रस्थान से पहले ही मधु जी अपने कक्ष में तानपूरे पर आलाप लेती हुई दिखाई पड़ती हैं। उनकी केवल छाया दिखाई पड़ती है। साथ में खिलौनों की बारात पर भी मन्द प्रकाश है।)

(सूत्रधार के प्रस्थान के पल भर बाद किरन का प्रवेश)

(किरन बहुत तनाव में है। पल भर के लिए वो बैठक में रुककर इधर-उधर देखती है। फिर उसको मधु जी का आलाप सुनाई पड़ता है। वह तेज़ी से मधु जी के कमरे में जाती है।)

(सेटी पर पर्स पटक देती है।)

(मधु जी चौंक पड़ती हैं।)

मधु जी : अरे बड़ी जल्दी लौट आयी? गाड़ी छोड़ने के पहले आ गयी क्या?

किरन : जी हाँ! मैं गाड़ी छूटने से पहले चली आयी।

मधु जी : क्यों?

किरन : ये बातें छोड़िये... आप ये बताइये माँ आपने टैक्सी ड्राइवर के सामने मेरी बेइज़्ज़ती क्यों की? ऐसा तमाशा किया कि आस-पड़ोस वाले भी खिड़कियों से झाँक रहे थे।

मधु जी : ऐसा क्या ग़लत कह दिया मैंने! मैं अंजू को छोड़ने स्टेशन तक आना चाह रही थी... तुमने कह दिया... टैक्सी में जगह नहीं है, *(बहुत दुखद व्यंगमय आश्चर्य के साथ)* ... आपको स्टेशन तक आना कोई ज़रूरी भी नहीं है...!!!

किरन : ठीक ही तो कहा था मैंने... कपूर साहब की बेटी को भी तो ले जाना था। आप जानती हैं ना... बच्चों के एडमिशन में कितनी फाइनेंशियल हैल्प की है उन्होंने!

मधु जी : अरे वो इतने बड़े आदमी अपनी गाड़ी से भी तो छोड़ सकते थे। टैक्सी में जगह नहीं हो पायेगी, ये तुम उनसे कहतीं!

किरन : उनकी गाड़ी गैराज में थी।

मधु जी : अरे वो ऑटो करके अपनी बेटी को छोड़ने नहीं आ सकते थे?

किरन : ये मैं उनसे नहीं पूछ सकती थी! उन्होंने हमसे कहा तो हमें उन्हें अपने साथ ले ही जाना था, दोनों का लगेज भी था, तब टैक्सी में कैसे जगह हो पाती!... जब संजू गया था तो आपको स्टेशन ले गये थे ना...!

मधु जी : तो ठीक है ना! मैं स्टेशन तक छोड़ने कहाँ गयी!

किरन : मैं कहती हूँ आप टैक्सी वाले से गिड़गिड़ायी क्यों? ...भैया थोड़ी जगह बना लो! सामान सारा ऊपर हुड पर रख दो! मेरी गुड़िया जा रही है... अब पता नहीं कब आयेगी!.... ये लोग तो नहीं समझ रहे हैं तुम तो समझो बेटा!... फिर अंजू को भी इमोशनल कर दिया! गले पड़ गयीं उसके! मेरी गुड़िया! मेरा खिलौना! अब कब आयेगी!... लैटर लिखेगी कि नहीं दादी को...! गाड़ी में बैठने तक अंजू रोती रही है।

और वो टैक्सी वाला ...मुझसे कह रहा था मैडम आपने ग़लत किया... माँ जी को भी लेते आना चाहिए था...दो कौड़ी का टैक्सी वाला मुझे नसीहत दे रहा था।

मधु जी : तुम मेरी जगह होतीं तो तुम्हें मेरा दर्द पता होता... तुम समझतीं कि बच्चे खिलौनों की तरह प्यारे होते हैं!

(किरन का ग़ुस्सा बेक़ाबू हो जाता है)

किरन : ओह आपके खिलौनों ने मेरी ज़िन्दगी को खिलौना बना दिया है! पागल कर दिया है मुझे!

(बेक़ाबू ग़ुस्से में वहाँ सजे खिलौनों को नोचने लगती है, ज़मीन पर पटकने लगती है।)

अब नहीं रहेंगे ये खिलौने यहाँ!... अगर ये रहे तो मैं नहीं रहूँगी!

(फिर उसी तरह खिलौनों को इधर-उधर पटकने लगती है।)

(मधु जी दुखद आश्चर्य के साथ उसे रोकने का प्रयास करती रहती हैं। उनको मानसिक आघात लगता है और वो बेहोश होकर गिर पड़ती हैं।)

(किरन बहुत घबड़ा जाती है।... कुछ समझ नहीं पाती क्या करे! दौड़कर भीतर जाती है। पानी लाकर मधु जी के चेहरे पर पानी के छींटे मारती है। कोई असर नहीं होता। दौड़कर बैठक में जाती है। टेलीफ़ोन डायरी देखकर फ़ोन मिलाती है। फ़ोन नहीं लगता। दुबारा मिलाती है।)

किरन : हैलो! हैलो!

दृश्य छह

सूत्रधार : उस दिन किरन ने ये समझदारी दिखायी कि तुरन्त अपनी एक कलीग टीचर को फ़ोन मिला लिया जिसके हसबैंड की मदद से मधु जी को तुरन्त अस्पताल में भर्ती किया जा सका। मधु जी को गहरा मानसिक आघात लगा था, उनकी याददाश्त चली गयी है। तीन दिन बाद कल मधु जी को हॉस्पिटल से डिस्चार्ज कर दिया गया है। एक बड़े मनोवैज्ञानिक की देखरेख में उनका इलाज शुरू हो रहा है।

धीरज आज सुबह ही लखनऊ से लौटा है। उसे टेलीग्राम से सूचना नहीं दी गयी। उसे आज ही सब कुछ पता चला है। जब से धीरज पहुँचा है तब से किरन के साथ मधु जी को लेकर कुछ न कुछ बहस हो ही रही है।

जब डॉक्टर ने हॉस्पिटल में किरन से बातचीत की तो उन्हें लगा कि कुछ तो है जो ठीक नहीं है। उन्होंने किरन को राय दी कि किसी ऐसे व्यक्ति को मधु जी के सामने लाया जाय जो मधु जी से बहुत घुला-मिला हो। जिसके साथ मधु जी की बहुत आत्मीयता हो जिससे मधु जी की याददाश्त वापस आने में बड़ी मदद मिल सकती है। डॉक्टर के बहुत ज़ोर देने की वजह से किरन ने न चाहते हुए भी मुरारी का नाम ले लिया। तुरन्त टेलीग्राम भेजा गया—"Bua Ji calling you, Rest is ok"

तो मुरारी भी पहुँचने ही वाला होगा। डॉक्टर साहब भी पहुँच रहे होंगे, वो मुरारी से बात करने ही आ रहे हैं। हाँ, अब मैं आपके सामने आऊँगा, तो सूत्रधार नहीं किरदार के रूप में आऊँगा।

(सूत्रधार का प्रस्थान)

(बैठक में किरन बेचैन सी बैठी है। प्रकाश बहुत मंद है।)

(मधु जी अपने कमरे में लेटी छत की ओर एकटक देख रही हैं।)

(धीरज मधु जी की दवाओं को टेबल पर तरतीब से रख रहा है।)

(धीरज तेज़ी से बैठक में आता है।)

धीरज : *(किरन से)* मेरी समझ में ये नहीं आ रहा है कि ऐसा कैसे हो गया? तुम ज़रूर कुछ छुपा रही हो।

किरन : छुपाने से मुझे क्या मिल जायेगा! ये जो हुआ है, वो संजू और अंजू के साथ माँ के ओवर अफेक्शन की वजह से हुआ है।

धीरज : ग़लत! कोई ओवर अफेक्शन नहीं है। हर बुज़ुर्ग अपने पोते-पोती को इतना ही प्यार करता है।

(पल भर की ख़ामोशी)

...किरन! हम लोगों को ये भी एक्सेप्ट करना चाहिए ना, अगर ओवर अफेक्शन है भी तो हम लोगों की वजह से है।

(कुछ पलों की ख़ामोशी)

...लेकिन तुम बता रही थीं कि टैक्सी के चलने से पहले माँ भीतर चली गयी थीं...और तुम जब घर पहुँचीं तो भजन गा रही थीं।

किरन : तो??

धीरज : तो इसका मतलब माँ अंजू-संजू के चले जाने की वजह से बहुत परेशान नहीं थीं। अगर थीं भी तो उन्होंने ख़ुद को नॉर्मल कर लिया था। बेहोश तो वो तुम्हारे खिलौने तोड़ने पर हुई थीं! तुम्हीं ने बताया ये।

किरन : हाँ यही हुआ था! वो खिलौने तोड़ने पर बेहोश हुई थीं क्योंकि वो एब्नॉर्मिलिटी में जीती हैं। खिलौनों से उनका ऐसा लगाव एब्नॉर्मिलिटी ही है।

(ग़ुस्से में उठकर भीतर जाने लगती है।)

धीरज : और खिलौने तोड़ना तुम्हारी एब्नॉर्मिलिटी है!

(ग़ुस्से में उठकर किरन को रोकते हुए)

(लम्बी ख़ामोशी, किरन ग़ुस्से से बेचैन होकर वापस सोफ़े पर बैठ जाती है।)

(धीरज भी मुँह घुमाकर बैठ जाता है।)

(संगीत वातावरण को अतिशय तनावपूर्ण बना देता है।)

(तभी दरवाज़े की घण्टी बजती है।)

(दोनों सशंकित होते हैं।)

(धीरज दरवाज़ा खोलता है।)

(किरन भी उठ जाती है।)

(मुरारी का प्रवेश)

(मुरारी धीरज के पैर छूता है।)

मुरारी : भैया प्रणाम!

(किरन को देखकर)

भाभी प्रणाम!

(मुरारी धीरज और किरन को सशंकित देखकर तनावग्रस्त होता है।)

मुरारी : क्या हुआ? बुआ जी ठीक तो हैं?

किरन : हाँ ठीक हैं! बस थोड़ी तबीयत ख़राब है।!

मुरारी : *(आरोप के स्वर में)* थोड़ी तबीयत ख़राब होने पर टेलीग्राम भेज दिया?

(पल भर की ख़ामोशी)

किरन : ...नहीं! डॉ. ने कहा कि कोई ऐसा हो जो माँ जी से बहुत घुला-मिला हो तो उसको बुला लीजिए।

धीरज : अब बच्चों का तो अभी एडमिशन हुआ है बाहर, उनको तो बुला नहीं सकते थे। तो किरन ने तुम्हें ही टेलीग्राम कर दिया।

(मुरारी पल भर के लिए धीरज और किरन को सशंकित दृष्टि से देखता है। फिर मधु जी के कमरे की ओर जाने लगता है।)

धीरज : माँ अभी सो रही हैं। थोड़ी देर में डॉक्टर आ रहे हैं चेक करने के लिए।

मुरारी : *(तनिक अप्रसन्नता से)* भैया साफ़-साफ़ बताइये, बुआ जी को हुआ क्या है?

धीरज : *(पल भर की ख़ामोशी)* उनको कोई मेंटल शॉक लगा है!... जिससे उनकी ...याददाश्त चली गयी है।

मुरारी : *(अचम्भित होकर)* क्या?... ऐसा क्या हो गया कि उनको मेंटल शॉक लग गया!

(किरन और धीरज बेबस से एक-दूसरे को देखने लगते हैं।)

धीरज : ...ऐसा है जब मैं संजू का बी.एच.यू. में एडमिशन कराने गया था तब तो माँ स्टेशन तक छोड़ने आयी थीं मगर इधर जब अंजू को लखनऊ छोड़ने गया तो माँ स्टेशन तक नहीं आ पायी थीं।

मुरारी : तो इतने में उनको मेंटल शॉक लग गया और उनकी याददाश्त चली गयी!

किरन : अब इमोशनल तो वो बहुत हैं तुम जानते ही हो!

मुरारी : मुझसे ज़्यादा तो आप जानती हैं। आप भी बचपन से ही उनको बहुत अच्छी तरह से जानती हैं। बताइये जानती हैं या नहीं?

किरन : जानती क्यों नहीं!

मुरारी : तो फिर! जब इतना जानती हैं तो उन्हें आप स्टेशन तक क्यों नहीं ले गयीं?

किरन : अंजू की सहेली को भी ले जाना था तो टैक्सी में जगह नहीं हो पा रही थी!

मुरारी : तो आप घर पर रह जातीं!

धीरज : ये कैसे हो सकता था! टैक्सी से सामान उतारने में, गाड़ी तक ले जाने में, ट्रेन पर चढ़ाने में किरन हेल्प कर सकती थी, माँ थोड़ी कर सकती थी! माँ के साथ तो दिक्कत ही होती थी!

मुरारी : वो दिक्कत मेंटल शॉक से बड़ी दिक्कत होती क्या? आप कुली कर सकती थीं!

किरन : *(तुनककर)* ये किसको पता था कि इतनी सी बात पर उनको मेंटल शॉक लग जायेगा।

मुरारी : यही तो मैं कह रहा हूँ बुआ जी जैसी जीवट वाली महिला को इतनी सी बात पर मेंटल शॉक लग जायेगा? ... क्या हुआ है यहाँ... मुझे साफ़-साफ़ बताइये!

किरन : *(आपा खोकर)* क्या मतलब है तुम्हारा! तुम पुलिस हो! सी.बी.आई. जाँच करने आये हो! हमको जेल भिजवाओगे!!

धीरज : किरन!... कैसी बात कर रही हो!

(पल भर का सन्नाटा)

मुरारी : कुछ गड़बड़ ज़रूर है! *(स्वगत)*

(डोरबेल बजती है।)

किरन : लगता है डॉक्टर साहब आ गये!

(किरन दरवाज़े पर जाती है। डॉक्टर भीतर आते हुए)

डॉक्टर : आप मिसेज़ किरन!

किरन : जी!... आप!

डॉक्टर : मैं डॉ. सिंह का सीनियर असिस्टेंट हूँ। उन्होंने ही भेजा है।

(कार्ड देता है।)

किरन : अरे आइये! प्लीज़ बैठिये!

(धीरज और मुरारी भी नमस्कार करते हैं।)

किरन : ये मेरे हसबैंड धीरज!...

धीरज : और ये मेरे ममेरे भाई मुरारी! नैनी से आये हैं।

डॉक्टर : ओह हाँ! डॉ. सिंह ने मुझे बताया था उन्होंने इनको बुलवाया है।... कब आये आप!

मुरारी : आप से कुछ ही देर पहले!

डॉक्टर : देखिये, डॉ. सिंह को अचानक कलकत्ता जाना पड़ गया। उन्होंने ये केस मुझे सौंप दिया है। आपके लिए ये लैटर दिया है।

(लैटर आगे बढ़ाता है। धीरज लैटर लेकर पढ़ता है।)

उन्होंने कहा है कि कन्फर्म करने के लिए आप उन्हें फ़ोन कर सकती हैं।

किरन : नहीं डॉक्टर साहब इसमें कन्फर्म करने की क्या बात है?

डॉक्टर : थैंक यू!

(धीरज लैटर किरन को पकड़ा देता है।)

किरन : थैंक यू तो हमें बोलना चाहिए डॉक्टर साहब आप दोनों को। उन्होंने आप जैसे क़ाबिल डॉक्टर को ये केस सौंपा और आपने एक्सेप्ट किया।

धीरज : बिल्कुल!

डॉक्टर : मैडम! वो मेरे सीनियर हैं। मैं मना थोड़ी कर सकता था!...चलिये मैं पेशेंट को देख लूँ।

धीरज : जी! अभी तो सो रही हैं!

अशफ़ाक़ : तो बात नहीं करेंगे! केवल देख ही लेंगे।

धीरज : ठीक है, आइये।

(धीरज डॉक्टर को माँ के कमरे तक ले जाता है। डॉक्टर हाथ के इशारे से धीरज को वापस जाने के लिए कहता है।)

(धीरज धीरे-धीरे वापस बैठक में आता है।)

(बैठक में प्रकाश लुप्त हो जाता है। मधुमिता जी के कक्ष में प्रखर हो उठता है।)

(डॉक्टर धीरे-धीरे मधु जी की ओर बढ़ता है। उनके चेहरे को देखते ही चौंक पड़ता है। क्षण भर अवाक् रहने के बाद धीरे-धीरे पलंग पर बैठता है। मधुमिता जी के हाथ पर अपना हाथ रख देता है। कमरे में इधर-उधर देखता है। उसकी दृष्टि खिलौनों पर पड़ती है। उसके अन्तर्मन में स्कूल जीवन की प्रार्थना गूँजने लगती है।)

(अशफ़ाक़ ऐसे खड़ा हो जाता है, जैसे स्कूल में बच्चे प्रार्थना के लिए खड़े होते हैं। आँखें बन्द कर लेता है।)

(नेपथ्य से बच्चों के समूह का गायन सुनायी पड़ता है।)

वह शक्ति हमें दो दयानिधे,

कर्तव्य मार्ग पर डट जायें।

पर सेवा पर उपकार में हैं हम,

निज जीवन सफल बना जायें।

(आँखें खोलकर दरवाज़े पर आता है। धीरज को पुकारता है।)

डॉक्टर : मि. धीरज! आप लोग ज़रा इस कमरे में आ जाइये!

(बैठक में हलकी रोशनी होती है। धीरज, मुरारी और किरन मधु जी के कमरे में आते हैं।)

अशफ़ाक़ : देखिये, मुझे कुछ इन्ट्यूशन हुआ कि इलाज शुरू करने से पहले मैं ऊपर वाले को याद कर लूँ। अचानक बचपन में स्कूल के दिनों की एक प्रार्थना याद आ गयी। मुझे पता चला कि ये स्कूल टीचर रही हैं। हम सब लोग इनके बच्चे ही हैं। चलिये इनके लिए सब मिलकर प्रार्थना की दो लाइन कह दें। आप लोगों ने भी गायी होगी वो प्रार्थना... वह शक्ति हमें दो दयानिधे...!

धीरज : मेरा ख़याल है सभी ने गायी होगी!

अशफ़ाक़ : चलिये गाते हैं। हो सकता है प्रार्थना सुनकर मधु जी जाग जायें। मुझे ये भी पता लग जायेगा कि जो दवाएँ चल रही हैं उनका कितना असर हो रहा है!

(अशफ़ाक़ प्रार्थना शुरू करता है। लोग साथ में गाने लगते हैं।)

वह शक्ति हमें दो दयानिधे,

कर्तव्य मार्ग पर डट जावें।

पर सेवा पर उपकार में हम,

निज जीवन सफल बना जावें।

वह शक्ति हमें...

मधु जी : *(लेटे लेटे ही ज़ोर से)*...अंजू-संजू चलो पढ़ाई करने के लिए बैठो! होमवर्क कर लिया तुम लोगों ने! प्रार्थना ही गाते रहोगे! पढ़ोगे नहीं!

(डॉ. सबको चुप रहने का इशारा करता है।)

किरन : देखा! मैंने कहा था डॉ. सिंह से! इनको बच्चों के जाने से मेंटल शॉक लगा है। ये लोग मेरी बात सुनते ही नहीं!

डॉक्टर : हाँ! डॉ. साहब ने मुझे बताया है कि आपने ऐसा कहा है। कारण जो भी रहा हो, हमारा काम है मरीज़ को ठीक करना। हाँ कारण का पता होना तो ज़रूरी होता ही है। उसी से ट्रीटमेंट का डायरेक्शन डिसाइड होता है।

(सब लोग डॉक्टर की बात को ध्यानपूर्वक सुनते हैं।)

किरन : कारण तो बिल्कुल साफ़ पता चल रहा है डॉ. साहब। इसी के अकार्डिंग ट्रीटमेंट शुरू कर दीजिए।

मधु जी : *(पुनः नींद में बड़बड़ाती हैं।)*

धीरज देखो कोई औरत आ रही है मुझे मारने के लिए! भगाओ इसे... ये मार डालेगी मुझे!

(सब लोग बेचैन होते हैं। धीरज मधु जी के हाथों को थामता है। मुरारी तुरन्त मधु जी के पैरों को हिलाते हुए)

मुरारी : बुआ जी! बुआ जी! यहाँ कोई नहीं है।

(मधु जी शान्त जो जाती हैं। लेकिन ज़ागती नहीं।)

डॉक्टर : अब इससे तो ये लग रहा है कि किसी ऐसी औरत के ख़ौफ़ से इन्हें शॉक लगा है जिसे ये जानती भी नहीं! ज़रूर आप लोगों की एबसेंस में कोई औरत इनसे मिलती रही और किसी न किसी बात के लिए इन्हें थ्रैट देती रही। जिसको मधु जी आपसे शेयर नहीं कर पाती थीं।

धीरज : नहीं ऐसा कतई नहीं हो सकता। हमारी एबसेंस में ऐसी कोई भी औरत इनसे नहीं मिलती थी।

डॉक्टर : मगर इन्होंने अभी ऐसा ही बोला!

किरन : मतलब ये हुआ कि किसी औरत की थ्रेटनिंग की वजह से इनको शॉक नहीं लगा।

धीरज : जी बिल्कुल!

डॉक्टर : इसी तरह ये सच मानना भी मुश्किल है कि बच्चों के जाने

की वजह से इनको शॉक लगा। याददाश्त चले जाने पर आदमी के सबकान्सेस में और एपीरेंट बातों में हमेशा कोई लिंक नहीं बन पाता।

मुरारी : डॉ. साहब मुझे क्यों बुलाया गया है यहाँ!

डॉक्टर : वेरी सिम्पल! ये बात तो आप सभी लोग जान लीजिए कि मेरे सीनियर डॉ. सिंह ने मुझे इस मामले में बहुत सारी बातें बता दी हैं। जहाँ तक आपको बुलाने की बात है, वो ये है कि आपका पेशेंट के साथ और पेंशेंट का आपके साथ गहरा इमोशनल अटैचमेंट रहा है। हो सकता है आपको देखकर, आपसे बात करके पेशेंट की याददाश्त लौटने में कुछ मदद मिल जाये।

(धीरज से)

वैसे इनके जागने का समय क्या है?

धीरज : कभी भी जग जाती हैं।

डॉक्टर : जागती हैं तो आपसे कोई बात हो पाती है?

किरन : बात करती हैं मगर पहचान नहीं पाती हैं। कल ही कह रही थीं कि जब तक मेरी तबीयत ठीक न हो तुम अपने घर न जाना।

धीरज : मैं तो आज सुबह ही लखनऊ से लौटा हूँ। मैं जब मिला तो जाग रही थीं। मैंने प्रणाम किया! बोलीं, जीते रहो धीरज! तुम्हें ख़बर लग गयी मेरी तबीयत की। कितने दिन की छुट्टी लेकर आये हो?

डॉक्टर : *(मुरारी से)* आपसे कोई बात हुई?

मुरारी : मैं तो अभी आपके साथ कमरे में आया हूँ!

डॉक्टर : अच्छा! *(धीरज और किरन से)* आप लोग जाइये! अपना-अपना काम कीजिए। मैं मुरारी जी से कुछ बात करूँगा।

(धीरज और किरन पल भर के लिए ठिठकते हैं)

मैं आप सभी लोगों से अलग-अलग बात करूँगा।

(इसी बीच मधु जी जागने लगती हैं। डॉक्टर का ध्यान उन पर जाता है।)

मि. मुरारी! आप भी अभी जाइये। मैं पेशेंट से बात करूँगा अकेले में!

(सभी लोग चले जाते हैं)

मधु जी : *(जागकर)* विमला! पानी दो!

(डॉक्टर टेबल पर रखे पानी के जग से पानी निकालकर मधु जी को पानी पिलाता है।)

मधु जी : *(पानी पीने के बाद)* विमला कहाँ गयी?

अशफ़ाक़ : वो किचन में काम कर रही हैं!

मधु जी : तुम कौन हो?

डॉक्टर : मैं डॉक्टर हूँ।

मधु जी : यहाँ क्यों आये हो?

अशफ़ाक़ : आपकी तबीयत ख़राब है इसलिए आया हूँ। आपका हालचाल लेने आया हूँ। आपका इलाज करने आया हूँ।

मधु जी : कब से कर रहे हो मेरा इलाज?

डॉक्टर : जब से आप बीमार हुई हैं।

मधु जी : तो कुछ इलाज कर पाये कि नहीं?

डॉक्टर : हाँ हाँ! क्यों नहीं! अब आप पहले से कुछ बेहतर हैं। आपके बेटा-बहू आपकी बहुत अच्छी देखभाल कर रहे हैं।

मधु जी : अच्छा! मुझे तो पता ही नहीं चल पाता!

डॉक्टर : हाँ! वे लोग समझते हैं कि आप उनसे नाराज़ हैं।

मधु जी : क्यों?

डॉक्टर : आप उनको पहचानने से इनकार कर देती हैं ना!

मधु जी : झूठ! मैं सबको पहचानती हूँ।

डॉक्टर : अच्छा! आपकी बहू का क्या नाम है?

मधु जी : कौन बहू? धीरज की वाइफ!

डॉक्टर : जी!

मधु जी : किरन! किरन है उसका नाम! पता नहीं कब से नहीं देखा उसको! किसी चुड़ैल को घर में ले आयी, ख़ुद पता नहीं कहाँ ग़ायब हो गयी!

डॉक्टर : ग़ायब कहाँ है! वो तो यहीं है। आपकी देखभाल वही तो कर रही है।

मधु जी : तो मेरा बेटा क्या कर रहा है?

डॉक्टर : वो तो आज ही लखनऊ से लौटे हैं।

मधु जी : बताओ, मेरी तबीयत इतनी ख़राब है और वो लखनऊ घूम रहा है!

डॉक्टर : वो लखनऊ घूमने थोड़ी गये थे, वो तो आपकी पोती अंजू का एडमिशन कराने गये थे।

मधु जी : *(उन्मादित होकर)* अरे हाँ डॉक्टर याद आया! जब ये लोग अंजू को स्टेशन छोड़ने गये थे उसी के कुछ देर बाद एक चुड़ैल घर में घुस आयी थी। उसी ने मेरे प्यारे खिलौनों को तोड़ डाला!

डॉक्टर : *(ज़ोर से आवाज़ लगाकर)* मि. धीरज! मि. मुरारी जल्दी आइये!

(तुरन्त ब्रीफ़केस से एक प्यारा खिलौना निकालकर मधु जी को दिखाते हुए। धीरज, मुरारी और किरन कमरे में आ जाते हैं।)

ये है आपका खिलौना! किसी ने नहीं तोड़ा आपका खिलौना।

मधु जी : *(चीख़ते हुए)* ऐ मत तोड़ो मेरे खिलौने! भागो यहाँ से!

धीरज : *(माँ को कसकर पकड़ते हुए)* माँ! शान्त होइये! यहाँ कोई नहीं है जो खिलौने तोड़ रहा है।

मुरारी : बुआ जी! शान्त होइए! बुआ जी!

(इसी बीच डॉक्टर इंजेक्शन तैयार कर मधु जी की बाँह पर लगाता है। मधु जी धीरे-धीरे शान्त होकर लेट जाती हैं। इस दौरान मुरारी का ध्यान सारे खिलौनों पर जाता है। वह खिलौनों की रैक के पास जाकर नीचे से एक टूटा खिलौना उठाता है और किरन की ओर देखता है।)

दृश्य सात

सूत्रधार : उस दिन इंजेक्शन देने के बाद मधु जी को अच्छी नींद आ गयी थी। मि. धीरज, मिसेज़ किरन और मुरारी जी से मैंने अलग-अलग बात कर ली थी बहुत डिटेल में। धीरज जी और किरन जी की सोच, एम्बिशंस और डेली रुटीन के बारे में बहुत जानकारी ले ली। थोड़ी कोशिश ज़रूर करनी पड़ी थी मगर मुझे मधु जी के साथ इनके रिलेशंस के बारे में भी पता लग चुका था। इस तरह मेरे लिए मधु जी का इलाज काफ़ी आसान हो गया। हालाँकि ये डिमेंशिया, मोटे तौर पर मेमोरी लॉस का कॉम्प्लीकेटेड केस था, जिसकी जड़ें बहुत गहरी थीं।

क़रीब एक हफ़्ता बीत चुका था। मुरारी की तीमारदारी से तो मधु जी को फिज़िकली बहुत आराम मिल चुका था। धीरज और किरन जी नियमित रूप से अपने काम पर जाने लगे थे।

पर मुझे मिसेज़ किरन के व्यवहार और बातचीत ने बड़ी उलझन में डाल रखा था। वे तीसरे दिन से पूछने लगी थीं कि माँ कब तक ठीक हो जायेंगी। कल तो उन्होंने यहाँ तक कह दिया कि अगर आपकी समझ में नहीं आ रहा है तो डॉ. सिंह को इनफॉर्म कर दीजिए। उनसे पूछिये वो कब तक आ रहे हैं... या किसी और को लगा दें।

मैंने उनसे कहा, मैडम मैं सर्दी-जुकाम का इलाज नहीं कर रहा हूँ।

अब मैं किरन जी को कैसे समझाऊँ। मैं किसी और के हाथ में ये केस जाने ही नहीं दूँगा जब तक कि मधु जी की याददाश्त न लौट आये।

(मुरारी मधु जी के कमरे में है। मधु जी अभी-अभी सोयी हैं। मुरारी उनको चादर उढ़ाता है। बैठक में जाता है। जैसे ही वह बैठक में पहुँचता है किरन भी कॉलेज की मीटिंग में जाने के लिए तैयार होकर बैठक में आती है।)

मुरारी : भाभी मुझे आपसे एक बात करनी है।

किरन : जल्दी करो! मुझे मीटिंग के लिए देर हो रही है।

मुरारी : आज तो संडे है।

किरन : कॉलेज की इम्पोर्टेंट मीटिंग्स के लिए संडे का ही टाइम निकलता है।

मुरारी : ओह! भैया कहाँ चले गये आज!

किरन : सब कुछ तो तुम जान ही चुके हो!... किसी फर्म के अकाउंट्स का काम देखते हैं संडे को। तभी ख़र्चा चल पाता है। इधर माँ के इलाज का अलग बर्डन आ गया है। ये सब तो करना ही पड़ेगा।

मुरारी : हाँ भाभी! स्थिति तो विकट है ही! चलिये, आप लोग इस स्थिति को समझ रहे हैं और अपनी कमज़ोरियों को दूर कर रहे हैं।

किरन : मेरी क्या कमज़ोरी? मैंने जो किया, अपना स्टेटस मेनटेन करने के लिए किया।

मुरारी : चलिये छोड़िये। अब इन बातों में क्या रखा है? मैं ये कहना चाह रहा था कि मैं भी अब यहाँ ज़्यादा दिन नहीं रुक पाऊँगा। मेरा भी काम प्राइवेट ही है। ज़्यादा रुकने पर नुक़सान हो जायेगा।

किरन : तो तुमने आते ही ये बताना चाहिए था।

मुरारी : आते ही बताने का मौक़ा कहाँ था!

किरन : तो कहना क्या चाह रहे हो?

मुरारी : देखो! आप और भैया जी तो इतना बिज़ी रहते हो। बुआ जी की देखभाल यहाँ हो नहीं पायेगी। मैं सोच रहा हूँ, आज डॉ. साहब से बात कर लूँ। अगर पॉसिबल हो तो मैं बुआ जी को अपने साथ नैनी ले जाऊँ। वहाँ देखभाल करने के लिए काफ़ी लोग हो जायेंगे।

किरन : ह्वाट रबिश यू आर टॉकिंग! वो लगातार डॉक्टर के सुपरविजन में है...

मुरारी : इसीलिए तो कह रहा हूँ कि डॉ. साहब से कन्सल्ट कर लूँ...अगर वो अलाऊ करें तो...और ये भी हो सकता है कि इलाहाबाद में कोई अच्छा क़ाबिल डॉक्टर हो सकता है जिसका ट्रीटमेंट चलाया जा सके वहाँ!...

किरन : ...अच्छा! ताकि अपने सोशल सर्किल में हमारी क़ायदे से बदनामी हो जाय! बेटा बहू के पास बीमार माँ की देखभाल का टाइम ही नहीं था। बुढ़ापे में मायके लाना पड़ा देखभाल के लिए...

मुरारी : भाभी, आप हमेशा बात को ग़लत ले जाती हो!...

किरन : ग़लत ही सही, पर होगा तो यही! और मैं तो हमेशा से ग़लत हूँ ही! पूरा घर मेरी ग़लतियों से बर्बाद हुआ! मैंने माँ के खिलौने तोड़े इसलिए उनको शॉक लगा! डॉक्टर, तुम, धीरज और उधर मामाजी सब यही मान रहे हैं।

मुरारी : तो क्या ऐसा है नहीं?

किरन : मैं मान तो चुकी हूँ ऐसा हुआ! क्या अख़बार में डिक्लेयर कर दूँ!

मुरारी : भाभी, अपनी ग़लती को ग़ुस्से में नहीं ठण्डे दिल से

स्वीकार किया जाता है। तभी माना जाता है कि ग़लती स्वीकार की गयी है।

किरन : थैंक्स फॉर योर काइंड इनफ़ॉर्मेशन! ठीक है। तुम्हें जाना है तो जाओ! मैं विमला को बुला लूँगी, मैं अपने ऊपर और इलज़ाम नहीं ले सकती।

मुरारी : मैं तुरन्त जाने की बात नहीं कर रहा हूँ। मैं तीन-चार दिन और यहाँ रुक सकता हूँ। इस बीच डॉक्टर साहब भी कुछ कन्फर्म बता ही देंगे।

किरन : मुझे नहीं लगता कि ये डॉक्टर जल्दी ठीक कर पायेंगे माँ को। इस तरह कब तक चलता रहेगा। मैं डॉ. सिंह का फ़ोन नं. लेकर उनसे बात करूँगी डॉ. चेंज करने के लिए। ऐसे तो पता नहीं हमें कब तक दूसरों का एहसान लेना पड़ेगा।

मुरारी : मैं दूसरा नहीं हूँ। अगर हूँ भी तो कोई एहसान नहीं कर रहा हूँ। ये मेरी बुआ जी हैं।

किरन : सॉरी मैंने तुम्हें हर्ट किया। मगर अब मैं ये गिल्ट बर्दाश्त नहीं कर सकती! तुम्हें कल जाना हो तो आज चले जाओ। आज मीटिंग में मैं लीव के लिए एप्लीकेशन दे दूँगी। भले ही मुझे लीव विदाउट पे मिले। मैं कल से घर पर बैठूँगी जब तक कि कोई इन्तज़ाम नहीं हो जाता।

मुरारी : देखिये भाभी, इस तरह बात करके आप मेरे भीतर गिल्ट पैदा कर रही हैं। ये आप ठीक नहीं कर रही हैं।

किरन : मैं तो बेसिकली बहुत ग़लत इन्सान हूँ ना! मैं कोई ठीक बात कैसे कर सकती हूँ!

(बहुत ही तनाव और आक्रोश में बाहर चली जाती है।)

(मुरारी बहुत खिन्न और दुखी होकर कुछ पल दरवाज़े की ओर देखकर सोफ़े पर पसर जाता है।)

(डॉक्टर का प्रवेश)

डॉक्टर : क्या बात है? ...किरन जी बहुत ग़ुस्से में जा रही थीं। मुझसे कहा कि मुझे आपसे बात करनी है शाम को ज़रूर आइयेगा। मैं कुछ कहता तब तक ऑटो चल दिया।

मुरारी : इनको लगता है कि आप ठीक से इलाज नहीं कर पा रहे हैं।

डॉक्टर : क्या मैं फ़ीस ले लूँ तो अच्छा डॉक्टर बन जाऊँगा! देने पर मैं फ़ीस भी नहीं लेता। लेकिन मैं भी नहीं समझ पा रहा हूँ कि ये इतनी इम्पेशेंट क्यों हैं?

मुरारी : इनको दरअसल ग़ुस्सा दिखाने का कोई न कोई बहाना चाहिए। ग़ुस्सा इनके लिए टॉनिक का काम करता है।

डॉक्टर : मुरारी जी! ग़ुस्से में आदमी काम ज़रूर तेज़ी से करता है पर ग़ुस्सा टॉनिक नहीं ज़हर है। बात दरअसल ये है कि अगर लम्बे समय तक सपनों और प्रैक्टिकल लाइन के बीच फ़ासला बना रहता है तो निगेटिविटी आदमी का स्वभाव बन जाता है।

मुरारी : जब आदमी ने सपनों तक पहुँचने के लिए निगेटिव रास्ता ही चुना हो तो...

डॉक्टर : फिर ये स्वभाव बीमारी में बदल जाता है। वैसे बात क्या हुई है?

मुरारी : मैंने कहा, मैं ज़्यादा दिन तक यहाँ नहीं रह पाऊँगा। अगर डॉक्टर साहब अलाऊ करें तो मैं बुआ जी को नैनी ले जाऊँ। हो सकता है इलाहाबाद में ही कोई क़ाबिल डॉक्टर मिल जाय।

डॉक्टर : तो उन्होंने क्या कहा?

मुरारी : बिफर पड़ीं, मैं डॉक्टर को ही बदल दूँगी। तुम अभी चले जाओ। मैं माँ को नहीं भेजूँगी। अब मैं अपने ऊपर और इलजाम नहीं ले सकती।

डॉक्टर : ओह! *(गम्भीर मुद्रा में)* तो बात इस मोड़ पर आ गयी है!

मुरारी : ...किस मोड़ पर?

डॉक्टर : जल्दी ही पता चल जायेगा! ...आइये! मधु जी से मिलते हैं।

(दोनों मधु जी के कमरे की ओर बढ़ते हैं।)

(मधु जी के कमरे में प्रकाश प्रखर हो उठता है।)

(मधु जी हारमोनियम के सामने बैठी हैं। हारमोनियम बजाने के लिए खोला है।)

(मुरारी और डॉक्टर, मधु जी के कमरे में पहुँचकर चौंकते हैं।)

डॉक्टर : अरे वाह! मैडम! आप तो बिल्कुल ठीक हो गयीं। हारमोनियम बजा रही हैं।

मधु जी : अरे तबीयत ख़राब होने से इतने दिन स्कूल नहीं आ पायी! आज आयी तो बच्चे मेरे म्यूज़िक रूम में आ ही नहीं रहे हैं। आते ही सारेगामा का अभ्यास कराती!...

डॉक्टर : आप अपने स्टूडेंट्स को बहुत प्यार करती थीं! है ना!

मधु जी : आपने कैसे जाना!

डॉक्टर : देखिये, आपकी तबीयत ख़राब थी! आप कई दिनों से घर पर पड़ी हैं। मैं आपका इलाज कर रहा था। मगर आप अपने ख़यालों में अपने स्कूल के म्यूज़िक रूम में पहुँच गयीं। तो बेड से उठीं। और जहाँ पर हारमोनियम रखा है उसे म्यूज़िक रूम समझ लिया!... आइये बेड पर बैठिये!

(डॉक्टर और मुरारी मधु जी को सहारा देकर बेड पर बिठाते हैं।)

मधु जी : तुम लोग कौन हो!

डॉक्टर : मैं डॉक्टर हूँ! आपका इलाज कर रहा हूँ। ये आपके भतीजे मुरारी हैं। कई दिनों से ये भी यहाँ हैं।

मधु जी : ये क्यों आये हैं?

मुरारी : बुआ! आपकी तबीयत ठीक नहीं है! हालचाल लेने आया हूँ।

मधु जी : अच्छा! मैं तुम्हारी बुआ हूँ।

मुरारी : जी!

मधु जी : मुझे क्या हुआ है? ये तो बताओगे कोई?

डॉक्टर : आप एक दिन गिर गयी थीं। आपके दिमाग़ में चोट आयी जिससे आपकी याददाश्त चली गयी। लेकिन अब आपको बहुत चीज़ें याद आने लगी हैं।

मधु जी : कैसे?

डॉक्टर : इलाज से।

मधु जी : अच्छा इसका मतलब है कि तुम अच्छे डॉक्टर हो!

डॉक्टर : मगर केवल इलाज से कुछ नहीं होता! मरीज़ की अच्छी सेवा भी होनी चाहिए तभी वो जल्दी ठीक होता है। मुरारी जी ने और आपके बेटे-बहू ने आपकी बहुत अच्छी सेवा की। तभी आप जल्दी ठीक हो रही हैं।

मधु जी : ये तो आज ही आया है। इसकी सेवा से कैसे ठीक हो गयी?

मुरारी : बुआ मैं तो एक हफ़्ते से भी ज़्यादा टाइम से यहाँ हूँ।

मधु जी : एक हफ़्ता! तू जनवरी के हफ़्ते में आ गया था!

डॉक्टर : मैडम जनवरी तो महीना होता है।

मधु जी : तो हफ़्ते का नाम क्या होता है...!

डॉक्टर : हफ़्ते का नाम तो नहीं होता उसमें दिन होते हैं। सात दिनों का एक हफ़्ता होता है।

मधु जी : अरे तो दिनों का तो नाम होगा... तू किस दिन आया?

मुरारी : मैं मंगलवार को आया था!

डॉक्टर : मंगलवार तो समझ रही हैं आप!

मधु जी : हाँ एक मंगलवार होता है...और...

डॉक्टर : और!

मधु जी : बुधवार होता है...इतवार होता है और मईवार... नहीं-नहीं मईवार नहीं होता है...मई तो कुछ और... हाँ! मई तो महीना होता है....

(डॉक्टर और मुरारी का चेहरा खिल उठता है।)

डॉक्टर : अरे आपको तो सब याद आ रहा है!

मधु जी : तुम लोगों ने चाय वग़ैरह पी! विमला... ऐ विमला...

मुरारी : विमला हम लोगों को चाय पिलाकर, चौका निपटाकर चली गयी!

मधु जी : यहाँ और भी लोग रहते हैं... मगर नाम याद नहीं आ रहा है।

डॉक्टर : और लोग कौन? आपके बेटा-बहू ही तो रहते हैं! धीरज जी और किरन जी!

मधु जी : किरन क्या यहीं रहने आ गयी है!

मुरारी : वो तो शुरू से यहाँ रह रही हैं!

मधु जी : कुछ बच्चे भी तो यहाँ रहते थे... वो कहाँ चले गये!

डॉक्टर : आपका पोता और पोती! वे बाहर चले गये डॉक्टरी और इंजीनियरिंग की पढ़ाई के लिए!

मधु जी : हाँ! मुझको उनका नाम याद है ना चेहरा!

डॉक्टर : वो भी बहुत जल्दी याद आ जायेगा!

(मुरारी से)

सुबह की दवा सफ़ेद और शाम को गुलाबी ही तो दे रहे होगे?

मुरारी : जी!

डॉक्टर : मैडम! आपको भूख तो ठीक-ठाक लगती है।

मधु जी : हाँ! मैं तो बचपन से ही ख़ूब खाती-पीती हूँ।... अच्छा तुम लोग अब बातें बन्द करो! मुझे नींद आ रही है।

मुरारी : ठीक है। आप सोइये! हम लोग बैठक में जा रहे हैं।

(मधु जी लेटती हैं। मुरारी उनको चादर ओढ़ाता है।)

(दोनों बैठक में आते हैं। मधु जी के कमरे में प्रकाश लुप्त होता है। बैठक में प्रखर होता है।)

(डॉक्टर और मुरारी बैठक में आकर धीमी आवाज में बात करते हैं।)

डॉक्टर : मि. मुरारी! जल्द ही मैडम की पूरी याददाश्त लौट आयेगी आप एक हफ़्ते तक यहाँ रुक जाइये।

मुरारी : ठीक है!... भाभी का नेचर ठीक होता, तो ये केस ही ना होता!

डॉक्टर : ग़लत! जो हुआ है वो केवल किरन जी के नेचर की वजह से ही नहीं हुआ है। उसमें धीरज जी का भी उतना ही रोल है। मधु जी कई सालों से उन दोनों के लाइफ स्टाइल, वैल्यूज को लेकर परेशान रही होंगी। किरन जी का नेचर और बिहेवियर उसी परेशानी को कैटेगराइज किया होगा! हिस्सेदारी तो धीरज जी की भी बराबर की है।

(तभी धीरज प्रवेश करता है।)

मुबारक हो धीरज जी! मधु जी की याददाश्त लौट रही है।

दृश्य आठ

सूत्रधार : उस दिन शाम को मैं किरन जी के कहने पर उनसे मिलने आया। किरन जी ने मुझसे डॉ. सिंह का नम्बर लिया और उनसे बात की। डॉक्टर बदल देने के लिए रिक्वेस्ट की। डॉक्टर साहब ने उन्हें साफ़ मना कर दिया। उनसे कहा पेशेंट की जो रिपोर्ट मुझे मिल रही है वो बहुत ही पॉजिटिव है। इसलिए डॉक्टर बदलने की कोई ज़रूरत नहीं।

मैं किरन जी के मूड और बिहेवियर को लेकर डॉक्टर साहब से डिटेल में बात कर चुका था। किरन जी के मन में ये बात घर कर गयी थी कि हर बात के लिए उनको ही दोषी ठहराया जाता है। उन्हें गिल्ट का एहसास कराया जाता है। इसीलिए वो हर बात का निगेटिव रिएक्शन देने लगीं।

इन्हीं सब बातों के बीच मुझे इस बात का एहसास होने लगा कि मिसेज़ किरन के भीतर उनका अतीत एक गुबार के रूप में इकट्ठा हो रहा है।

(तभी फ़ोन की घण्टी बज उठती है।)

डॉक्टर : अरे किसी का फ़ोन आ रहा है?

(तेज़ी से विंग्स के पीछे चला जाता है।)

(किरन बैठक में प्रवेश करती है।)

किरन : हैलो!... संजू! क्यों बार-बार फ़ोन कर रहे हो... बता दिया

कि दादी दवा खाकर सो रही हैं।

संजू : *(स्पॉट में)* सुबह से अभी तक सो ही रही हैं।... आप ज़रूर कुछ छुपा रही हैं मम्मी! जब से मैं यहाँ आया हूँ दादी से बात नहीं हो पायी है।

किरन : दशहरे की छुट्टी में आना तो दस दिन बात कर लेना दादी से।

संजू : दशहरे में तीन दिन की छुट्टी होगी केवल!

किरन : तो तीन दिन भी कम नहीं होते...और सुनो! वहाँ दोस्ती-यारी के चक्कर में ना पड़ना! अपनी पढ़ाई पर फोकस करना!

संजू : दोस्ती-यारी कैसे हो पायेगी! अभी तक तो रैगिंग ही चल रही है!...

किरन : कोई दिक्कत तो नहीं है?

संजू : सबसे बड़ी दिक्कत तो ये है कि एक महीने से गर्दन नीचे करके चलना पड़ा है। अब सीधी नहीं हो रही है।

किरन : ...अरे! ये तो बहुत ग़लत हो रहा है! मैं तुम्हारे पापा को भेजती हूँ वहाँ! एडमिनिस्ट्रेशन से शिकायत की जायेगी।

संजू : पापा के आने की कोई ज़रूरत नहीं है।

किरन : क्यों?

संजू : डेढ़ सौ लड़के-लड़कियों की गर्दन टेढ़ी हुई है केवल मेरी नहीं। किसी के भी पापा नहीं आ रहे हैं।

किरन : तो चलो कुछ दिन और बर्दाश्त कर लो।

संजू : दादी जागीं कि नहीं?

किरन : नहीं!

(संजू खिन्न होकर फ़ोन रख देता है। बिलिंग मशीन की आवाज़ आती है।)

(स्पॉट लुप्त हो जाता है।)

(किरन थोड़ा अफ़सोस के साथ रिसीवर रख देती है।)

(स्पॉट लुप्त होता है।)

(एक अलग स्पॉट पर सूत्रधार दिखाई पड़ता है।)

सूत्रधार : दादी से बात करने के लिए जितना बेचैन संजू था उतनी ही अंजू भी। वो भी हर इतवार कई बार फ़ोन करती थी!

(स्पॉट लुप्त)

(स्पॉट में अंजू टेलीफ़ोन पर बात करती दिखाई पड़ती है।)

अंजू : पापा! आप कब से यही कर रहे हैं। जब से यहाँ आयी हूँ दादी से बात नहीं कर पायी। जल्दी बुलाइये दादी को या वहाँ का नम्बर दीजिए।

धीरज : बेटा! दादी नैनी गाँव के इलाके में है। वहाँ फ़ोन बहुत कम लग पाता है।

अंजू : इतने दिनों से दादी वहाँ क्यों है?

धीरज : दादी दस साल बाद वहाँ गयी थीं। लोग और रुकने के लिए ज़िद करते जा रहे हैं।

अंजू : उन लोगों से कहिये हमारे यहाँ चले आयें जिस-जिसको भी दादी से मिलना हो!

धीरज : बेवकूफ़! यहाँ उतने लोगों का रहना, खाना-पीना कैसे होगा! अब ज़्यादा दिन की बात नहीं है, अगले हफ़्ते तक दादी आ जायेंगी।

अंजू : ठीक है, तब तक मैं संडे को दिन भर दादी से बात करूँगी।

धीरज : ये सब बातें छोड़ो... ये बताओ पढ़ाई ठीक चल रही है... मेस में खाना ठीक मिल रहा है।

अंजू : हाँ, खाना तो ठीक मिल रहा है! पढ़ाई ठीक से चलने में अभी टाइम लगेगा!

धीरज : आजकल क्या चल रहा है।

अंजू : रैगिंग चल रही है!

धीरज : ओह गॉड! बेटा कोई दिक्कत तो नहीं?

अंजू : नहीं पापा! मेरी रूममेट का कजिन थर्ड ईयर में है इसलिए हम लोगों को कोई परेशानी नहीं हो रही है।

धीरज : अच्छा बेटा! अभी फ़ोन रखो!... मुझे ज़रा बाहर जाना है! टेक केयर!

(फ़ोन रखता है। प्रकाश लुप्त होता है।)

(अंजू निराश होकर फ़ोन रख देती है। बिलिंग मशीन की आवाज़)

(प्रकाश लुप्त होता है।)

सूत्रधार : धीरज को कहीं जाना नहीं था। उन्होंने केवल अंजू को टालने के लिए ऐसा कहा! आज इतवार है। मैंने दोनों को घर पर रहने के लिए ही कहा है। मुरारी भी अभी यही हैं। बीते हफ़्ते मधु जी में बहुत सुधार आ गया है। उन्हें टुकड़ों-टुकड़ों में चीज़ें याद आ रही हैं मगर वो उनके बीच मेल नहीं बिठा पा रही हैं।

किरन जी जो हमेशा एंगर और इरीटेशन में रहती थीं, इधर कुछ डिप्रेस्ड-सी दिखाई पड़ रही हैं। मगर धीरज कुछ बेचैन से रहने लगे हैं।

(सूत्रधार पर प्रकाश लुप्त होता है।)

(मधु जी के कमरे में प्रकाश प्रखर होता है।)

(मुरारी मधु जी को दवा देता है। किरन फल की प्लेट लाकर रखती है और चली जाती है।)

(बैठक में धीरज डायरी पर कुछ लिख रहा है।)

(डोरबेल बजती है।)

मधु जी : देखो! कोई आया है!

मुरारी : धीरज भैया हैं वहाँ!

(इस बीच धीरज दरवाज़ा खोलने जाता है।)

मधु जी : धीरज तो लखनऊ गया है संजू को छोड़ने!

मुरारी : संजू को नहीं अंजू को छोड़ने गये थे। बहुत पहले आ गये थे।

(इस बीच डॉक्टर और धीरज बैठक में दाख़िल हो जाते हैं। सीधे मधु जी के कमरे में जाते हैं। डॉक्टर के पास बड़ा सा ब्रीफ़केस है।)

(मुरारी अभिवादन करता है।)

डॉक्टर : मैडम नमस्कार!

मधु जी : कौन?

डॉक्टर : मैं डॉक्टर!

मधु जी : तुम मेरा पीछा कब छोड़ोगे?

डॉक्टर : मैं आपका पीछा कहाँ कर रहा हूँ। मैं तो आपका हालचाल लेने आपके पास आया हूँ।

मधु जी : ये तुम्हारे साथ के डॉक्टर हैं?

डॉक्टर : ये तो आपके बेटे धीरज हैं।

मधु जी : हाँ! इसकी शक्ल धीरज से हूबहू मिलती है।

डॉक्टर : ये धीरज ही हैं।

मधु जी : आज कौन-सा वार है?

डॉक्टर : इतवार!

मधु जी : इतवार का दिन काटना बड़ा मुश्किल हो जाता है।

डॉक्टर : क्यों?

मधु जी : बाक़ी दिन तो स्कूल में बच्चों की चहलक़दमी रहती है। इतवार को घर में सूनापन खाने को आता है।

डॉक्टर : अरे सूनापन कैसा? आपके इतने बच्चे आपके आसपास हैं।

मधु जी : तुम लोग उन बच्चों जैसे थोड़ी हो। वो तो खिलौनों की पूरी बारात की तरह मेरे म्यूज़िक रूम में आते हैं।

डॉक्टर : चलिए एक दिन उन सबको घर में बुला लेते हैं।

मधु जी : वो घर में भी थे डॉक्टर! मेरे घर में भी खिलौनों की पूरी बारात थी!...*(खिलौनों की रैक की ओर देखकर)* ये यहाँ बैठी रहती थी।... अब तो दो-चार ही दिखायी पड़ते हैं। पता नहीं कहाँ ग़ायब हो गयी!

डॉक्टर : मैम मुझे पता चल गया था कि आप अपने खिलौनों को मिस कर रही हैं। इसलिए मैं आज ढेर सारे खिलौने लेकर आया हूँ।

(ब्रीफ़केस खोलकर एक-एक करके खिलौने मधु के बेड पर रखता है।)

(मधुर संगीत बजने लगता है।)

(मधु जी उन खिलौनों को बड़े ग़ौर से देखने-टटोलने लगती हैं।)

(मुरारी और डॉक्टर भी ग़ौर से देखते हैं।)

(इस बीच डॉक्टर धीरज के कान में कुछ कहता है।)

(धीरज तेज़ी से निकलकर दूसरे कमरे में जाता है।)

डॉक्टर : मुरारी जी! आप इन खिलौनों को एक-एक करके इनकी जगह लगा दीजिए।

(मुरारी खिलौने लगाना शुरू करता है।)

(धीरज किरन को बैठक में लाता है।)

(डॉक्टर बैठक में आता है।)

(डॉक्टर किरन और धीरज को कुछ समझाता है जो तीव्र संगीत में सुनायी नहीं पड़ता है।)

(मुरारी का खिलौने लगाना जारी है।)

(डॉक्टर मधु जी के रूम में आता है। मुरारी से कुछ कहता है जो संगीत में सुनायी नहीं पड़ता है। डॉक्टर बचे खिलौने लगाता है।)

(मुरारी आश्चर्य व्यक्त करता बैठक में धीरज और किरन के पास आता है। किरन सिर पकड़कर सोफ़े पर बैठी है।)

(मुरारी इशारे में किरन को कहता है कि डॉक्टर साहब भीतर बुला रहे हैं। किरन असमंजस में है। धीरज उसे ज़बर्दस्ती भेजता है।)

(डॉक्टर खिलौने लगा चुका है। वो मधु जी की ओर मुस्कराता हुआ बढ़ता है। बड़ी देर से चल रहा संगीत मन्द होता है।)

मधु जी : ये आ गयी मेरे खिलौनों की बारात!

(तभी किरन तेज़ी से रूम में प्रवेश करती है। खिलौनों को देखकर)

किरन : ये खिलौने किसने लगा दिये यहाँ! ये तो मुझे फिर से पागल कर देंगे! हटाओ! इनको यहाँ से हटाओ!

(खिलौनों की तरफ़ बढ़ती है। तभी मधु जी चीख़ पड़ती हैं।)

मधु जी : किरन! खिलौनों को हाथ मत लगाना किरन!

(उठकर किरन के पास जाकर उसे पकड़ लेती है।)

मधु जी : *(ज़ोर से)* किरन नहीं!

डॉक्टर : मत हटाइये किरन जी खिलौनों को!

(किरन रुक जाती है।)

(मधु जी हतप्रभ होकर डॉक्टर को देखती हैं। उसकी ओर धीरे-धीरे बढ़ती हैं। काँपते हाथों से उसके चेहरे को टटोलती हैं। उनके चेहरे पर अद्भुत ख़ुशी छलक पड़ती है।)

(करुण संगीत उभरता है।)

(अब तक धीरज और मुरारी भी भीतर आ चुके हैं।)

(मधु जी को इस तरह डॉक्टर के चेहरे को टटोलते देख आश्चर्य व्यक्त करते हैं।)

मधु जी : अशफ़ाक़! ...मेरा प्यारा बच्चा अशफ़ाक़!

(मधु जी अशफ़ाक़ के कन्धे पर अपना सिर टिका देती हैं। अशफ़ाक़ उन्हें सहारा देकर पलंग पर बिठा देता है। ख़ुद उनके क़दमों में फ़र्श पर बैठ जाता है।)

मधु जी : बेटा! कितने सालों बाद तुम्हें देख रही हूँ...

(धीरज और मुरारी दोनों के पीछे खड़े हो जाते हैं। किरन दूर खिलौनों की रैक के किनारे खड़ी है।)

मधु जी : तुम डॉक्टर हो गये हो!... तुमने मेरा इलाज किया...!

अशफ़ाक़ : मैम! मैं जो कुछ भी हूँ, आपकी वजह से हूँ। मेरा नाम स्कूल से कट जाने के बाद आपने प्रिंसिपल से लड़-झगड़कर दुबारा नाम न लिखवाया होता तो मैं टूट जाता और अँधेरे रास्तों में चल पड़ता।... लेकिन उसके बाद मेरे ज़ेहन में पढ़ाई का जुनून पैदा हो गया। बोर्ड के बाद तो पिताजी का ट्रांसफ़र हो गया। मैं जिस स्कूल में भी गया उसी जुनून से पढ़ता रहा!... मेडिकल में टॉप किया। मुझे अमेरिका में बहुत ही अच्छा ऑफर मिल रहा था! मगर मैं दौलत और शोहरत की ओर नहीं भागा। बचपन में आपकी दी हुई शिक्षा मेरी रगों में समा गयी। अपने देश में रहकर ही ज़रूरतमन्दों की सेवा की जाय। मैं सरकारी डॉक्टर हो गया। ज़िन्दगी की सारी ज़रूरतों को पूरा करने के लिए तनख़्वाह बहुत है। सो नौकरी से जो वक़्त मिलता है उसमें मानसिक बीमारियों का मुफ़्त इलाज करता हूँ।

मैडम! मैं कितना ख़ुशनसीब हूँ जिसने मेरी ज़िन्दगी बनायी उसके कुछ काम आया। अपनी माँ जैसी टीचर के लिए औलाद जैसा फ़र्ज़ निभा पाया।

मधु जी : हे भगवान! मेरा ये दूसरा बेटा! शुरू से मेरे घर में होता तो ये घर इन्सानों का घर बना रहता! दौलत और ऐशोआराम के लिए अन्धी सुरंग में उतरते पागलों का घर न बन पाता।

अशफ़ाक़ : मैम प्लीज़!... ऐसी बातें मत कीजिए... रिलैक्स रहिये... वर्ना दिक्कत हो सकती है।

मधु जी : नहीं अशफ़ाक़! कोई दिक्कत नहीं होगी। मैं ख़ुद को इतना मज़बूत महसूस कर रही हूँ जितना कभी नहीं रही!... बस एक बात मेरे दिल में कौंध रही है... तुम मेरे सगे बेटे नहीं थे... केवल स्कूल में छात्र थे... और तुमने अपनी ज़िन्दगी में मेरी सीख को उतारा, मगर जो मेरी सन्तान थी... उसने क्या किया...।

अशफ़ाक़ : नहीं मैम धीरज जी और किरन जी अपनी सोच पर बहुत पछता रहे हैं।

मधु जी : नहीं बेटा! मुझे किरन से कोई शिकायत नहीं है... वो मेरे मायके में कुछ साल ज़रूर पली-बढ़ी मगर उसके अलावा भी उसके संस्कार रहे होंगे, सोच रही होगी, सपने रहे होंगे, मगर धीरज को क्या हो गया था... उसने तो मेरा दूध पिया था...

(धीरज चुपचाप बैठते हुए घुटनों में मुँह छिपा लेता है। मुरारी उसको सान्त्वना देता है।)

मधु जी : ये मुरारी... कहाँ से दौड़ा चला आता है... मेरी ख़बर लेने! चाहता तो ये भी दौलत के पीछे भाग सकता था... लेकिन नहीं! अपनी ज़मीन, अपने मकान पर ग़रीबों के लिए काम करता है, उसी से दो रोटी कमा लेता है।

मधु जी : ...और धीरज किस रास्ते पर चला! किरन को कुछ कहने का हक़ मुझे तब होता जब मेरा धीरज ठीक होता! जब अपनी सन्तान ऐसी निकल गयी तो परायी सन्तान का क्या!

(ये सारी बातें सुनकर किरन सुबकने लगती है। गहरी कँपकँपाती रुदन भरी आवाज़ में बोलना शुरू करती है।)

किरन : माँ!...ये सन्तान होने की बात नहीं... इन्सान होने की बात है।...अच्छा इन्सान ही अच्छी संतान हो सकता है! अच्छा इन्सान होने पर परायी सन्तान भी अपनी सन्तान से बढ़कर हो जाती है।...डॉक्टर साहब ने मेरी आत्मा को झकझोर दिया है... अपनी अब तक की ज़िन्दगी मेरी आँखों के आगे चक्कर खा रही है माँ... बहुत गर्द और धुन्ध फैली हुई है वहाँ...! काश ये सब मैं भूल पाती...

(लिथड़ती हुई मधु जी के सामने घुटने टेक कर बैठ जाती है।...रुलाई को रोकने की कोशिश करती है। भीतर पश्चात्ताप की वेदना का सैलाब उमड़ता है।)

माँ! मैं चाहती हूँ मेरी याददाश्त चली जाय...!

(फिर रुलाई फूट पड़ती है)

डॉक्टर साहब! क्या कोई ऐसा इलाज नहीं है जिससे याददाश्त चली जाय! ...

(ऊँचे स्वर में रुदन फूट पड़ता है।)

(किरन मुँह में कपड़ा ठूँसकर रुलाई रोकने का प्रयास करती है।)

(मधु जी उसे आलिंगन में बाँध लेती हैं।)

(डॉक्टर के चेहरे पर मुस्कराहट और आँखों में आँसू तैर जाते हैं।)

(संगीत की मधुरता दिव्य आनन्द का एहसास कराती है।)

□□□

नवाब झूमर–II

पात्र परिचय

नवाब की बेग़म	:	तमन्ना
तमन्ना के मायके से साथ आया नौकर	:	नक्छेद
कोठी मदहोश का मालिक नवाब	:	बालम
बालम और तमन्ना की बेटी	:	मायसा
पहला दावेदार	:	मरग़ूब
दूसरा दावेदार	:	जमशेद
लखनऊ का सूखा रंगबाज़	:	झूमर
झूमर का रहजन साथी	:	रज्जब
हकीमों के मरकज़, छतर मन्ज़िल का हकीम	:	हकीम
शाही कोतवाल	:	कोतवाल
दरोग़ा फ़ैज़ाबाद लड़की भगाने के जुर्म में गिरफ़्तार	:	जब्बार

दृश्य एक

(मंच पर तमन्ना बैठी हैं। नक्छेद अन्दर से पानदान तमन्ना के करीब रखते हैं। मंच के आगे नवाब बालम चित पड़े हैं। सामने दो खजूर के पेड़ लहलहा रहे हैं।)

तमन्ना : ये किसने ज़्यादा पी ली? कौन मुआ यहाँ आन मरा?

(नक्छेद बालम को उलट-पुलट कर देख नाक दबा लेता है।)

नक्छेद : तौबा है। ऐसा भी क्या पीना, सब बदन पर उड़ेल लिया।

(नक्छेद बालम को घसीटकर स्टेज के किनारे तक ले जाते हैं। तमन्ना बालम को देखते हुए दीवान पर बैठ जाती हैं।)

तमन्ना : आजकल पीता कौन नहीं? नवाब साहब ने तो मेरा जीना हराम कर दिया है।

(तमन्ना खड़ी होकर) अभी उठकर बालम नवाब आप सबको बतायेंगे, ताड़ी बड़ी मुफीद चीज़ है। पीने वाला हुनरमन्द हो, नौसिखिया न हो।

(नक्छेद की मंच पर वापसी, पानदान तमन्ना के सामने रखते हुए)

नक्छेद : जितने दिन ये लज़ीज़ पान चबा सकती हो, तमन्ना चबा लो।

तमन्ना : तुझसे कितनी बार कहा सबके सामने बेगम (दोनों तरफ़ देखते हुए), अकेले में तमन्ना कहा कर!

नक्छेद : शुरू की बात और थी, अब मैं बड़ा हो गया हूँ। मुझे शर्म आती है।

(तमन्ना पान चबाते हुए) भला मुझे कौन क्या कहेगा? आपके मायके का जो हूँ।

तमन्ना : ये तुम पान चबाने पर क्या कह रहे थे?

नक्छेद : पान बन्द करने को रेजीडेंट साहब ने जो हुक्म जारी किया है।

तमन्ना : अब क्या इन मुए गोरों को हमारे पान से भी तकलीफ़ हो गयी?

नक्छेद : सुना है किसी तलवा चटऊ ने रेजीडेंट साहब के कान भरे। पान हरे रंग का तो फिर पीक लाल रंग की क्यों? रेजीडेंट साहब के कान खड़े हो गये बस ऐसे ही आपके पान पर रोक लग गयी।

(नवाब बालम उठ खड़े होते हैं।)

बालम : आप अपनी त्यौरियाँ न चढ़ायें बेगम! जैसे खुले मिज़ाज का हूँ मैं उसी तरह खुले में सोने की तबीयत को रोक नहीं पाता।

तमन्ना : अभी कल रात ही तो आपने ताड़ी से तौबा कर ली थी।

बालम : मदहोश रहने पर ताड़ी से तौबा, होश आने पर कसम से तौबा।

तमन्ना : खानदानी झूठे हो तुम!

बालम : ये ज़बान दोबारा कैंची की तरह न चले।

तमन्ना : अच्छा तो आप कर ही क्या लेंगे?

बालम : तुम एक ही रहोगी मैं तीन ले आऊँगा।

तमन्ना : ये सब ख़्वाब ही रहेगा। फिर मुझे अपने पुश्तैनी मायके बावर्ची टोले जाने से तुम रोक नहीं सकते?

(नक्छेद बीच में पड़ता हुआ, तमन्ना ग़ुस्से में पानदान के पास बैठ पान चबाती हैं।)

नक्छेद : हुज़ूर लीजिए ये तेल मैं आपके सर पर मल देता हूँ।

(नक्छेद बालम के सर में तेल लगाते हुए)

बालम : इसमें ऐसी कौन-सी ख़ास बात है?

नक्छेद : ज़हन को ठण्डी तासीर पहुँचाने वाला, शहंशाहों की ख़ास पसन्द।

बालम : नुस्ख़ा भी बताओगे।

नक्छेद : हकीम का दावा था कि एक बार तो सिर के बचे हुए सारे बाल भरभरा के गिर जायेंगे। लेकिन...

बालम : लेकिन क्या? अब तो तू तेल चुपड़ चुका है!

नक्छेद : उनको शक था कि सारे बाल फिर उग सकते हैं।

बालम : चल भाग लफ़्फ़ाज़!

(बालम नक्छेद को भगाते हुए, तमन्ना से मुख़ातिब)

बालम : बेगम ये नक्छेद तो मेरे सिरहाने के बचे-खुचे बाल भी ले जाता।

तमन्ना : *(हँसते हुए)* आपके बाल, कभी-कभी तो ये पता ही नहीं चलता है कि बालम आप आगे से आगे हैं या पीछे से आगे हैं।

बालम : बेगम मर्द तो हूँ। ये सब छोड़ो कतर्निया घाट का क़िस्सा सुनो, हुआ यूँ...!

तमन्ना : आज मायसा जवान हो गयी है, उसके हाथ पीले करने का वक़्त आ गया है। एक आप हैं कि कतर्निया घाट का क़िस्सा लिये बैठे हैं।

बालम : मायसा को क्या हुआ?

तमन्ना : आपका तो दिमाग़ थक चुका है। जवान लड़की कच्चे मटके की तरह होती है।

बालम : बेगम के मुँह लगे नक्छेद मियाँ कहाँ हैं आप!

(नक्छेद का प्रवेश)

नक्छेद : मैं अन्दर ही समझ गया था तमन्ना बेगम मुझे याद कर रही होंगी।

बालम : अपनी हद में रहो नक्छेद! और मायसा के लिए मैंने क्या हुक्म दिया था?

नक्छेद : नवाब साहब ने मुझे पाँच अशर्फ़ियाँ दी थीं जो निकलीं खोटी और कहा था शाह-ए-अवध लखनऊ की दहलीज़ पर मायसा के शौहर के वास्ते इश्तेहार चस्पाँ कर आऊँ। लेकिन इधर ये मुमकिन नहीं, क्योंकि गोमती चढ़ी हुई है।

तमन्ना : तो क्या मायसा के रिश्ते के लिए और इन्तज़ार करना होगा?

नक्छेद : हुजूर आपके ख़ादिम ने कुछ ऐसा कमाल किया है कि रियासत में मायसा के दूल्हे के लिए बड़े-बड़े रसूख़दार सैयदज़ादों की भीड़ कोठी मदहोश में लग जायेगी।

बालम : अबे तूने ऐसा क्या कमाल कर दिया?

नक्छेद : मैंने मायसा की शादी के लिए डुग्गी पिटवा दी।

बालम : अरे तूने तो हमारी इज़्ज़त मिट्टी में मिला दी।

नक्छेद : मगर मैंने तो आपकी इज़्ज़त बचाने को ऐसा किया, जवान लड़की कब तक कुँवारी रहेगी?

बालम : बता तो ऐसे रहे हो गोया मायसा के असली वालिद मैं नहीं तुम हो।

नक्छेद : *(शरारती मुस्कान के साथ)* होना तो ऐसा ही चाहिए था। अगर ऐसा होता तो तमन्ना बहुत ख़ुश होती।

बालम : क्या???

नक्छेद : हुजूर इस दिल्लगी पर खफ़ा न हों, बन्दा आपका नमकख़्वार है।

तमन्ना : शाही फ़रमान, जायदाद की कुर्की, कोड़े मारने, सिर क़लम करने का ऐलान तो डुग्गी पीटने से सुना था।

बालम : क्या अब हमारे ऐसे दिन आ गये कि मायसा का निकाह डुग्गी पिटे देहातियों से करना होगा!

नक्छेद : वैसे भी हुजूर सभी बड़े-बड़े रईसज़ादों की नाल भी इन्हीं गाँवों में गढ़ी हैं।

(तमन्ना और बालम आपस में राय मशविरा करते हुए)

बालम : अब तुम हमें ये भी बता दो कि डुग्गी पीटने में क्या ऐलान किया?

(नक्छेद अकेले मंच के अगले हिस्से में जाकर डुग्गी पीटते हुए)

(नक्छेद द्वारा डुग्गी पीटने पर हुजूम इकट्ठा, नक्छेद मायसा के दूल्हे के वास्ते ऐलान करते हुए)

नक्छेद : हुजूर ये बन्दा नक्छेद कोठी मदहोश, जहाँ की ताड़ी मशहूर है, तशरीफ़ लाया है। मेरा तआरुफ़ नक्छेद तमन्ना बेगम का मुँह लगा। नहीं हुजूर नहीं, आज कुछ बेचने नहीं, ये बन्दा महज़ एक पैग़ाम लाया है।

देखिये हाज़रीन, हुआ यूँ कि नवाब साहब और बेगम की इकलौती बेटी मायसा कोठी की वारिस हैं। वही लोग मायसा को हसरत भरी नज़र से निहारते हैं। लेकिन कोई रुकता नहीं, मायसा की कमसिन जवानी को देखते हुए उसके रिश्ते के मुतालिक हाज़िर हुआ हूँ।

हज़रत क्या पूछा आपने? मायसा बेगम करती क्या हैं?

कोई कहता है वो ऐसी हैं वैसी हैं। हाँ खजूर की फुंगी पर चढ़ निहार मुँह ताड़ी पी लेती हैं फिर शाम तक मदहोश बाग़ में पड़ी रहती हैं।

रही बात बेगम की तो वो बड़ी चालाकी से हर राहगीर के बच्चों की ठुड्डी उठाकर देखती हैं कहीं किसी की शक्ल बालम पर तो नहीं गयी!

सब्र रखिये हुजूर, बताने का मौक़ा तो दीजिए।

जी हाँ, जी हाँ मैं बता तो रहा हूँ।

मेरी मायसा अपना काम निकलवाना और खाना पकवाना अच्छी तरह से जानती हैं और हाँ मायसा से जो निकाह करेगा, वो घर दामाद होगा जैसे नवाब बालम।

बालम : अबे नक्छेद, ये सब क्यों बक आये?

(कान लगाकर आवाज़ सुनता हुआ)

नक्छेद : आपकी बात तो सोलह आने दुरुस्त है लेकिन कोई शख़्स अपनी बेवकूफ़ी में सारी जायदाद बीवी के नाम कर दे तो वो घर दामाद बन ही जायेगा। जिस दरियादिली से मैंने मायसा और कोठी मदहोश का बख़ान किया, ये रिश्ता हाथ से निकलने ना पाये। दावेदार जल्द कोठी मदहोश तशरीफ़ ले आयेंगे।

(तभी बाहर दावेदार आ गये।)

(मंच के अगले हिस्से से नक्छेद की वापसी, बाहर दावेदार खड़े हैं।)

नक्छेद : हुजूर! लगता है डुग्गी पिटने के नतीजे में बाहर कई दावेदार आये हैं। कहिये तो बुला लूँ।

बालम : उन देहातियों को अभी इन्तज़ार करने दो। हाँ तो बेगम मायसा का दूल्हा मैं ख़ुद तय करूँगा।

तमन्ना : जैसे सब कुछ जानते हुए आपके वालिद ने आपको मुझ

पर थोपा था।

मायसा : थोपा हुआ शौहर मुझे कतई नहीं चाहिए।

तमन्ना : शौहर तेरी ही पसन्द का होगा। मायसा इनकार कर चुकी है। अब सोच क्या रहे हो?

बालम : बेगम आपके इशारे में छुपा हुक्म मैं समझ गया।

मायसा : फिर ठीक है बालम, अब्बू दावेदारों को ठोक बजाकर देख लें।

(बालम के इशारे पर नक्छेद पहले दावेदार को बुलाते हैं।)

बालम : बरखुरदार तशरीफ़ रखिये। अच्छा तो सूरमे का शौक़ नहीं। कुछ अपने आला ख़ानदान के बारे में बतायें।

मरगूब : जी बन्दे को मरगूब कहते हैं। मेरी वाल्दा का नाम रुकैया है और वो मिहिरपुरवा की रहने वाली हैं।

बालम : ये मिहिरपुरवा गाँव जो कतर्निया घाट पर है?

मरगूब : मोआफ़ कीजिए, इसका इल्म आपको कैसे हुआ?

बालम : एक वक़्त आता है बरखुरदार जब सब पता चल जाता है।

(मरगूब ख़ुश हो जाता है। नक्छेद बालम को इशारा करते हुए)

नक्छेद : अरे हुजूर ये क्या कह रहे हैं आप?

बालम : इस नालायक को अपने वालिद का नाम तक पता नहीं। ये अब भी बैठा हुआ है।

नक्छेद : हुजूर इस मासूम लड़के का गुनाह क्या है?

बालम : मैंने मना कर दिया है मेरी मर्ज़ी!

मायसा : अब्बू क्या आपके लिए कोई ऐसी बात भी हो सकती है जो मायसा से बढ़कर हो?

तमन्ना : अपनी बेटी के सवाल का जवाब दीजिए।

बालम : अब मैं तुम्हें कैसे समझाऊँ मायसा? तुम नासमझ हो समझोगी नहीं। अभी ऊँच-नीच हो जायेगी।

मायसा : मैं भी चाहती हूँ कि आपका होने वाला दामाद ऐसा हो जिसे आप अपने बगल में बिठा सकें।

बालम : अब मैं अपनी गोद में तो किसी को बिठाने से रहा।

मायसा : साफ़-साफ़ बतायें, वरना मैं पूरी ज़िन्दगी...।

बालम : बस अब ख़ामोश हो जाओ। ठीक है बात कोई बड़ी नहीं है सिवाय इसके कि ये दावेदार तुम्हारा भाई लगता है।

(ये सुनते ही मरगूब नौ दो ग्यारह हो जाता है।)

तमन्ना : *(नक्छेद को देखते हुए)* इस लड़के को रोक नक्छेद, इतनी बड़ी बात मैं बर्दाश्त कर लूँ। हरगिज़ नहीं।

नक्छेद/बालम : *(एक-दूसरे की आँखों में आँख डालकर)*

हो सकता है मायसा नवाब बालम की बेटी ही न हो?

(बालम माफ़ी के लिए बेगम साहिबा के पैरों पर गिर जाते हैं।)

बालम : एक बार कह दो ये सब झूठ है।

(दोनों एक दूसरे की आँखों में देखकर)

तमन्ना/नक्छेद : कौन-सी बात?

(बाहर दावेदारों का शोरगुल)

तमन्ना : जाओ अगले दावेदार को बुला लाओ।

(ताड़ी की मटकी किनारे रखते हुए)

ऐ नौजवान क्या नाम है तेरा?

जमशेद : जी जमशेद।

तमन्ना : और तुम्हारा ज़रिया-ए-माश मतलब करते क्या हो?

जमशेद : जी तिजारत!

तमन्ना : आख़िर तिजारत किस चीज़ की करते हो?

जमशेद : ये मैं नहीं बता सकता। दादा हुजूर ने ताकीद की है कि तिजारत का पहला उसूल राज़ को राज़ रखना।

तमन्ना : देखो बेटे तुम यहाँ मायसा पर दावेदारी करने आये हो और मैं मायसा की वाल्दा तमन्ना बेगम!

जमशेद : देखिये मुझ पर नाजायज़ दबाव न डालें वरना ऐसा न हो...।

तमन्ना : *(खड़े होते हुए)* तू मुझे धमकाना चाहता है? घुटने के बल यहाँ से फूटोगे!

(नक्छेद और बालम जमशेद की तरफ़ बढ़ते हुए)

जमशेद : *(तमन्ना के पैर पकड़कर)*

ख़ुदा के लिए मुझ पर रहम करें। अब दादा हुजूर के वादा हुजूर को तोड़ने का वक़्त आ ही गया है।

तमन्ना : बहुत जल्दी समझ गये। अब मैं जो पूछती जाऊँगी, उसका जवाब एक बार में देते रहना।

(जमशेद गर्दन हिलाकर हाँ करता है।)

सबसे पहले ये बताओ कि तुम्हारा पेशा क्या है?

जमशेद : जी मैं वुड मर्चेंट हूँ।

तमन्ना : ठीक से बताओ।

जमशेद : *(दोनों हाथों को फैलाकर)* हम वुड मर्चेंट हैं। यानी कि लकड़ी की तिजारत करते हैं।

तमन्ना : दूसरों के काम में लकड़ी लगाना या तराई के जंगलों को काटने का ठेका?

जमशेद : लकड़ी लगाने का काम तो घाघ और सियाने करते हैं। जंगल काट डालूँ इतनी मेरी हैसियत कहाँ?

तमन्ना : ओ हो, तो जनाब बड़े गोदाम वाले लकड़ी के आढ़तिये हैं?

जमशेद : आढ़त! मेरे आला ख़ानदान की इतनी हैसियत कहाँ?

तमन्ना : अच्छा! फिर हो न हो ऐशबाग़ में आरा मशीन होगी?

जमशेद : *(दोनों कान पकड़कर तौबा करते हुए)*

वो हाथ वाली आरा मशीन हम लोगों की भला इतनी हैसियत कहाँ?

तमन्ना : अच्छा तो फिर हो न हो क़ैसरबाग़ में दीवान और मसेहरी का नुमाइश घर होगा?

जमशेद : नाचीज़ की इज़्ज़त अफ़ज़ाई का शुक्रिया! दीवान और मसेहरी का नुमाइश घर, इतनी भी हमारी हैसियत कहाँ?

तमन्ना : अच्छा! कहीं तू आम की लकड़ी के बने तख़्त बुध की बाज़ार में तो नहीं बेचता?

जमशेद : कैसी बात की बेगम साहिबा! अब तख़्त का खेल तो आप नवाबों की क़िस्मत में है, हमारी हैसियत कहाँ !

तमन्ना : अच्छा, तो तुम हो तो वुड मर्चेंट, लेकिन जंगलात नहीं, आढ़त नहीं, दीवान और मसेहरी नहीं, तख़्त भी नहीं, तो अब क्या बचा है वुड मर्चेंट के बच्चे? सच-सच बता तेरा ख़ानदानी पेशा क्या है वरना नक्छेद तुम्हारा मुँह सिल-बट्टे से कुचलकर गुलाला घाट पर फूँक आयेगा।

(जमशेद घबड़ाकर इधर-उधर दौड़ता हुआ)

नक्छेद : *(जमशेद पर बन्दूक़ तानकर)*

अब अगर सच न बताया तो मारेंगे तुम्हारे गोली और भेजा तुम्हारा घण्टाघर से जा टकरायेगा।

जमशेद : बताता हूँ, बताता हूँ। लेकिन मेरे दादा हुजूर ने...।

तमन्ना : बहुत ऊँची चीज़ है, नक्छेद चला गोली।

(नक्छेद बन्दूक़ तान लेता है।)

जमशेद : बता दूँगा लेकिन फिर आप लोग वादा कीजिए किसी को नहीं बतायेंगे।

तमन्ना : ये वादा हम जवाब से मुतमईन होने पर देंगे।

जमशेद : देखिये टूड़ियागंज के नाके पर हाजी उस्मान की वुड मर्चेंट की मशहूर-ओ-मारूफ़ दुकान है जहाँ हर क़िस्म के जनाना, मर्दाना, बचकाना दातून बिकते हैं और मिस्वाक का तो जवाब ही नहीं। हमारा मिस्वाक सात समुन्दर पार पहुँच चुका है।

नक्छेद : अबे छोटी-सी लकड़ी के दातून बेचता है और कहता है वुड मर्चेंट हूँ।

जमशेद : क्या लकड़ी छोटी हो जाये तो उसे वुड न कहेंगे?

तमन्ना : बदअक्ल, बेशऊर, तू निकलेगा यहाँ से या...।

जमशेद : अभी मैं फ़ैसले का इन्तज़ार करूँगा।

(तमन्ना नक्छेद को अगले दावेदार को बुलाने का इशारा करती है।)

बालम : क्या कोई भी दावेदार तुम्हें पसन्द आया?

तमन्ना : ख़बरदार जो अब मायसा से पूछा। तुम्हारे ही लाड़-प्यार ने उसे बिगाड़ रखा है।

मायसा : मायसा अपना दूल्हा ख़ुद चुनेगी।

तमन्ना : हम तुम्हारी पसन्द को ही अंजाम देना चाहते हैं। मायसा बेटी तुम तो...।

मायसा : बेहतर होगा कि आप मुझे बेटी-बेटी न कहें। अभी-अभी आप कह चुकी हैं कि ''मुझे लाड़-प्यार तो बालम अब्बू ने ही किया है।''

तमन्ना : देखते हैं इसे ज़बान पकड़ती हैं। मैंने जो ठूँस-ठूँस के खाना खिलाया उसका क्या होगा?

मायसा : देखा, बेगम अम्मा ने मुझे खाना ठूँस-ठूँस के खिलाया। निवाला निगलने में वक़्त लगता तो मेरी पीठ पर घूँसे पड़ते।

(तमन्ना बेगम सिर पकड़ते हुए)

बालम : तमन्ना मैं तुम्हारे साथ हूँ, बताओ अब क्या करें?

तमन्ना : ठीक है अच्छा तो ये होगा कि ये मुई अपनी पसन्द ख़ुद बता दे तो हमारे सिर से बला टल जाये। बता दे मायसा बता दे।

(मायसा शर्म से सिर झुका लेती है और वापस सिर उठाकर लड़खड़ाते हुए पैदल चलने लगती है और एक उँगली से चाकू बना बाल पीछे करती है।)

तमन्ना : लाहौल बिलाकूवत, तो क्या तू एक तड़ियल और चाकूबाज़ से शादी करेगी?

मायसा : मुझे तो सुबह खजूर की पहली धार की ताड़ी से मदहोश होने वाला शौहर चाहिए। बाँका छबीला नौजवान, जिसका सीना ऐसा चौड़ा हो *(हाथ से दिखाते हुए)*, जिस्म में ताक़त हो। जिसके कुर्ते के दो बटन खुले हों, पान का शौक़ीन, उँगलियों पर कत्थे-चूने का निशान हों। पैर में देसी कट्टा धँसा हो, रामपुरिया चाकू से अपनी माथे की जुल्फ़ें हटाता हो, ख़ून-ख़राबे का अव्वल।

बालम : क्या कमाल की अक्ल है तुम्हारी मायसा? तुम्हें अपने शौहर की तलाश है या अलीबाबा की।

तमन्ना : तो खुल जा सिमसिम कहो, वो आ जाये।

(बाहर किसी के धड़धड़ाते हुए आने की आवाज़, दो शख़्श अन्दर आते हैं वो बैठे हुए लड़के को उठाकर एक थप्पड़ मारता है। उसके पास देसी कट्टा है, उसके साथ एक दोस्त रज्जब भी है।)

झूमर : अबे ख़ानदानी दातूनबाज़, अब तेरी इतनी औकात हो गयी कि तू मायसा का हाथ थामने चला आया?

(कट्टे से दो फायर करता है, जमशेद जान बचाकर भाग जाता है।)

बालम : आ...आ...आपकी तारीफ़...!

झूमर : बन्दा तारीफ़ का क़ायल नहीं, ग़र तारीफ़ करनी ही हो तो उस परवरदिगार की करो, सारा लखनऊ दहशत खाता है। वैसे बन्दे का नाम नवाब झूमर-II है।

नक्छेद : मियाँ दहशत तो मनचलें से नाबालिग जनानियाँ ही खाती हैं।

बालम : ये तो हमारी ख़ुशनसीबी है कि बरखुरदार कोठी मदहोश में तशरीफ़ लाये।

(रामपुरिया चाकू खोलकर अपनी जुल्फ़ें सही करता हुआ।)

तमन्ना : आपको मैंने देखते ही पहचान लिया कि आप अपने कौल, हुनर और फन के माहिर हैं।

झूमर : इससे पहले कि आप लोग कुछ पूछें, मैं ख़ुद बयाँ कर दूँ। एक रोज़ हुआ यूँ कि मायसा बेगम कोठी मदहोश के बुर्ज पर खड़ी थीं। दरिया-ए-गोमती पर आपकी तस्वीर तैर रही थी। मुझ पर ऐसा कहर बरपा कि मैं मदहोश हो गिर पड़ा।

मायसा : मेरे ख़्वाबों के नवाब तशरीफ़ रखें।

तमन्ना : ठहरो मायसा अभी शर्त मुकम्मल नहीं हुई है।

मायसा : कौन-सी शर्त? सब कुछ तो आप लोगों ने अपनी आँखों से देख ही लिया है।

तमन्ना : नहीं, मायसा ने कहा था कि लड़का खजूर की पहली धार की ताड़ी से मदहोश हो जाता हो।

झूमर : हाँ याद आया, मैं लखनऊ से किश्ती लेकर कोठी मदहोश पहुँचा। जहाँ एक शख़्श ने मदहोश बाग़ की ताड़ी निहार मुँह पीने को कहा। मैं तुरन्त खजूर के दरख़्त पर चढ़ ताड़ी पीता रहा। न जाने कब मदहोश होकर गिर पड़ा।

तमन्ना : तो फिर क्या तय किया बालम मियाँ?

बालम : आपके इशारे में छुपा हुक्म हो जाये, मैं और मायसा तो राज़ी हैं, एक शर्त अभी बाक़ी है।

झूमर : *(जेब से एक सुरमेदानी निकालकर)*

ये है बरेली का मशहूर हज़रत नोमानी का सूरमा।

तमन्ना : हमने बड़े जतन से मायसा को बड़ा और होनहार बनाया। नवाब झूमर-II के क्या कहने। बालम मियाँ हुक्म और इशारा छोड़िये, नवाब झूमर-II अब कोठी मदहोश के सर के ताज हैं।

बालम : तो ठीक है, आज से आप कोठी मदहोश के घर दामाद, हमें रिश्ता क़बूल है।

(रज्जब झूमर को किनारे ले जाकर बात करता है।)

झूमर : मैं तो अपनी शिनाख्त पूरी करने के लिए तुम्हारे कहने पर आ गया।

रज्जब : आज सारे अवध में चर्चा है, जिसने भी मदहोश बाग़ की ताड़ी निहार मुँह पी ली, उसकी हर मुराद पूरी हो जाती है। तुम नवाब झूमर-II हो अब साबित हो जायेगा।

(बालम झूमर को गले लगा लेते हैं, फिर झूमर से हाथ मिलाकर नक्छेद के कान में कुछ कहते हैं।)

नक्छेद : *(अति उत्साहित)*

सब जुगाड़ करे बैठा हूँ मैं। चाँद का महीना 'रज़ब' बरोज़ जुमा यानी निकाह आज मगरिब बाद होगा।

बालम : मगर एक शर्त रखना भूल गया था, कहो तो बता दें।

झूमर : नवाब साहब ये आपकी बेटी की ज़िन्दगी का सवाल है। इत्तेफ़ाक़ से अभी निकाह हुआ नहीं है।

बालम : वो हम लोगों की तरफ़ रस्म है बारात दुल्हन लेकर के आयेगी।

झूमर : भला ये भी कोई पूछने की बात है, क्यों रज्जब!

तमन्ना : इनका तार्रुफ़!

झूमर : नवा...! मतलब मेरे ख़ादिम!

बालम : *(हँसते हुए)*

ये दूल्हे मियाँ के सहबाला हैं। एक अदद क़ाज़ी को भी बुलाना होगा।

नक्छेद : क़ाज़ी तो होगा ही, कहें तो 100 पीपे ताड़ी बेच आऊँ।

बालम : जल्दी जाओ, वैसे ताड़ी की शाही ख़रीदारी दिन-रात चलती है।

(नक्छेद जाते हुए)

तमन्ना : मैं अपने सभी ग़रीब रिश्तेदार को बुलाना चाहती हूँ लेकिन इधर निकाह तय हुआ उधर मैं रिश्तेदारों के नाम और पते ही भूल गयी।

दृश्य दो

(शादी की अगली सुबह झूमर और रज्जब बात करते हुए)

रज्जब : अबे झूमर तू इतना हँस क्यों रहा है?

झूमर : कैसी हँसी! मैं तो डर को छुपाने के लिए हँस रहा हूँ।

रज्जब : डर कैसा डर? कल तो तेरी मौज की रात थी। क़त्ल होने और क़त्ल करने की रात।

झूमर : समझ लो इशारों-इशारों में मेरा क़त्ल ही हुआ है।

रज्जब : रस्म-ए-मोहब्बत तो पूरी हो गयी होगी?

(झूमर सर झुकाये हुए)

झूमर : मैं तो समझता था मायसा कमसिन है लेकिन वो तो बड़ी शातिर और घाघ निकली।

रज्जब : अगर मुझ पर अब भी भरोसा हो तो मुझे बता सकते हो, मैं सुबह से इन्तज़ार में बैठा हूँ।

झूमर : आलीशान फूलों की सेज तो थी लेकिन उसके बदन पर एक भी ज़ेवर चमक नहीं रहा था। मैंने मुस्कराते हुए वजह पूछी, कहने लगी, गहने, ज़ेवरों से तो शादियों में दो नम्बर वालों की बीवियाँ ही तो चमकाती हैं। मैं तो ख़ुद चमक रही हूँ।

रज्जब : तो ज़ेवर का मौक़ा भी गया!

झूमर : मायसा मुस्कराकर ख़ुद कहने लगी, आज रात इन बातों

को छोड़ो। सबसे पहले हम दोनों ताड़ी से मदहोश हो जायें।

रज्जब : बस तू बेवकूफ़ पीता रहा होगा और वो पिलाती रही होगी।

झूमर : बात वो होती तो कोई बात नहीं, मैं समझता था मायसा पिये बग़ैर सोयेगी नहीं लेकिन उसने तो एक घूँट तक नहीं पी।

रज्जब : मायसा इतनी सयानी निकलेगी मैंने सोचा नहीं था। फिर क्या-क्या बता आये?

झूमर : बता आये! ये पूछो कि क्या उगल आया? कहने लगी याद आ रहा है तुम्हें पहले भी कहीं देखा है। नशे में मैंने पूछा तुम्हें नौटंकी का शौक़ है। कहने लगी नौटंकी का शौक़ तो हम सबको इतना है कि कोठी मदहोश को जिन्नातों के हवाले कर रात भर नौटंकी देखी जाती है।

रज्जब : अबे तूने अपने दोस्त का जनाज़ा तो नहीं निकाल दिया!

झूमर : जब नशा सर तक चढ़ा हो और बीवी से पहली रात हो तो कौन दोस्त कैसा दोस्त!

रज्जब : मैं तो बस ये जानना चाहता हूँ कहीं तूने...!

झूमर : रज्जब मियाँ चुप हो जाओ। वो सिरे से पूछती रही और मैं सारी रात सिरे से बताता रहा। मैंने बड़े फख्र से बताया कि रज्जब नौटंकी कम्पनी का तनहा मालिक है।

रज्जब : लेकिन तूने मेरी कम्पनी का नाम तो नहीं बताया?

झूमर : अब तेरी तरह बेवकूफ़ नहीं हूँ। मैंने तो बस खेल का नाम बताया मशहूर 'रंगीली का रंगीला'। बस वो उछल पड़ी, कहने लगी तवायफ़ रंगीली का किरदार बहुत ज़ोरदार है।

रज्जब : अब यहाँ तू कुछ बोला तो नहीं।

झूमर : बोलता क्या बेवकूफ़, मायसा को समझाया कि न तो वो तवायफ़ थी और न ही औरत, बड़े ग़ौर से देखते हुए मुझसे पूछा मेरे प्यारे झूमर तुम्हें कैसे पता?

रज्जब : तू किसी लायक़ नहीं, किसी भरोसे का नहीं।

झूमर : मायसा का ताड़ी पिलाना जारी था। वो मुझे मदहोश कर बोली, अच्छा तो फिर वो तवायफ़ कौन थी? मैं हँसता हुआ बोला, रंगीली का मशहूर किरदार आपका शौहर झूमर ही करता रहा है। फिर उसने ज़िद कर ली कि मेरी लाल सलवार कमीज़ पहन मुझे मुँह दिखाई में एक बार अपना नाच दिखाओ। तब जाकर वो क़ाबू में आयी।

रज्जब : अच्छा बेटा बतोलेबाज़ तो हो ही सब बक आये।

झूमर : रात किसी आहट पर जब नींद टूटी तो वो रंगीली के किरदार में नाच रही थी। मैंने खींचा तो मुस्कराते हुए बोली, ''तुम्हारे ख़ानदान का कोई अता-पता है?'' मैंने कहा, बड़ा आला ख़ानदान है, मगर किसी आड़े वक़्त में रज्जब से 12 अशर्फ़ियाँ उधार लीं! उसके एवज़ में नौटंकी में काम कर रहा हूँ। लेकिन एक बात कहूँगा। *(उँगलियों को होंठों से चूमते हुए)* मायसा ने क्या चीज़ पिलायी है।''

रज्जब : देखो सामने नवाब साहब आ रहे हैं।

(रज्जब नवाब बालम को सुनाते हुए)

कोठी मदहोश में अगर कोई बावकार, रसूख़दार, हनक़दार निशानची है तो बस वो हमारे प्यारे नवाब बालम!

झूमर : हम आपकी तारीफ़ के कसीदे पढ़ रहे थे!

बालम : *(मुस्कराते हुए तेज़ क़दमों से बढ़कर)*

क़िस्मत हो तो नवाब झूमर जैसी, शादी भी हुई तो नवाबों में।

रज्जब : मोआफ़ कीजिए आपके नवाबी घराने की वजह से नवाब झूमर इनकार नहीं कर सके।

बालम : अब जब शादी हो चुकी है और नवाब झूमर घर दामाद बन चुके हैं तो क्यों न पूछताछ हो जाये?

झूमर : बेशक! बिला तकल्लुफ़!

बालम : दरअसल बात ये है तमन्ना बेगम की बेसब्री की वजह से पूछताछ नहीं हो पायी।

रज्जब : तमन्ना बेगम के क्या कहने! बड़ी हाज़िर जवाब हैं। झूमर हों क्यों न नक्छेद मियाँ जो आगे-पीछे लगे रहते हैं।

बालम : चुप हो जा! नवाब झूमर अपने वालिद के मुतालिक कुछ बतायें।

झूमर : शादी का सारा इन्तज़ाम मामूजान कर चुके थे। मेरी वाल्दा की बारात आने ही वाली थी। वो सुर्ख़ जोड़े में बड़ी हसीन लग रही थीं। घर की दहलीज़ पर मेरी मासूम उँगलियाँ थामे खड़ी थीं। तभी नवाब साहब के मुलाजिम ने बताया, गोमती बहुत चढ़ी हुई है। पं. राघवेन्द्र जोशी की भविष्यवाणी है गोमती का चढ़ा होना अपशकुन है। ये विवाह असम्भव है। अन्यथा नवाब साहब को वारिस नसीब नहीं होगा। मेरी वाल्दा फूट-फूटकर रोती हुई मुझे छोड़कर जो गयीं तो आज तक नहीं लौटीं।

बालम : नवाब साहब अच्छे करतबबाज़ नहीं रहे होंगे, वरना तैरकर पहुँचते तो सारा लखनऊ इकट्ठा हो जाता कि दूल्हा तैरकर आया है।

झूमर : जी बेशक़! आपने सही फ़रमाया। अगर वो चाहते तो पसन्दीदा लड़की से निकाह हो जाता और मेरी सरपरस्ती भी हो जाती।

बालम : हम नवाब गुनाह से बचने को निकाह के लिए हर वक़्त राज़ी रहते हैं। लेकिन दूसरी क़ौम में अपशकुन की खींचतान से हम मजबूर हो जाते हैं। निकाह हो न हो लेकिन हम ताज़िन्दगी ख़र्च उठाते हैं।

झूमर : इस वाक़ये और अपनी गुमशुदा वाल्दा के लिए मैं बहुत शर्मिन्दा हूँ।

बालम : इसमें शर्मिन्दगी कैसी? इसी बहाने तुमने सब सही-सही बता दिया, वरना हम पता तो कर ही लेते।

झूमर : रात गये मैं मायसा को सब कुछ बता चुका हूँ।

बालम : अच्छा तो रज्जब मियाँ आप क्यों ख़ामोश हैं? आपके वालिद गुमशुदा हैं या...?

रज्जब : अल्लाह महज़बी के अब्बू को जन्नत नसीब करें।

बालम : महज़बी के अब्बू?

रज्जब : 'महज़बी' मेरी बड़ी बहन हैं।

बालम : 'महज़बी के अब्बू' तो आपकी वाल्दा कहेंगीं, आप क्यों कह रहे हैं?

रज्जब : आप ठीक कह रहे हैं लेकिन ऐसा है नहीं। सारा लखनऊ उन्हें 'महज़बी के अब्बू' कहकर पुकारता था। बचपन से देखा-देखी मैं भी अपने वालिद को 'महज़बी के अब्बू' कहने लगा।

बालम : अच्छा अब कान मत खाओ, जो कुछ है आज सच-सच बता दो।

रज्जब : मरहूम वालिद फन और हुनर के तो बेताज बादशाह थे। लखनऊ के बड़े घरानों में आपका उठना-बैठना था।

बालम : अच्छा हुनरमन्द थे तो पेशा भी अच्छा ही होगा।

(झूमर और रज्जब जान चुके थे कि बालम निहार मुँह ताड़ी के नशे में हैं।)

रज्जब : लाट उठाकर इधर से उधर रखते थे। क्या ग़ज़ब का फन था लेकिन कोटेदार को ताड़ी पीना पसन्द न था।

बालम : ये कम्बख़्त कोटेदार हमेशा से साहूकारी दिखाते हैं। ताड़ी भी कहीं हराम है। फिरंगी महल ने आज तक तो मेरे माँगने पर भी फ़तवा नहीं दिया।

रज्जब : वालिद के बाद भी बड़े-बड़े नवाब, शाही लश्कर, रईसज़ादे गोरा रेज़ीडेंट घोड़ों की नाल में कील ठुकवाने

'महज़बी के अब्बू' को पूछकर घुड़घुड़ी की चरही पर आते थे।

बालम : ये सब नौसिखिये थे बरखुरदार, चाहते तो घोड़े की नाल में कील ख़ुद ठोंक लेते। जैसे मैं अपने तमन्ना और मायसा के घोड़े की नाल में ख़ुद कील ठोंकता रहा।

झूमर : तो क्या आपके पास तीन घोड़े हैं?

बालम : नहीं घोड़ा एक ही है मालिक तीन हैं। इसलिए सबका नाम लेना पड़ता है। ख़ैर इन बातों को खोदने से मिलेगा क्या? बस आख़िर में आप दोनों इतना बता दें कि आप लोगों का पेशा क्या है?

रज्जब : हमें पूरी उम्मीद थी कि हो न हो नवाब साहब ये सवाल पूछेंगे ज़रूर!

बालम : तो बिला हिचक बताइये!

(झूमर रज्जब से कान में बात करता हुआ)

झूमर : दरअसल हम दोनों की मुलाक़ात का वाक़या एक अजीब दास्तान की तरह है। हम दोनों को ज़िन्दगी के कारोबार से नुक़सान हो चुका था। मगर हमें अपने नये कारोबार को चलाने में कामयाबी मिल ही गयी। फिर शोहरत की कमी न थी अशर्फ़ियाँ हमारे इशारे पर नाचने लगीं।

रज्जब : मोआफ कीजिए नवाब साहब हम दोनों ने बड़े जतन से एक नौटंकी कम्पनी खड़ी कर ही दी।

बालम : वाह रज्जब मियाँ आपके तमाशे का नाम क्या था?

रज्जब : हुजूर नाम भी काम की तरह ही था। रियासत में ये नौटंकी 'रंगीली का रंगीला' नाम से मशहूर है।

बालम : वाह! बड़ा नामचीन नाम है कोठी मदहोश में 'रंगीली का रंगीला' जो एक नामचीन नौटंकी है, को देखने के लिए हम तीनों और बेगम का मुँह लगा कभी सण्डीला तो कभी बिलग्राम, कभी मलिहाबाद तो कभी बंकी जाकर

नौटंकी का लुत्फ़ उठाते रहे। रंगीली तवायफ़ का काम तो लाजवाब था।

(रज्जब झुककर आदाब करते हुए)

रज्जब : अगर नवाब साहब आप बद ले तो कोठी मदहोश के ठीक बाहर 'रंगीली का रंगीला' नौटंकी हो जायेगी।

बालम : मेरे अज़ीज़ रज्जब पहले तुम मेरे थके हुए तन और उदास ज़िन्दगी में रंगीली को लाकर रौनक भर दो मैं तुम्हारा...।

रज्जब : वो आपकी मनपसन्द रंगीली अब आपका घर दामाद है।

बालम : *(फिर बहुत ख़ुशी ज़ाहिर करते हुए)*

चलो ताड़ी का लुत्फ़ उठायें।

दृश्य तीन

(कोठी मदहोश के बाहरी कमरे में हकीम शाह वारसी का प्रवेश।)

नक्छेद : आपकी तारीफ़!

हकीम : तेरी ये जुर्रत, लगता है तू हकीमों के मरकज़ छतर मंजिल नहीं गया।

रज्जब : अरे जाने भी दीजिए हकीम साहब, ये तो है कमअक्ल। हकीम साहब आपको देखकर बेइन्तहा ख़ुशी हुई।

(कुर्सी पर बिठाते हुए)

कैसे तशरीफ़ लाना हुआ? छतर मंज़िल में सब ख़ैरियत तो है?

हकीम : जी हाँ, मियाँ इस ख़त-ओ-ख़ुतूत को देख लीजिए।

हकीम : शाह-ए-अवध ने मुल्क के जिस्मानी मुआयने का हुक्म जारी किया है। बस इसी वजह से कोठी मदहोश पर मेरी आमद हुई है।

(तमन्ना बेगम और नवाब बालम का प्रवेश)

हकीम : तो क्या आप ही तमन्ना बेगम हैं?

तमन्ना : जी-जी आदाब अर्ज़ है। ये हैं मायसा के वालिद नवाब बालम।

हकीम : तो बेगम साहिबा नवाब बालम आपके कौन हैं?

तमन्ना : जी उम्र से बड़े हो चुके बालम को शौहर कहने में शर्म आती है।

बालम : बड़े मुश्किल से हकीम साहब का अपने ग़रीबखाने से निकलकर हमारे दौलतखाने पर आना हुआ।

हकीम : तौबा-तौबा! अदब-ए-लखनऊ में ये बदज़ुबानी। दूसरों के घरों को दौलतखाना और अपने घर को ग़रीबखाना कहा जाता है।

बालम : अगर ये बदज़ुबानी है तो शाह-ए-अवध ने अपने महल पर 'दौलतखाना' क्यों लिखवा रखा है?

तमन्ना : हकीम साहब, नवाब बालम कभी शरीफ़-ओ-शुरफ़ा हज़रात में तो बैठे नहीं, बेचारे तहज़ीब क्या जानें?

हकीम : लखनऊ को नवाबों ने अदब और तहज़ीब का मरकज़ बनाया है। मैं तो कहूँगा सबको लखनऊ एक बार ज़रूर आना चाहिए।

नक्छेद : जन्नतुल मुकाम, दोज़ुकुल हराम! दीगर अज़ीज़ हज़रात लखनऊ जाते थे।

तमन्ना : एक रस्म सी चली आ रही है। भले ही किसी दीग़र मौक़े पर हम लखनऊ न पहुँचें। किसी का इन्तकाल हो जाये तो पुरसे के लिए ज़रूर जाते हैं।

बालम : लखनऊ के बाशिन्दों की सेहत तो देखिये। माशाअल्लाह ये हमारी ताड़ी का असर ही होगा कि सौ साल से हमारे रिश्ते में कोई लुढ़का नहीं।

हकीम : इसमें शाही हकीम की हिकमात और खिदमात पर भी ग़ौर करें।

तमन्ना : हकीम साहब आप नब्ज़ देखेंगे या धड़कन सुनेंगे।

हकीम : देखिये, मैं मरीज़ नहीं देखता। शाही हकीम हूँ किसी की नब्ज़ नहीं छूता, बस आप लोग अपना कारूरा (Urine) दे दें।

तमन्ना : नब्ज़ नहीं देखते तो चीरे तो लगाते होंगे।

हकीम : मोआफ़ कीजिएगा, मैं कोई ज़रराह तो हूँ नहीं बेगम साहिबा। तहक़ीक़ात से ही मेरा काम चल जाता है। आप लोगों ने कारूरा भेज दिया होता तो किश्ती पकड़कर कोठी मदहोश न आना पड़ता।

बालम : हकीम साहब तकरीबन सबका कारूरा शीशियों में भर लिया गया है।

हकीम : कारूरा अलग-अलग शीशियों में हो, मिला न दीजिएगा। अपने ख़ादिम से कहें कारूरा मिलते ही किश्ती तक पहुँचा दें। अब इजाज़त चाहूँगा।

(बालम नक्छेद को कारूरा ले जाने का इशारा करते हैं।)

नक्छेद : कारूरा मेरा होता तो ज़रूर पहुँच जाता, आप लोगों का तो हरगिज़ नहीं। हुजूर न हो तो बेगम साहिबा की नज़र उतरवा दें।

तमन्ना : क्या फ़ायदा? औरत को बुरी नज़र तो उसके घर में दाख़िल होते ही पड़ जाती है।

बालम : ये आप क्या फरमा रही हैं?

तमन्ना : भला शौहर से ज़्यादा बुरी नज़र किसी की हो सकती है?

बालम : बेगम मैं आपके इशारे में छिपा हुक्म समझ गया।

हकीम : नवाब साहब आपने ठीक ही कहा था ''अल्लाह ने कोठी मदहोश से आपको नवाज़ रखा है।''

बालम : वो तो ठीक है लेकिन शाही हकीम भी तो...।

हकीम : ये कमीने गोरे नवाबों के अन्दरखाने तक पहुँच गये हैं। वजीफ़ा न पहुँचे तो कहावत सी बन गयी है ''ऊपर शेरवानी अन्दर परेशानी''।

बालम : तो क्या नौबत यहाँ तक आन पड़ी है?

हकीम : नवाब साहब ग़दर का इमकान है, आप लोग तैयारी कर लें।

बालम : ग़दर वो भी इन गोरे लालची टुच्चों से। वो भी बेगम को छोड़कर हरगिज़ नहीं।

तमन्ना : हकीम साहब किश्ती वाला राह देख रहा होगा।

(हकीम आदाब करते हुए)

हकीम : हुजूर, बन्दा मुनासिब सलाम कराई चाहता था।

बालम : ओह! तो ठीक है, आपको रात रुकना पड़ेगा।

हकीम : ऐसा भी क्यों कर?

बालम : एक मुलाज़िम से रस्तोगी टोले भेज क़र्ज़ मँगवाया है, वो 2-3 रोज़ में लौट ही आयेगा।

हकीम : *(सिर झुकाकर)*

आप बड़े अक्लमन्द हैं। न हो तो, मदहोश बाग़ का तोहफ़ा ही दे दें।

तमन्ना : अगर थोड़ा रुकें तो हकीम साहब निहार मुँह ताड़ी भी पी सकते हैं।

बालम : शाही हकीम हैं कोई तुम्हारे बहनोई नहीं, जो बीच में टुप से बोल देती हो। जाओ 20 पीपे ताड़ी कश्ती में रखवा दो, हकीम साहब भी ताड़ी के शौक़ीन हैं।

हकीम : मियाँ ताड़ी तो कारूरा साफ़ करने की मुफ़ीद दवा है।

(रज्जब का मंच पर दौड़ते हुए प्रवेश)

रज्जब : मैं हकीम साहब को किश्ती तक छोड़ आता हूँ। ताड़ी और कारूरा किश्ती वाले को बुलवाकर रखवा दिया है।

बालम : हकीम साहब भूल से रज्जब को लखनऊ मत ले जाइयेगा। यहाँ ताड़ी छानने वालों की कमी है। ख़ुदा हाफ़िज़!

हकीम : ख़ुदा हाफ़िज़!

(हकीम और रज्जब बाहर जाते हुए)

बालम : आज कोई मुझसे बचके नहीं जा सकता, हकीम साहब हमारे मेहमान-ए -खुसूसी थे। आप लोगों की इतनी बेइन्तज़ामी और बदएखलाकी मैं बर्दाश्त नहीं कर सकता।

(तमन्ना बालम को ख़ामोश रहने का इशारा करती हैं।)

तमन्ना : नवाब बालम ज़रा क़ाबू में रहें, मैं ख़ुद दरयाफ़्त कर लेती हूँ, क्या अपने-अपने कारूरे की ठीक से जाँच हो गयी थी, ऐसा न हो कारूरा आपस में बदल जाये, तो पता नहीं चलेगा किसका जिगर ख़राब है या किसका मसाना कमज़ोर है।

(नवाब बालम बन्दूक़ और हंटर हाथ में लिये कुर्सी पर आकर बैठ जाते हैं। सभी डर जाते हैं।)

नक्छेद : हुजूर ये बन्दूक़ बुजुर्गों के खेलने की चीज़ नहीं है। चल जाये तो तुरन्त भेजे में तड़का लग जायेगा।

बालम : तुम क्या जानो नक्छेद? नवाब मरते मर जायें, लेकिन वो रहते जवान ही हैं।

मायसा : बालम अब्बू आप तो...।

(झूमर का प्रवेश)

बालम : आज कोई मेरे अन्दर के इन्सान को आवाज़ न दे। आज अवध के शाही हकीम साहब तशरीफ़ लाये। मगर हमारे चहेते नवाब झूमर उनसे मिलने तक नहीं आये। क्या बेगम हमारी यही तहज़ीब है? इस नामाकूल ने उन्हें आदाब तक नहीं किया।

(सभी नवाब झूमर से सवाल-जवाब करते हैं।)

झूमर : आपको ग़लतफ़हमी हुई है। उन बुज़ुर्ग के एहसानों से मैं पहले ही दबा हूँ। मेरी गुमशुदा वाल्दा के वक़्त से ताल्लुकात हैं। मैंने आदाब भी किया था।

बालम : झूठ, सफ़ेद झूठ।

झूमर : बेशक आप न समझ पाये हों क्योंकि आदाब मैंने इशारे से नहीं, दिल में किया था।

बालम : अच्छा माना कि आपने आदाब दिल में किया था, अब मेरा दूसरा सवाल है कि आपने उसी दिल से बरख़ुरदार अपना कारूरा तादाद से ज़्यादा क्यों दे दिया?

(जवाब के बदले नवाब झूमर सिर झुकाकर चुप खड़े हो जाते हैं। लेकिन नवाब बालम आपा खो चुके हैं।)

बालम : शेर की ज़बान खोलने वाला बालम, तुम्हारी भी ज़बान खोल देगा झूमर मियाँ।

(बालम बन्दूक़ तान देते हैं, सभी लोग झूमर को बचाने के लिए मायसा के कहने पर घेर लेते हैं।)

नक्छेद : इस कमीने के लिए कौन जान दे?

(नक्छेद और रज्जब हट जाते हैं।)

बालम : तमन्ना बेगम आप हट जायें, आप पर शौहर की बुरी नज़र की क़सम।

(बालम की वज़नी बन्दूक़ से निशाना बहकने लगता है।)

तमन्ना : *(दौड़ती हुई)* क्या आप मेरी जान लेंगे, अल्लाह को क्या जवाब देंगे?

बालम : कह दूँगा बीवी पर ग़लती से बुरी नज़र पड़ गयी थी।

मायसा : झूमर मियाँ मैंने कल रात को ही ख़ुशख़बरी दी थी। उसकी कसम मुँह खोल दीजिए।

तमन्ना : कोई बालम की बन्दूक़ सँभाले। निशाना बदल रहा है।

(नक्छेद बालम से बन्दूक़ ले लेते हैं।)

झूमर : *(डरते, घबराते, थरथराते हुए)*

अच्छा जब मायसा बेगम की यही मर्ज़ी है तो बता ही दूँ। रात मेरा मतलब है कल रात की ताड़ी पेट में भरी हुई थी। अब कारूरा तादाद से ज़्यादा हो गया मुझे तो मालूम तक नहीं चला। आइन्दा शिकायत का मौक़ा नहीं दूँगा। न यक़ीन हो तो मेरे बुज़ुर्ग से पूछ लें।

बालम : अच्छा, तो रज्जब अब तुम्हारे बुज़ुर्ग हो गये। बताओ रज्जब।

रज्जब : हुज़ूर, जब झूमर पेड़ पर चढ़ जाता था उसके बाद की पैदाइश है मेरी, तो भला मैं बुज़ुर्ग कैसे?

तमन्ना : आख़िर तू ये बता? हमारे लाडले नवाब झूमर से रिश्ता क्या है?

(सब लोग मिलकर रज्जब को मारते हैं।)

मायसा : अब बता, तू शादी में भी बहुत आगे-आगे चल रहा था। मैं इस बद्‌जात को अब तक नवाब झूमर का रिश्तेदार समझती थी।

नक्छेद : छोटा मुँह बड़ी बात, बेगम साहिबा इजाज़त दें तो मैं इस कमीने की सरौते से ज़ुबान काट लूँ। न रहेगी ज़ुबान न रहेगा रज्जब! सच-सच बता कौन है तू?

रज्जब : अच्छा तो जितना जानता हूँ बताये दे रहा हूँ। मैं पाटेनाले का रहने वाला हूँ और झूमर झवाई टोले का। हम लोगों में अच्छी दोस्ती थी। न्यौता चाहे जिसका हो, शादी-ब्याह में हम दोनों साथ ही जाते थे। मगर इसमें एक ऐब है, ये एक नम्बर का जुआरी और उधारबाज़ है। इसकी शादी तो अब हुई है। ये तो घाट-घाट का पानी पिये है।

मायसा : जुआ खेलना तो नवाबों का शौक़ रहा है। रही घाट-घाट की बात तो ये नवाबों की मर्दानगी भला ज़माने से छुपी

है। लेकिन ये उधारबाज़ी वाली बात समझ में नहीं आयी!

रज्जब : बेगम साहिबा लखनऊ की हर गली-कूचे की दुकानें और शहर के हर वाशिंदे से ये उधारबाज़ किसी न किसी बहाने से उधार लिए बैठा है। भूले से भी कहीं ये बिल्लौचपुरे या चिकमण्डी चला जाये तो वहाँ के आदमी इसकी बोटियाँ कर बरगद के पेड़ पर चिपका देंगे।

तमन्ना : क्या रज्जब मियाँ सच कह रहे हैं?

झूमर : एक-आध बातें ज़रूर सच हैं जैसे मैं झवाई टोले का रहने वाला हूँ। उधार लिया ज़रूर लेकिन उधार हराम नहीं।

(बालम की तरफ़ उम्मीद से देखते हुए)

बालम : हाँ, उधार हराम नहीं है।

झूमर : उधार मैंने इस शर्त पर लिया है कि मैं जब शाह-ए-अवध की लाल कचहरी से मुक़दमा जीत जाऊँगा, सबका माल सूद समेत झूमरपुर के ख़ज़ाने से लौटा दूँगा।

मायसा : झूमर मियाँ, हम लोग जानना चाहेंगे कि लाल कचहरी में मुक़दमा किस बात का चल रहा है?

तमन्ना : *(अपने आपे से बाहर)*

अव्वल क़िस्सा जान पड़ता है, इसे फैलाकर सुनाओ।

झूमर : उस मशहूर मुक़दमे के बारे में लखनऊ तो क्या पूरा अवध जानता है। देखिये मेरी गुमशुदा वाल्दा आज 40 बरस की होंगी। उन्होंने एक दिन मेरे सिर पर प्यार से हाथ फेरते हुए कहा कि तू लावारिस नहीं है। बेटे तेरे वालिद साहब मौजूद हैं। आज मैं सब कुछ बता देती हूँ। शहर के नज़दीक झूमरपुर में इस वक़्त नवाब झूमर-I की रियासत है। मेरी क़द-काठी हूबहू नवाब साहब पर ही गयी है। हुआ यूँ कि डालीगंज चरही में नवाब साहब अपने सफ़ेद घोड़े को पानी पिला रहे थे। वहीं एक मुलाज़िम ने मेरी

मुलाक़ात उनसे करा दी तो मैंने बताया कि मेरे वालिद दर्ज़ी थे, मुझे काज़-बटन टाँकना आता है। इस तरह रोज़ मैं किश्ती से झूमरपुर जाती और नवाब साहब की शेरवानी में काज़-बटन टाँकती।

एक रात बरसात में किसी ने मेरा दरवाज़ा खटखटाया और कहा कि नवाब झूमर-I आज रात अपनी लखनऊ की क़ैसरबाग़ वाली हवेली में ही कयाम करेंगे। उनकी शेरवानी का बटन टूट गया है।

मेरी वाल्दा अपने चूड़ीदार पैजामे, कुर्ते और दुपट्टे से ख़ुद को बारिश से बचाती नवाब साहब की कोठी तक पहुँच ही गयी। उस वक़्त नवाब साहब जो शेरवानी पहने थे, उसका तीसरा बटन टूटा हुआ था। मैंने तुरन्त वहाँ बटन टाँक तो दिया, लेकिन फिर उन्होंने बटन बन्द नहीं किया।

इस तरह एक नाबालिग से तुम दूसरे नाबालिग पैदा हो गये।

तमन्ना : ये तो कोई नौटंकी का क़िस्सा जान पड़ता है।

झूमर : इस रज्जब को मैंने सब कुछ बता दिया था।

रज्जब : मैंने कहा, बहुत अच्छा किया जो मुझे सच-सच बता दिया। तभी तो कई रिश्तों के मेरे ससुर, पेशे से वकील की मदद से फैजाबाद में एक मुक़दमा कायम हो पाया– "नवाब झूमर-II बनाम नवाब झूमर-I"। मुक़दमा दो साल चला। किसी ने हमारी एक न सुनी। नवाब झूमर-I का शाह-ए-अवध पर बड़ा रसूख है तो हम जीतते कैसे?

झूमर : एक दिन तारीख़ थी, हम लोग इक्के से फ़ैजाबाद चले गये जहाँ ये पता चला कि आज नवाब साहब हमारी आख़िरी बहस सुनकर फ़ैसला देंगे। वक़्त के पाबन्द नवाब साहब ठीक 3 बजे कचहरी में बैठ गये। हमारे मुक़दमे की सुनवाई शुरू हुई ही थी, तभी नवाब साहब के मुलाज़िम ने आकर बताया हजूर घर पर ससुराली मेहमान आये हैं।

बेगम साहिबा ने ख़फ़ा होकर हुक्म दिया है कि कचहरी बर्ख़ास्त करके रोशनी से पहले महल लौट आयें।

रज्जब : नवाब साहब ने एक पल भी न सोचा और मुस्कराते हुए सारे मुक़दमे ख़ारिज कर दिये। जाते-जाते पूछने पर नवाब साहब ने बताया कि विरासत का मुक़दमा तो लाल कचहरी लखनऊ में सुना जाता है।

झूमर : इस तरह हम फ़ैज़ाबाद में मुक़दमा हार गये।

मायसा : गोया कि आप मुक़दमा हार ही चुके हैं। बालम अब्बू आप लोगों ने जो तहक़ीक़ात की उसके एवज़ में ये झूठा झूमर सामने खड़ा है।

झूमर : मायूस नहीं होते मायसा, दरम्यान मुक़दमा मशक़्क़त तो होती है। लेकिन कहावत है–''ख़ामोश रहने वाले कभी फ़ैसले से नहीं घबराते।

दृश्य चार

(नक्छेद तमन्ना की कलाई थामे मुस्कराते हुए दोनों हाथों को कभी ऊपर तो कभी नीचे ले जाते हुए। तभी अचानक बालम का मंच पर प्रवेश।)

बालम : बेहया तू खुलेआम ये सब क्या करा रही है?

तमन्ना : ऐसा भी क्या देख लिया जो हत्थे से उखड़ रहे हैं?

बालम : सरेआम पराये मर्द (नक्छेद) को अपनी कलाई थमाये बैठी हो।

तमन्ना : ये तो अन्धेर हो गयी नवाब साहब। ग़ौर से देखिये, नक्छेद मेरी चूड़ियाँ पकड़े हैं, कलाई नहीं। बचपन के दोस्त की आदत को बदलने में वक़्त लगता है।

नक्छेद : हुजूर दिन में जब आप मदहोश बाग़ में होते हैं तब कहीं जाकर फ़ुर्सत में इन बाकशिश चूड़ियों से खेलने का वक़्त मिलता है।

बालम : बद्‌जात निकलता है यहाँ से या बन्दूक़ में भरूँ कारतूस!

(बन्दूक़ और कारतूस की बेल्ट उठा लेते हैं।)

तमन्ना : बालम मियाँ ख़ुश हो, मायके के मेरे इकलौते ख़ादिम को भगाकर।

बालम : *(ग़ुस्से से)* चूड़ी वाली बात से मेरी ग़लतफ़हमी तो दूर हो गयी, फिर ये बताओ उस दिन यही ख़ादिम आपके नाज़ुक पैरों को क्यों पकड़े था?

(अब हंटर भी उठा लेते हैं, नक्छेद भाग जाता है।)

तमन्ना : ज़ाहिर है जो आप सोच रहे हैं ऐसा कुछ भी नहीं है। कहाँ आप और कहाँ आपकी ख़ाक!

बालम : बातें न बनाओ बेगम, सीधा जवाब दो।

तमन्ना : नक्छेद की क्या हैसियत जो मेरे पैर छुए, हाँ वो मेरा पंजा ज़रूर चटखा रहा था।

बालम : धीरे-धीरे मैं सब समझ रहा हूँ।

तमन्ना : आप कहना क्या चाहते हैं?

बालम : जब लोगों का भरोसा हम नवाबों पर से ही उठ रहा है, तो बेगमों पर कौन भरोसा करे?

(ताड़ी की बोतल उठाकर एक घूँट लगाते हैं।)

तमन्ना : आप कब से इतने लायक़दार हो गये जो ऊँची आवाज़ में तमन्ना बेगम पर उँगली उठायें?

बालम : बेगम मैं आपके इशारे में छिपा हुक्म फिर समझ गया। ठीक है मैं शेर की तलाश में तराई जा रहा हूँ।

तमन्ना : नवाब साहब आपकी ख़ैरियत भी इसी में है।

नवाब साहब अगर इस बार आपने तराई जाने का फ़ैसला टाला तो मैं आपके चेहरे पर कालिख पोत दूँगी।

बालम : अच्छा! बेगम आप मेरे चेहरे पर कालिख मलेंगी?

तमन्ना : कोई इन झूठे बालम को तो देखे, मैंने कालिख पोतने की बात कही थी, कालिख मलने की नहीं।

बालम : आपकी कोई ग़लती नहीं, मैं समझा देर से। लेकिन तैमूरी नस्ल का ये जाबांज़ अब रुकने वाला नहीं।

तमन्ना : हम औरतें तो मुर्दे का कफ़न हैं, हम कहाँ जायेंगे।

(जाते हुए बालम पलटकर)

बालम : आप मुझे मुर्दा कह रही हैं?

तमन्ना : या अल्लाह! मैंने ऐसा कब कहा? मेरा मतलब है औरतें तो आप लोगों के लिए कफ़न से ज़्यादा कुछ नहीं!

बालम : आपके इशारे में छिपा हुक्म मैं समझ गया। 'ख़ुदा हाफ़िज़'

तमन्ना : अलविदा!

तमन्ना : *(ऊँची आवाज़ में)*

कोठी मदहोश में कोई होश में भी है? झूमर हमारे प्यारे दामाद कहाँ हो?

(नवाब झूमर और मायसा का मंच पर प्रवेश)

झूमर : रात ताड़ी कुछ ज़्यादा हो गयी थी, सो बेगम साहिबा आज मैंने पी नहीं। मायसा के एहतियात के दिन चल रहे हैं।

मायसा : अय-हय, ऐसी भी क्या आफत आन पड़ी जो झूमर को...।

तमन्ना : तुम्हारे मियाँ को तड़के आवाज़ दे दी तो तुम्हें तकलीफ़ बहुत है मायसा? बालम मियाँ अभी-अभी निकल गये, मैं तनहा हो गयी हूँ। किसी को मेरी फ़िक्र है?

मायसा : आपने बालम अब्बू के जाते वक़्त कालिख मलने की बात क्यों कही?

तमन्ना : अरे तूने सुन लिया था क्या? मैंने तो हँसी में कालिख पोतने की बात कही थी।

झूमर : नवाब साहब कहीं शेर की लालच में कतर्निया घाट न पहुँच जायें।

मायसा : ख़ुदा करे मेरे प्यारे बालम अब्बू ख़ैरियत से रहें।

(झूमर मंच से जाते हुए)

मायसा : मैं अभी आपके लिए पानी ले आती हूँ।

(मायसा जाती हुई, नक्छेद का प्रवेश)

तमन्ना : ये घर अब पराया सा हो गया है।

नक्छेद : मेरे रहते हुए ऐसा नहीं हो सकता तमन्ना। लो मैं आ गया!

तमन्ना : तुम्हें कई बार समझाया *(दोनों तरफ़ देखते हुए)*

'तमन्ना कहो तनहाई में, आसपास कोई हो तो बेगम कहा करो।'

नक्छेद : तमन्ना तुम बड़ी थकी-हारी लग रही हो। कल रात से सोयी भी नहीं हो, मैं खिदमत कर दूँ तो नींद आ जायेगी।

तमन्ना : नहीं-नहीं मैं दीवान पर सोने की कोशिश करती हूँ। मेरे उठने पर तुम मुझे बालम की ख़ैरियत देना।

(बेगम दीवान पर लेटकर खर्राटे लेती हैं।)

नक्छेद : अरे, तुम्हारे तो खर्राटे चालू हो गये।

तमन्ना : *(नींद से उठते हुए)*

अरे ये तो रात हो गयी है। नक्छेद कहाँ हो तुम!

(नक्छेद का प्रवेश)

नक्छेद : अब कोई तकलीफ़ तो नहीं!

तमन्ना : क्या ख़बर है?

नक्छेद : मुझे क्यों याद किया?

तमन्ना : जाओ कैसे भी बालम की ख़ैरियत लाकर दो।

नक्छेद : ख़बर मेरे पास आ चुकी है, उनकी ख़ैरियत की।

तमन्ना : क्या ख़बर है?

नक्छेद : बेचारे नवाब साहब अल्लाह को...।

तमन्ना : *(रोते हुए)* ऐसा मत कहो। अब तक तो लाश फूल गयी होगी, वहशी जानवरों से कोई ज़िन्दा कहीं बचता है, मुर्दों से क्या पूछना? चील, गिद्ध और सियारों ने चीड़-फाड़ कर दी होगी। ये हुआ कैसे?

नक्छेद : 'अटैक हार्ट' था, तीनों नालियाँ बन्द थीं। चाहे कुछ भी हो जाये, मैं आपको बेवा रहने की तकलीफ़ नहीं सहने दूँगा।

तमन्ना : बालम मुझसे इजाज़त लिये बग़ैर रुख़्सत नहीं हो सकते।

मायसा : *(दुख से)* अच्छा, ये सब तुम कैसे जानते हो?

नक्छेद : *(दोनों हाथों को एक तरफ़ से दूसरी तरफ़ ले जाते हुए)*

दरख़्त झूम-झूम कर आपस में बात करते हैं। मैं बाहर जाकर बीच-बीच में दरख़्तों की बातें सुनता रहा।

मायसा : तो इस वक़्त का हाल तलब करो।

(नक्छेद तेज़ क़दमों से बाहर जाते हुए)

बेगम अम्मा आज ये भी देख लें कि आपके मायके के ख़ादिम दरख़्तों की बातचीत का क्या पैग़ाम लाते हैं?

नक्छेद : *(तेज़ क़दमों से मंच पर आते हुए)*

नवाब बालम अभी ज़िन्दा हैं। बेगम साहिबा आपका ये पंजा तोड़ ख़ादिम माफ़ी चाहता है। दरअसल पहले बरगद के दरख़्त को बबूल की जंगली बोली समझ में नहीं आयी थी इसलिए मेरा अन्दाज़ा ग़लत हो गया था।

तमन्ना : पहेलियाँ न बुझाओ, साफ़-साफ़ बताओ क्या हुआ?

नक्छेद : हुआ यूँ कि गड्ढे में पहले आदमखोर शेर गिरता है फिर सर के बल बारासिंघा गिरता है, उसकी सींगें ज़मीन में धँस जाती हैं। वो मुँह के बल उलटा गड़ा खड़ा हो जाता है। पैर आसमान की तरफ़, तभी मिट्टी के ढेर से 12 हाथ का अजगर निकल आता है।

बौरहे बालम बन्दूक़ में कारतूस लगाना भूल जाते हैं और उसी गड्ढे में फिसलकर गिर जाते हैं। तब तक अजगर बारासिंघा को निगल लेता है। उसकी सींग तक पहुँचते-पहुँचते अजगर का मुँह हमेशा के लिए फैल जाता है। मरकर भी बारासिंघा अमर हो जाता है क्योंकि अजगर सींगों को नहीं निगल पाता है।

अजगर को देखकर शेर का पारा चढ़ जाता है। वो घबरा

जाता है कि ये सब क्या है? तभी उसकी नज़र नवाब बालम पर पड़ जाती है तो ताज्जुब खा जाता है कि ख़ाली कारतूस वाला आदमी शेर के इतने क़रीब कैसे?

इस बेचैनी से शेर का पारा चढ़ जाता है और अटैक हार्ट से शेर की मौत हो जाती है।

(नवाब बालम शेर की खाल को लादे मंच पर प्रवेश करते हैं। सब ख़ुश हो जाते हैं लेकिन मायसा कुछ उदास हैं।)

बालम : मायसा जब शेर मेरे सामने आया उसका चेहरा भी तुम्हारी तरह उदास था। क्या बात है मायसा? आप क्यों परेशान हैं?

मायसा : बालम अब्बू ऐसी तो कोई बात नहीं है।

तमन्ना : ऐ हे मेरी बेटी में ऐसा क्या देख लिया जो ऊल जलूल सवाल कर रहे हैं?

बालम : हमें जो महसूस हुआ हमने पूछा।

मायसा : ऐसी तो कोई बात नहीं है। आपकी प्यारी मायसा अब मायसा बेगम बन चुकी है।

बालम : तुमने मदहोश बाग़ जाना और ताड़ी गोदाम का हिसाब रखना क्यों बन्द कर दिया?

मायसा : *(हँसते हुए)* गोदाम तो कोठी मदहोश के पीछे है। मैं ताड़ी के पीपे रोज़ गिन लेती हूँ। रही बात मदहोश बाग़...

(दुपट्टे में शर्म से मुँह छुपा लेती है।)

तमन्ना : इसमें मुँह छुपाने की कोई बात नहीं है बेटी। शादी के बाद लड़की की क़िस्मत में जितने मदहोश दिन मिल जायें, ता-ज़िन्दगी याद रहते हैं।

मायसा : अब तक तो झूमर ने दिल खोलकर नवाबों की तरह खर्च किया लेकिन इधर मैं देख रही हूँ, ख़र्च के नाम पर वो झट से दोनों मुट्ठी बन्द कर लेते हैं।

बालम : बस यही तो बात है जो मैं तुम्हारे मुँह से सुनना चाहता था।

बहुत जल्द नवाब झूमर इन्तहा के कंजूस हो गये। जनाब विरासत का झूठा मुक़दमा अलग से चलाये हैं। एक काम करो, मायसा अपनी महर का तकादा कर लो।

मायसा : महर तो मैं पहली रात को ही माफ़ कर चुकी हूँ।

तमन्ना : बालम इस झूठे झूमर को इसके अंजाम तक पहुँचाइये।

नक्छेद : बेगम साहिबा अगर इजाज़त दें तो मैं इस झूठे झूमर को उलटा न टँगवा दूँ तो कहिएगा।

तमन्ना : इजाज़त है, यहाँ है ही कौन जो तुम्हें रोकेगा!

नक्छेद : काकोरी में शेख़ों का एक गाँव है निहालपुर। वहाँ के एक बुज़ुर्ग हज़रत से मैं बैत हूँ। वहाँ महर अव्वल और महर दोयम की रवायत है।

तमन्ना : दो महर तो मैं पहली बार सुन रही हूँ, ये कैसे हो सकता है?

नक्छेद : रियासत-ए-काकोरी में रवायत है कि दुल्हन चाहे तो महर अव्वल माफ़ कर सकती है।

बालम : और महर दोयम?

नक्छेद : शादी के कुछ दिन बाद शौहर कंजूस हो जायें तो बीवी को महर दोयम देना लाजिमी है।

तमन्ना : क्या कमाल का मशविरा है? दशहरी के बाग़ में बैठे नवाब काकोरी दुनिया में ऐसे ही मशहूर नहीं हुए। मैं जाकर झूमर को भेजती हूँ। अब तुम अकेले में बात कर लेना।

(तमन्ना मंच से चली जाती हैं।)

बालम : बेटी, महर दोयम यानी पैरों की जूती पैरों में रहे। तुम्हें झूमर से महर दोयम लेनी ही होगी। बस तुम इसे घेर लो।

(बालम की मंच से वापसी और झूमर का प्रवेश)

मायसा : मेरे प्यारे झूमर कहाँ थे आप? मैं कब से याद कर रही थी।

झूमर : क्या बात है बेगम आज आप शिकार नये अन्दाज़ से कर रही हैं!

मायसा : आपके निगाह-ए-करम से मैं ख़ुद पहले ही शिकार हो चुकी हूँ।

झूमर : ऐसी ख़ूबसूरत बला, मैं तो मदहोश होकर गश खा जाऊँगा।

मायसा : नहीं अभी गश खाने का वक़्त नहीं आया है। होश गँवा देंगे तो इस नाचीज़ की झोली में क्या आयेगा।

झूमर : फिर ये हसरतें क्यों जाग उठीं?

मायसा : मजबूरी को हसरत का नाम न दें। बस आप मुझसे एक वादा कर लें।

झूमर : मैंने पहले ही तुम्हारी ज़रूरतों और ख़्वाहिशों को पूरा किया, अब क्या चाहती हो?

मायसा : आप मुझे अपनी शेरवानी दे दीजिए।

झूमर : *(कुछ सोचते हुए)* हाँ याद आया, ये ख़ानदानी शेरवानी रज्जब के मरहूम वालिद की आख़िरी निशानी है।

मायसा : अच्छा तो फिर आप मुझे अपना बटुआ दे दीजिए।

झूमर : *(हँसते हुए)* हा-हा आपने माँगा भी तो क्या माँगा बटुआ? इसे चाहूँ तो भी मैं मरते दम तक किसी को नहीं दे सकता।

मायसा : ऐसा भी क्या है इस बटुए में? मखमल का ही तो है।

झूमर : जिस बुज़ुर्ग ने मुझे ये बटुआ दिया था। उस बुज़ुर्ग ने कहा था कि बटुआ हमेशा अपने पास रखना। जिस दिन किसी को बटुआ दे दिया, उस दिन दुनिया से रुख़सत हो जाओगे।

मायसा : तौबा-तौबा, चलो मैं वो माँग लेती हूँ, जिस पर मेरा हक़ है।

झूमर : ऐसी कौन-सी चीज़ बाक़ी है जिस पर तुम्हारा हक़ हो जिसे मैंने अदा नहीं किया हो?

मायसा : याद कीजिए जिस निकाहनामे पर हमारा निकाह हुआ था उस पर नवाब काकोरी की मोहर लगी हुई थी।

झूमर : हाँ बेशक, मुझे अच्छी तरह याद है।

मायसा : हाँ तो फिर यहीं से पकड़ निकलती है। आपने मुझे मेरी महर नहीं दी।

झूमर : आप शायद भूल रही हैं बेगम महर की रकम उस रात आपने माफ़ कर दी थी।

मायसा : मैं कहाँ इनकार कर रही हूँ। अब मैं महर दोयम माँग रही हूँ।

झूमर : ये झूठी महर तो मैं हरगिज़ नहीं दूँगा।

मायसा : महर दोयम तो देनी ही होगी, ख़बर चाहे कोठी मदहोश के बाहर ही क्यों न फैल जाये।

झूमर : महर की रक़म आप दोबारा नहीं माँग सकतीं, कभी नहीं...

मायसा : झूमर फिर याद रखना, कोठी मदहोश में रवायत है कि यहाँ बेगमों के इशारे में छिपे हुक्म को ही मानना लाजिमी है।

दृश्य पाँच

(मंच पर नवाब झूमर घबराये हुए दौड़े-दौड़े रज्जब को ढूँढ़ रहे हैं।)

झूमर : रज्जब के बच्चे तूँ कहाँ छुपा है?

रज्जब : कुछ परेशान दिख रहे हो। वरना आजकल मायसा से कहाँ फुरसत? ख़ैर नाम लेते तो मैं हाज़िर हो जाता।

झूमर : अबे तेरा ही तो नाम ले रहा हूँ तब से।

रज्जब : इतना भी कान का कच्चा नहीं हूँ मैं। आपके हलक से एक बार भी इस बन्दे का नाम नहीं निकला।

झूमर : तो क्या मैं गला फाड़-फाड़कर कोठी मारकीन के अंग्रेज़ मुर्दों को पुकार रहा था?

रज्जब : झूमर नाराज़ न हो। प्यारे रज्जब मियाँ से मैं रज्जब के बच्चे कब हो गया?

झूमर : रज्जब मियाँ मैं बहुत शर्मिन्दा हूँ। मेरी परेशानी सुनोगे तो तुम्हारी भी सुतली खुल जायेगी।

रज्जब : अमां झूमर मियाँ कहाँ वो दयार-ए-लखनऊ की तंगहाल ज़िन्दगी। यहाँ कोठी मदहोश, मदहोश बाग़, ताड़ी गोदाम, आपकी मायसा बेगम, क़िस्सों पर फ़िदा तमन्ना बेगम, बालम नवाब। आपकी तो क़िस्मत बुलन्द हो गयी।

झूमर : मेरी जान को बन आयी है और तू झूठी शायरी झाड़ रहा है।

रज्जब : अरे ऐसी भी क्या बात है?

झूमर : मेरे साथ धोखा हुआ, मायसा ने मुझसे कुछ माँगा है...।

रज्जब : कहीं तूने मेरी ख़ानदानी शेरवानी तो नहीं दे दी?

झूमर : झूमर जान दे सकता है गुरबत ढँकने वाली तुम्हारी ख़ानदानी शेरवानी नहीं दे सकता।

रज्जब : तो फिर आपकी बेगम ने ऐसा क्या माँग लिया?

झूमर : ऐसे तो मायसा हाथ नहीं रखने देती, लेकिन मियाँ आज का नज़ारा ही कुछ और था। वो दुपट्टा लहरा-लहराकर मेरी तारीफ़ के क़सीदे पढ़ रही थी। मुझे रिझाना था तो दुपट्टे से मेरी गर्दन फँसा ली। जब शेरवानी नहीं मिली तो कहने लगी कि बटुआ दे दो।

रज्जब : आप वो चिरैंदा बटुआ नहीं दे सकते थे।

झूमर : फूटी कौड़ी तो उसमें रहती नहीं, हैसियत का राज़ खुल जाता। वो महर दोयम माँग रही हैं। कभी तुमने सुना है?

रज्जब : अब माँगा है तो ये रज्जब मायसा के हाथ में महर ख़ुद देगा।

झूमर : ज़्यादा उतावला न बन, मेरी महर है। मुझे अपनी बीवी को देना है, तुझे तो बस जुगाड़ करनी है।

रज्जब : झूमर मियाँ अब कभी तुम्हारा चेहरा उदास न देखूँ। ऐसा करते हैं।

(मायसा कान लगाये सुन रही है।)

जैसे हम गोमती के बीच वाले मन्दिर से हर साल घण्टा चुराते हैं उसी तरह कुछ करते हैं।

(कानाफूँसी करते हुए बोलते हैं)

''ताड़ी गोदाम में चोरी''। इन रात के अन्धों को पता भी नहीं चलेगा।

झूमर : कोठी मदहोश में रात सभी तो मदहोश रहते हैं। ठीक दो बजे ताड़ी गोदाम में चोरी कर उड़नछूँ हो जायेंगे।

मायसा : *(घबराई और दौड़ी-दौड़ी आती हैं। नक्छेद और बालम कुछ गुफ़्तगू कर रहे हैं।)*

बालम अब्बू कोठी मदहोश पर आफ़त आने वाली है। कल रात ताड़ी गोदाम का ताला टूटेगा।

बालम : *(ख़ुद डरे हुए)*

तुम एक काम करो मायसा, लाडले कबूतर को दरबे से उड़ा दो। शाह-ए-अवध ख़तरा समझ जायेंगे। वो तुरन्त कोतवाल को रवाना कर देंगे।

तमन्ना : मायसा तुमने ताड़ी गोदाम में ताला तो लगा दिया था?

मायसा : अलीगढ़िया ताला है, पढ़कर फूँक भी दिया है।

बालम : ताड़ी गोदाम...मेरी तो साँस रुक जाती है। मैंने शहर कोतवाल को बुला लिया है, वो ख़ुद निगरानी करेंगे।

(नक्छेद का मूँछों वाले कोतवाल के साथ प्रवेश। नक्छेद तमन्ना और बालम से मुलाक़ात कराते हैं। कोतवाल आदाब करते हैं।)

मायसा : कोतवाल साहब कश्ती से उतर तेज़ क़दमों से आ रहे हैं।

कोतवाल : नवाब बालम आप ही हैं!

(बालम हाँ में गर्दन हिलाते हुए) और आप!

(तमन्ना की तरफ़ इशारा करते हुए)

तमन्ना : मैं बेगम, अगर कहें तो पूरा नाम भी बता दूँ।

बालम : बता दो, बता दो, दिल में हसरत क्यों रह जाये?

तमन्ना : *(बच्चों वाली हरकत करते हुए, दोनों हाथ की उँगलियाँ चिटकाते हुए)*

लबे लबलब, लबे चमचम, लबे दरिया तमन्ना बेगम।

कोतवाल : क्या ख़ूबसूरत नाम है? बेपनाह ख़ूबसूरत और हसीन हैं आप!

तमन्ना : ठीक ऐसे ही नवाब बालम को दूसरों की बीवी अच्छी लगती है।

(पीछे हट जाती है।)

नक्छेद : शाह-ए-अवध भी मदहोश बाग़ के मुरीद हैं।

कोतवाल : नवाब साहब चोर पकड़ने का फ़रमान जारी कर ताड़ी पीकर भुजंग हो गये। अच्छा आप लोग ये बतायें, आख़िर इस चोरी का सुराग कैसे मिला? क्या कोई मुखबिर?

मायसा : अँधेरे में दो चोर सौ ताड़ी के पीपे चुराने की बात कर रहे थे। सूरत तो दिखी नहीं, सीरत दिख गयी। कमबख़्तों की हिम्मत तो देखिये।

कोतवाल : आप में से किसी ने चोरी की गुफ़्तगू करने वाले हज़रत को पहचाना?

मायसा : उन्हें देखा तो मैंने ही था, वो नक़ाबपोश थे।

बालम : उस्ताद-ए-जमा की क़सम अगर देखा होता तो उसका भेजा उड़ा देता।

तमन्ना : बालम मियाँ आप कब इतने अच्छे निशानची रहे?

बालम : तुम तो मेरे निशाने से कभी मुतमईन नहीं रहीं!

तमन्ना : एक कच्चे निशानची से क्या बहस करें! कोतवाल साहब आप कुछ पूछ रहे थे!

कोतवाल : मैं चाहता हूँ कि कोठी मदहोश में जो भी हो, उसे मेरे सामने लाया जाय और मेरी ये बात ज़हन में रहे कि कोई ताड़ी के नशे में पड़ा न रह जाये।

बालम : सबको यहीं बुला लो।

मैं सबका तआरुफ़ करा दूँ। बजाते ख़ुद मैं नवाब बालम, आप तमन्ना बेगम कोठी मदहोश की मालकिन। ये हमारी लाडली मायसा बेगम। हम सब घर के मालिक और ये नक्छेद हमारा ख़ादिम और बेगम साहिबा का मुँह लगा। ये जनाब रज्जब, दूल्हे के सहबाला मानकर पनाह दी थी।

कोतवाल : अच्छा तो रज्जब मियाँ आपके कोई औलाद भी है?

रज्जब : जी जुड़वाँ बेटे हैं।

बालम : कोतवाल साहब को जवाब अदब से दो।

रज्जब : जी मेरा कहने का मतलब दो लड़के हैं, दोनों शादी के बाद हुए थे।

बालम : और ये ख़ूबसूरत हट्टा-कट्टा नौजवान हमारा लाडला दामाद।

कोतवाल : आप ऐसा तआरुफ़ न कराते तो मैं इन्हें फरार नवाब झूमर-II ही समझता। चेहरा क़द काठी हूबहू वही है। नवाब झूमर-II माथे के ऊपर फुग्गा बनाते हैं। आपका दामाद तो जुल्फ़ें आगे रखता है। लखनऊ में राहजनी, अमानत में खयानत और शोहदागिरी के मामले में झवाई टोले से उसका पीछा किया था तो हज़रत भूलभुलैया में दाख़िल हो गये। किसी ने मुझे टोका भी कि वो भूलभुलैया का कीड़ा है फिर भी मैं दाख़िल हो गया। पूरा हफ़्ता लगा मियाँ वो आता और सिर पर हाथ फेरकर चला जाता। मैंने कहा मुझे निकाल दो तो कभी गिरफ़्तार न करने की शर्त पर मैं बाहर निकल सका।

(मंच के पिछले हिस्से में ताड़ी गोदाम में चोरी आख़िरी हिस्सा लाइट से बनाया जायेगा।)

झूमर : बेवकूफ़ मायसा कह रही थी चोर नक़ाब पहने थे।

रज्जब : *(हँसते हुए)* नक़ाब पहनकर चोरी नौसिखिये करते हैं सयाने नहीं।

(मंच के पीछे का दृश्य, 250 पीपों में से 100 पीपे दोनों सामने वाले दूसरे कमरों में रख देते हैं।)

झूमर : ताड़ी गोदाम हा-हा-हा!

रज्जब : कहो तो 100 से ज़्यादा पीपे चुरा लूँ। इन अहमक़ों को पता तक नहीं चलेगा।

झूमर : नहीं, मैं मायसा को दिल-ओ-जान से चाहता हूँ।

रज्जब : अच्छा बेटा 'मोहब्बत भी सेंधमारी भी'। हा-हा-हा।।

(ताड़ी गोदाम में रोशनी गुल, नज़रें गड़ाये मायसा झूमर और रज्जब को मदहोश बाग़ की तरफ़ भागते हुए देख सर पकड़ लेती है। मंच के दाहिने ओर से दोनों धीमे क़दमों से बाहर खिसक लेते हैं। बाक़ी सब अन्दर ताड़ी गोदाम में आहट जानकर मंच के बायीं तरफ़ से ताड़ी गोदाम पहुँच जाते हैं। कोठी में कोहराम)

मायसा : इतनी रात गये आप दोनों कहाँ से तशरीफ़ ला रहे हैं?

रज्जब : *(झूमर पीछे खड़े हैं)* वो हम मदहोश बाग़...।

मायसा : मेरी आँख में धूल मत झोंको।

झूमर : धूल कैसी धूल?

तमन्ना : कोठी मदहोश की हर चीज़ नवाब झूमर आप ही को मिलनी है।

(रज्जब की तरफ़ इशारा करते हुए)

इस कामचोर के साथ मिलकर बालम के अरमानों वाली ताड़ी गोदाम की आप दोनों ने चोरी की है।

बालम : वाह मायसा वाह! तो आस्तीन का साँप ये चोर हज़रत हमारे सामने खड़े हैं।

तमन्ना : ज़माना बदल गया, बालम नवाब। लगता है चोर दामादों का दौर आ गया है।

झूमर : अम्मा बेगम कोतवाल साहब ने तहक़ीक़ात शुरू कर दी है, हम पर अभी चोरी साबित नहीं हुई है।

(इस सवाल पर बालम कोतवाल से मशविरा कर रहे हैं।)

कोतवाल : अबे झूमर के बच्चे...।

बालम : आप अदब में रहें, अभी चोरी साबित नहीं हुई है। ये चहेता हमारा घर दामाद है।

कोतवाल : आपने अपना नाम क्या बताया था?

झूमर : झू-मर!

कोतवाल : हाँ तो झू-मर इतनी रात गये आप कोठी के बाहर से क्यों आ रहे हैं।

(झूमर चुप है।)

रज्जब : जी वो हम दोनों चोरों के पीछे मदहोश बाग़ चले गये थे।

कोतवाल : सच-सच बताओ कोठी मद...।

झूमर : तो ठीक है सच बताये देता हूँ। आप सब मेरे हुनर और फन को तो जानते ही हैं। पहले हम दोनों ताड़ी गोदाम पहुँचे...।

वहाँ रोशनी बन्द करके चोरों ने 100 पीपे ताड़ी के चुरा लिए थे। इस तरह ढइया लुट चुकी थी।

रज्जब : हम लोगों ने उन्हें पकड़ तो लिया, लेकिन वो हाथों में कड़वा तेल लगाये थे। हम लोगों के हाथ फिसल गये और वो खड़े हँस रहे थे।

बालम : हाथों पर कड़वा तेल, उन्हें तो मौत भी नहीं पकड़ सकती।

कोतवाल : झू-मर बेटा, हाथों में तेल लगा हुआ था, तो कसकर उनके पैर पकड़ लेते।

(झूमर, नवाब बालम को इशारा करते हुए)

बालम : कोतवाल साहब नवाब मिटते-मिट जायेंगे, लेकिन किसी के पैर नहीं पकड़ सकते।

झूमर : मैंने कहा तुम चोरी के पीपे मेरी लाश पर से ही ले जा सकते हो।

मायसा : अब दोबारा ये लफ़्ज़ गुफ़्तगू में न आये। आपसे बढ़कर ये 100 पीपे नहीं।

झूमर : चोर बताने लगे, ''चोरी हो चुकी है हमारी रोज़ी अल्लाह तआला ने चोरी में ही अता फ़रमायी है। इस जायज़ माल को हमसे छीनना हराम है।''

रज्जब : ऐसे में हम मजबूर हो गये, लेकिन झूमर के अक्ल की दाद देनी होगी।

झूमर : मैंने सोचा, ताड़ी गोदाम में चोरी की ख़बर कहीं भूल से लखनऊ के सूखे रंगबाज़ों को हो गयी तो नवाब बालम के रुतबे को ख़तरा होगा।

तमन्ना : शाबाश झूमर! अपने ससुर के रुतबे का तुम्हें इतना ख़याल है।

झूमर : मायसा की आहट मेरे साथ थी, सो मैंने कह दिया ताड़ी के पीपे मैं ले जाने नहीं दूँगा, बोलो इसकी क़ीमत क्या है?

मायसा : आख़िर आपने क़ीमत पूछने की हिम्मत कैसे की? आज सुबह की ही बात है, आपके बटुए में फूटी कौड़ी तक नहीं थी।

तमन्ना : बीच में मत बोलो मायसा, क़िस्सा पूरा होने दो।

झूमर : चोरों के जिस्म थे तो भारी, पर हमारे हौसले भी बुलन्द थे। इतनी दबंगई दिखायी तो वो घबराकर बोले, ''अब कोई रास्ता नहीं चाहो तो ख़रीद लो।''

तमन्ना : फिर क्या हुआ?

झूमर : मायसा बेचारी सही ही कह रही थी, माल था नहीं, और फ़रमाइश महज़ नगदी की थी। मैंने लाल कचहरी के मुक़दमे और झूमरपुर के ख़ज़ाने से मुनाफ़े के साथ क़र्ज़ चुकाने की पेशकश की। ऐसे चोरों के साथ सौदा हो ही गया।

(झूमर रज्जब के कान में बात करते हुए)

रज्जब : ठीक है। 100 पीपे ताड़ी झूमर उसे नीलाम कर रहे हैं। बोली शुरू होती है।

कोतवाल : 100 अशर्फ़ियाँ।

तमन्ना : नवाब बालम बोली में गिनती का एक बढ़ा दो, इस नालायक़ कोतवाल की नज़र नवाब झूमर की कमाई पर है।

बालम : *(मुस्कराते हुए)* 200 अशर्फ़ियाँ

रज्जब : 200 अशफ़याँ एक-दो-तीन...। और ये पीपे आपके हुए।

तमन्ना : मैंने 101 कहने को कहा था, 200 नहीं।

बालम : बेगम! नीलामी लूटना कोई हम नवाबों से सीखे।

(मुबारक हो, मुबारक हो, रज्जब अशर्फ़ियों की थैली झूमर को देते हुए)

झूमर : *(अशर्फ़ियों का थैला मायसा को देते हुए)*

मेरे हक़ हलाल की कमाई और तुम्हारी महर दोयम। सब अदा-बिदा हो गयी।

मायसा : माल चोरी हुआ फिर बरामद भी हो गया। चोर नदारद हो गये। जियो मेरे झूमर जियो।

कोतवाल : बाप रे बाप, इतने बड़े शातिर चोर। वो भी मेरी नाक के नीचे ताड़ी गोदाम का ताला तोड़ने को लखनऊ के इन झूठे खलीफ़ाओं को कोठी मदहोश ही मिली थी!

बालम : जाने दीजिए कोतवाल साहब, चोर नासमझ थे ताड़ी के पीपे तुरन्त बेच गये जब कि कुछ दिनों बाद ताड़ी के दाम ऊँचे होने वाले हैं।

रज्जब : *(हाँफते हुए बाहर से आते हैं)*

ख़बर है चोर अँधेरे का फ़ायदा उठाकर बादशाह नगर या हैदराबाद की कोठियों से भाग गये झूमर!

कोतवाल : अच्छा तो तुम ही हो नवाब झूमर-II

झूमर : जी-जी हाँ।

कोतवाल : अब मुझसे कैसे बचते?

बालम : कोतवाल साहब, परेशान न हों। अब झूमर मेरी निगरानी में है।

दृश्य छ

(कोठी मदहोश में चोरी की वारदात पर बातचीत)

बालम : मायसा की बात अगर सच है तो मैं यक़ीन से कह सकता हूँ चोर यहीं मौजूद है। कोठी मदहोश में ताड़ी गोदाम की चोरी, फिर रज्जब मियाँ ताड़ी गोदाम की नीलामी करते हैं। नीलामी में बोली मेरी जीतती है।

मायसा : और मेरी महर दोयम भी अदा हो गयी।

तमन्ना : तुम लोग एक ही बात को फिर पूछे जा रहे हो।

बालम : झूमर बस इतना बता दो रज्जब ताड़ी चोर है या तुम भी चोर के भाई गिरहकट हो?

झूमर : या इलाही ये सब सुनने से पहले मैं मर क्यों नहीं गया!

तमन्ना : नवाब साहब कुछ तो लिहाज़ किया होता। ये हमारा घर दामाद है और मायसा के होने वाले बच्चों का बाप।

मायसा : आपने मेरी बात का ग़लत मतलब निकाला है, ख़ामख़्वाह आपने झूमर का नाम घसीट लिया।

तमन्ना : इस रात चोरी होने तक नक्छेद मेरे ही कमरे में बैठा था। ये बता रहा था आपके दामाद पर मुझे शक है। तब इससे मैंने कहा कि जब झूमर आया था तब तंगहाल ज़रूर था लेकिन आज देखो वो कहाँ से कहाँ पहुँच गया है।

बालम : ओफ़-ओ नवाब झूमर-II नाम सोचकर थक गया। इतना पता लगवाया लेकिन अवध में ऐसा कोई नाम नहीं मिला।

झूमर : *(रज्जब झूमर के कान में कुछ कहते हैं।)*

नवाब साहब मैं आपकी इज़्ज़त करता हूँ।

मायसा : अब बालम अब्बू ने पूछा है तो जवाब देना ही होगा। मुझे भी तसल्ली हो जाये। वरना क्या मुझे अपने बच्चों का नाम नवाब झूमर-III, IV रखना होगा?

झूमर : ताड़ी का मज़ा जाता रहा, चलो सच बता दूँ।

तमन्ना : सब ख़ामोश रहेंगे, झूमर बेटा तुम क़िस्सा सुनाओ।

झूमर : देखिये, जैसे मैंने फ़रमाया था कि मेरा नाम नवाब झूमर-II पड़ा नहीं है, गुमशुदा वाल्दा ने रखा था। मैं जब जवान हुआ तब वो बला की ख़ूबसूरत थीं। शाह-ए-अवध से भी मिला, उन्होंने सर पर हाथ रखकर बड़े प्यार से कहा, "भई लखनऊ में बाहर से आने वाले मेहमान लखनऊ को देखकर इतना ख़ुश हो जाते हैं कि सब कुछ भूल जाते हैं। इसीलिए एक मशहूर भूलभुलैया बनवा दी गयी। गुमशुदा की तलाश भूलभुलैया में ही होती है।''

बस इस तरह भूलभुलैया की एक-एक गली और रास्तों की ख़ाक छानी। वहाँ मेरी वाल्दा तो नहीं मिल सकी, लेकिन ये मेरा हमदर्द दोस्त रज्जब मिल गया। इस दोस्ती का ये अंजाम हुआ कि हम दोनों वल्दियत और विरासत के लिए झूमरपुर पहुँच गये। वहाँ नवाब झूमर-I ने इतना तो माना कि जवानी में वो हू-ब-हू मेरी तरह थे। इससे पहले कि वो हमें धक्के मारकर निकालते, मेरी नज़र इमारत के सौ फ़ीट ऊँचे गुम्बद पर गयी। वहाँ एक बहुत बड़ा आलीशान झूमर टंगा था। नवाब झूमर-I ने बताया कि ये दुनिया का सबसे बड़ा झूमर मुझे कोठी मारकीन के मालिक मेरे दोस्त क्लाउड मार्टिन ने बेल्जियम से लाकर दिया था, जिसे हमारी रियासत के बेहतरीन कारीगरों ने टाँग दिया। उस दिन से लोगों ने मेरा नाम नवाब झूमर-I रख दिया।

मैं नवाब झूमर-I को बता रहा था कि जिस रात बहुत बारिश हो रही थी, उस रात आपकी शेरवानी का बटन टूट गया था। अपने आदमियों से धक्के मारकर बाहर कराते वक़्त उन्होंने कहा था, ''तुम्हारे ऐसे नाजायज़ लड़कों को क़िले से भगाना ही अब काम बचा है।''

मायसा : हर बार तुम गुमशुदा वाल्दा क्यों कहते हो?

झूमर : मायसा मेरी वाल्दा गुम हुई हैं, खोयी नहीं हैं।

बालम : याद रखना अगर कचहरी में मुक़दमा हारे तो कोतवाल के हाथों तुमको जेल न भिजवा दूँ तो मेरा नाम नवाब बालम नहीं!

(नक्छेद जब्बार के साथ कोठी में प्रवेश करता है।)

नक्छेद : नवाब साहब, ये हाजी जब्बार हैं, आपसे मिलना चाहते हैं।

बालम : नक्छेद जब्बार कैसे आदमी हैं?

नक्छेद : हुजूर हाजी जब्बार आदमी ठीक हैं, इन्सान अच्छे नहीं।

बालम : आइये हाजी जब्बार फ़रमायें।

(जब्बार बैठने का प्रयास करते हुए)

बालम : अब तुम्हारी इतनी जुर्रत!

जब्बार : *(खड़े होते हुए)*

हुजूर चार बेटे हैं, बड़े क़ाबिल, सब कहीं न कहीं नौकर हैं। एक बिन ब्याही बेटी बिलग्राम में नानी के पास रहती है।

बालम : और बीवियाँ?

जब्बार : हर बच्चे पर एक बीवी की मौत हो गयी। नेक बीवियाँ मेरी क़िस्मत में कहाँ!

बालम : इस तरह आप शादी पर शादी करते रहे।

जब्बार : गुनाह-ए-बेलज्जत। इस बदनसीब को उसकी शादियाँ न गिनायें। हज करने के बाद मैं बेटी के साथ सुकून से बिलग्राम में रह रहा था। मुझे उस कमसिन की शादी की बहुत फ़िक्र थी। एक दिन वो शरमाकर बोली, 'तनहाई खा जायेगी', कोई रिश्ता देखिये। मुझे फ़ख्र हुआ कि बेटी ने मेरी तनहाई का कितना ख़याल रखा।

(तमन्ना का मंच पर प्रवेश)

तमन्ना : गुफ़्तगू जारी रहे हाजी जब्बार मियाँ!

जब्बार : फिर नवाब साहब मैंने चूने का पान खाने वाले दो लोगों के सामने बेटी के अरमान बता दिये।

नक्छेद : चूने का पान, बाप रे! चूना लगाना इनका पेशा है।

जब्बार : तुम सही कह रहे हो नक्छेद। क्या नवाब झूमर-II आजकल आपके घर दामाद हैं?

तमन्ना : बेशक। और आजकल नहीं मुश्तकिल हमारे घर दामाद हैं। कोठी में मौजूद भी हैं।

बालम : नक्छेद! नवाब झूमर-II को बाअदब यहाँ बुलाकर लाओ।

(नक्छेद भीतर जाता है।)

जब्बार : अल्लाह आपको जल्दी जन्नत नसीब करें।

बालम : लीजिए आपके मेज़बान हाज़िर हो गये।

(बालम जब्बार को रोकते हुए, मंच पर झूमर और मायसा का प्रवेश)

जब्बार : आह-आ-हा! वही चेहरे पर नूर और ताज़गी, होंठ गुलाब की पँखुड़ी, आँखें दरिया, एक बार फिर डूब जाने को जी चाहता है झूमर।

झूमर : अच्छी आपा कैसी हैं?

जब्बार : दुनिया क़ायम तो सब ख़ैरियत, बस एक बार मुझे पहचानो।

तमन्ना : मसला क्या है जब्बार मियाँ?

जब्बार : मैं जो पान वाले की बात कर रहा था वहाँ झूमर और इनका एक शातिर दोस्त खड़ा था।

(नक्छेद रज्जब को लेकर आते हैं।)

जब्बार : अरे मेरे प्यारे रज्जब तुम लोगों को कहाँ-कहाँ नहीं ढूँढ़ा।

मायसा : मुझे लगता है हाजी साहब को किसी ने धोखा दिया है।

जब्बार : इस कमीने रज्जब ने बहला-फुसलाकर मेरी शादी कराने के एवज़ में मुझसे 200 अशर्फ़ियाँ वसूलीं।

बालम : तो फिर क्या निकाह हुआ?

जब्बार : जी हुजूर निकाह भी हुआ, महर भी दी लेकिन लाल जोड़े में महर की थैली ले झूमर रज्जब की मिलीभगत से भाग गया।

मायसा : नवाब झूमर कुछ मालूम है आपको?

जब्बार : ये क्या बतायेगा, ये तो मुझे रंडवा बनाने के लिए छुपा-छुपा फिर रहा है।

झूमर : देखो इस धोखेबाज़ बुज़ुर्ग को, मेरे दादा की उम्र के हैं, और मस्जिदों से नागरे चुरा-चुराकर 4-4 शादियाँ करता है।

बालम : रज्जब मियाँ, जब्बार की भागी हुई बीवी कहाँ है? तुमने किससे निकाह कराया था?

रज्जब : नवाब साहब मैं किसी के फटे में हाथ नहीं डालता।

बालम : फिर महर की रक़म का क्या हुआ?

जब्बार : महर की रक़म तो मैंने उसी रात अदा कर दी थी। अपनी ज़िन्दगी की सबसे बड़ी भूल।

बालम : वो कैसे?

जब्बार : महर की थैली दी, तभी वहाँ घोड़े के हिनहिनाने की आवाज आयी। फ़ैज़ाबाद से आया दरोगा मेरी बेटी को बता रहा था कि तुम्हारी अम्मा भगोड़ी हैं। मैं बीवी के हाथ पकड़ता, तब तक मुझे दरोगा ने पकड़ लिया। पता चला झूमर साथी की मदद से फरार हो गये।

मायसा : अच्छा तो शादी बेटी की नहीं हाजी साहब की हुई थी?

जब्बार : झूमर ज़ेवर और महर समेत रज्जब की मिलीभगत से लखनऊ भाग चुके थे।

नक्छेद : तो अशर्फ़ियों के चक्कर में झूमर लाल जोड़े में मिरासी बन जब्बार से झूठा निकाह कर भाग जाते हैं।

बालम : *(कमरे में रखी बन्दूक़ बालम उठाकर जब्बार के सीने पर रख देते हैं।)*

तुझे हमारा झूमर ही मिला था, गोरों की नयी रस्मों से इन्सानियत और इस्लाम को बदनाम करने वाले अब तुझे ज़िन्दा कौन छोड़ेगा?

तमन्ना : नक्छेद सँभाल बन्दूक़ का निशाना बदल गया है।

(दौड़कर नक्छेद बन्दूक़ सँभालते हुए, जब्बार टोपी पकड़ कोठी से बाहर भाग जाते हैं।)

दृश्य सात

(आज जश्न-ए-ताड़ी का जलसा है। कोठी मदहोश में पीने-पिलाने की महफ़िल। नक्छेद और रज्जब भी पी रहे हैं।)

नक्छेद : कहावत है "आसमान से गिरे खजूर पर अटके"।

रज्जब : इस कहावत का जवाब क्या है?

नक्छेद : यही ताड़ी और क्या? ऊपरवाले ने ताड़ी को ज़मीन पर गिरने नहीं दिया?

(हाथ में गिलास लिए हुए झूमर का प्रवेश)

झूमर : औरत भी अजीब शै है, बाहर से रंगीन तितली और अन्दर मधुमक्खी का छत्ता।

रज्जब : *(नशे में हँसते हुए)*

कुछ दिनों की बात है झूमर-III आने वाले...।

झूमर : वो बात नहीं है *(ताड़ी की चुस्की लेते हुए)* मायसा कह रही थी, "इस कमीने रज्जब से कहो कि खुराकी दिया करे।"

रज्जब : नवाब साहब और बेगम का एहतराम न होता तो किसी की क्या मजाल कि मुझे अबड-तबड?

झूमर : तेरी अक्ल तो ताड़ीखाने में क़ैद है रज्जब! मायसा का तो तू अदब करता है।

नक्छेद : ताड़ी भी पियोगे, बहस भी करोगे। अंजाम में *महफ़िल* ख़राब न करो, लो मेवे और नमकीन खाओ।

झूमर : महफ़िल पीने-पिलाने की है। हाँ औक़ात से ज़्यादा पीकर उगलना मना है।

रज्जब : बेचारे नक्छेद मियाँ, अब तमन्ना से क्या मिलेगा? इन्तज़ार में कितना वक़्त ज़ाया कर चुके हो।

झूमर : बेगम तो बस इन्हें मायके का ख़ादिम बनाकर काम निकलवा रही हैं। एक आध बार पुचकार क्या दिया, बस नक्छेद मियाँ ज़िन्दगी तबाह किये हैं।

रज्जब : वैसे नक्छेद ख़ुद बहुत वफ़ादार हैं। क्या इन्होंने कभी धोखा दिया?

झूमर : तुम पर तो ताड़ी चढ़ी है। सब इसी का किया धरा है। पहली बार जब हम गोमती पार उतरे तो लगा ये पैर दबाने और कहने लगा, ''आपकी कदमबोसी को मैंने नवाब साहब और बेगम को तैयार कर लिया है। कोठी मदहोश में अशर्फ़ियाँ गंजी पड़ी हैं। बस बेवकूफ़ मायसा से निकाह कर ले फिर चाहे...।

मेरा मतलब है माल और इज़्ज़त लूट के भागे तो अपनी मर्ज़ी से इस ग़रीब के काँसे में कुछ हिस्सा डाल...।

(पीछे से नक्छेद आकर झूमर का मुँह दबा देते हैं।)

नक्छेद : एक जड़ूँगा तो तेरा झूमर टूट जायेगा।

रज्जब : नक्छेद को गरियाने से क्या फ़ायदा? ख़ुद को देख उस रात झूठी ताड़ी चोरी वाला क़िस्सा...।

झूमर : ख़ुदा के लिए चुप हो जाओ! हण्डिया चौराहे पर फूट गयी तो किसी को मुँह दिखाने के क़ाबिल नहीं रहोगे।

(बालम, तमन्ना और मायसा का प्रवेश। बालम ताड़ी की चुस्कियाँ लेते हुए)

बालम : आप लोग भी पियें। आज तो ताड़ी की पैदाइश का दिन है।

मायसा : आज का तारीख़ी दिन ऊपर वाले ने ताड़ी ज़मीन पर गिरने नहीं दी।

तमन्ना : ताड़ी की इज़्ज़त अफ़जाई के लिए आज रतजगा होता है।

(मायसा चुस्कियाँ लेकर मुस्करा रही हैं।)

नक्छेद : तमन्ना एक बार फिर कुँवारी और बेपनाह हसीन दिख रही हैं।

बालम : ख़ादिम ये तुम नहीं, तुम्हारी ताड़ी बोल रही है।

(झूमर नक्छेद को चुप कराते हुए)

झूमर : मुझे बालम अब्बू से एक बात पूछनी है।

बालम : सब पर ताड़ी चढ़ चुकी है, फिर पूछ लेना।

झूमर : नहीं यहाँ सबके सामने।

(सभी नशे में होश खो चुके हैं।)

(हिचकी लेते हुए)

बालम अब्बू आप झूमरपुर की रियासत क्यों गये थे?

बालम : नक्छेद मैंने तुझे तमन्ना की क़सम दी थी, किसी को बताना मत लेकिन तुम तो...।

नक्छेद : आपने ख़ुद कभी बताया हो तो बताया हो, मैंने आज तक झूमर को नहीं बताया। हाँ इतना ज़रूर है मैं किसी को बता रहा था तब झूमर ने कान लगाकर सुन लिया हो। मैं कह नहीं सकता।

बालम : तो आज मैं बताये ही देता हूँ। नवाब झूमर-I कई रिश्तों के मेरे साले निकले।

मायसा : क्या नवाब झूमर-I से सच में मिलें?

बालम : मिलने ही गया था, वहाँ दुनिया का सबसे बड़ा झूमर देखकर उतनी हैरत नहीं हुई, जितनी वहाँ लगी ख़ूबसूरत तख़्ती टँगी देख। जिस पर लिखा था, ''विरासत के लिए

आये फ़र्ज़ी दावेदार चन्द नामों के बीच लिखा था नवाब झूमर-II और उसका रहजन साथी रज्जब।"।

पता चला कि नवाब झूमर-I ने धक्के मारकर दोनों को बाहर फिंकवा दिया था। नवाब साहब के बताने पर तब हैरत हुई कि उन्हें काज-बटन की शेरवानी का शौक़ नहीं। उस दिन भी शेरवानी में टिच बटन लगाये थे।

(रज्जब, झूमर और नक्छेद बालम को मारने के लिए घेरते हैं। तमन्ना, मायसा बालम का बचाव करती हैं। दृश्य के अन्त में ज़मीन पर पड़े हैं।)

दृश्य आठ

तमन्ना : *(नवाब बालम को ज़ोर से झकझोरती हुई)*

आप घोड़े बेचकर सो रहे हैं बाहर शहर कोतवाल शाही फ़रमान लिए मूँछों पर ताव देकर रिवॉल्वर लिए टहल रहे हैं।

बालम : *(हकलाते हुए)*

क्या अर्ज़ किया है आपने? शहर कोतवाल? इतनी सुबह? अच्छा मैं समझा, इस कम्बख़्त को निहार मुँह ताड़ी का शौक़ खींच लाया है। कह दो मदहोश बाग़ में जाकर अपनी प्यास बुझा लें।

तमन्ना : अरे वो शाही फ़रमान लेकर आये हैं। नक्छेद देखो, बालम बुला रहे हैं।

(नक्छेद का प्रवेश)

नक्छेद : आदाब! जी हुजूर!

बालम : जी हुजूर के बच्चे, तू इस दिन के लिए बेगम के साथ कोठी मदहोश आया था। आज तूने कोठी मदहोश की कुर्की शाही ख़ज़ाने में करवा ही दी।

नक्छेद : कैसी बातें कर रहे हैं आप बालम नवाब? अब मैं नमकहराम हो गया!

तमन्ना : ज़रा तसल्ली और प्यार से पूछिये।

बालम : अच्छा तो सच बता तुझे तमन्ना की क़सम।

नक्छेद : मुझे इलज़ाम न दें, जब कि आपकी दोनों आस्तीन में साँप हैं।

बालम : *(हँसते हुए)* मेरी आस्तीन में साँप, ले देख कहाँ है साँप!

नक्छेद : इतना ज़हीन नहीं हूँ कि कमअक्ल से बहस कर सकूँ।

बालम : आज सारे राज़ खुल ही जायेंगे। कोठी मदहोश पर वो आफत है। समझ नहीं आ रहा किसे तलब करूँ।

तमन्ना : हम मुसीबत में हैं ज़हीन रज्जब मियाँ कहाँ हो?

(रज्जब का प्रवेश)

रज्जब : क्या हुआ! आप लोग कोतवाल-कोतवाल क्यों कर रहे हैं?

तमन्ना : रज्जब मियाँ आप में बात बनाने का जो फन है जाओ जाकर कोतवाल से...।

बालम : पूछ लो बैरंग जाने का क्या लेगा?

(कोतवाल कभी रिवॉल्वर पर हाथ रख रहा है तो कभी मूँछों पर ताव दे रहा है। रज्जब की कोठी की चौखट पर कोतवाल से मुलाक़ात)

रज्जब : आदाब कोतवाल साहब आदाब! आपने ख़ामख़्वाह जहमत उठायी, कहलाया होता तो मैं ताड़ी भिजवा देता।

कोतवाल : इतनी आवाज़ों के बाद इस शाही कोतवाल को कोई पूछने नहीं आया।

रज्जब : यहीं रुकिये हुजूर, बात ये नहीं है। सुबह की ताड़ी के बाद सब मदहोश रहते हैं। अब बदहवासी में कौन सुनता है!

कोतवाल : शाह-ए-अवध का ये ओहदेदार भी बचपन से ताड़ी का शौक़ रखता है। बस कभी निहार मुँह नहीं पी।

बालम : तो कोतवाल साहब आज ही शौक़ पूरा कर लें।

रज्जब : ख़ैर! लगता है हज़रत कहीं दबिश को निकले हैं।

(ताड़ी पीते हुए)

कोतवाल : भई ये शाही फ़रमान है, नवाब झूमर के नाम। उन्हें भेज दें तो लिफ़ाफ़ा देकर अँगूठा लगवा लूँ।

(झूमर और मायसा का कक्ष में प्रवेश)

रज्जब : लाल कचहरी से शाह-ए-अवध का फ़ैसला आपके नाम आ ही गया।

बालम : बेहया रज्जब तूने मुझसे झूठा वायदा क्यों किया?

(ज़ोर से मुँह पर झापड़ मारता है।)

ये कहता था कि लाल कचहरी से फ़ैसला कभी आता ही नहीं।

तमन्ना : तूने ये झूठा वादा कैसे किया था, क्या तू क़ाजी है?

(बालम बन्दूक़ उठाते हुए)

बालम : इस फ़ैसले के बाद जब आप हज़रत झूमर नवाब नहीं रहे तो हमारे घर दामाद कैसे रहेंगे। जब घर दामाद नहीं रहे तो ज़िन्दा कौन छोड़ देगा?

झूमर : आप बालम अब्बू मुझे औलाद की नज़र से देखते हैं।

बालम : पहले औलाद को देखा, अब फौलाद देखो।

(तेज़ कदमों से चलकर मायसा नवाब झूमर के सीने में तनी बन्दूक़ ऊपर कर देती है और धमाका हो जाता है।)

मायसा : बालम अब्बू, मैं जीते-जी भले ही मर जाऊँ लेकिन किसी की मजाल नहीं जो झूमर को कोई रत्ती भर नुक़सान पहुँचाये।

झूमर : आज तुमने मेरी जान बचाई है, अब मैं झूमर रहूँ या नवाब, मुझे कोई फ़र्क़ नहीं पड़ता मायसा। बेहतर तो ये होता कि कोतवाल साहब से फ़रमान लेकर कम से कम उस फ़ैसले को पढ़ लें। ताड़ी के नशे में बिना फ़रमान पढ़े

घमासान मची है।

बालम : अरे हुजूर आप तशरीफ़ लाइये, आपके साथ शाह-ए-अवध की ख़ुशबू भी आ जाती है।

कोतवाल : नवाब साहब, नवाब झूमर-II बनाम नवाब झूमर-I के मुक़दमे में जो फ़ैसला हुआ है नवाब झूमर-II अंगूठा लगा दें तो मैं ये शाही फ़रमान उन्हें दे दूँ।

झूमर : मैं दस्तख़त करता हूँ।

(दस्तख़त करता हुआ)

(झूमर लिफ़ाफ़ा नवाब बालम की तरफ़ बढ़ाते हुए। बालम लिफ़ाफ़ा नक्छेद को देकर पढ़ने का इशारा करते हैं।)

(नक्छेद लिफाफा खोलकर शाही फ़रमान गला ठीक कर पढ़ना शुरू कर देते हैं।)

नक्छेद : ''जनाब नवाब बालम साहब''

(नवाब बालम चौड़े होकर मुस्कराते हुए)

मैं शाह-ए-अवध बादशाह हैदर अली जिसने कोठी मदहोश के कई वाक़्यात सुने जो माशाअल्लाह पूरे लखनऊ में मशहूर हैं। पर ये बदनसीब अपनी मशरूफ़ियत की वजह से कोठी मदहोश आकर मदहोश बाग़ की ताड़ी का लुत्फ़ नहीं उठा सका।

हाँ एक रोज़ मैं शाही लश्कर पर छोटे इमामबाड़े के चिराग़ों को रोशन करता हुआ मलिहाबाद डाल की पकी दशहरी का लुत्फ़ उठाने के लिए मलिहाबाद जा रहा था, तभी ऊँट सवार ऊँचे ख़ान ने कहा कि नवाब बालम और तमन्ना बेगम मूसा बाग़ में अभी-अभी दाख़िल हुए हैं।

बस यूँ मुझे आपसे मिलने की तलब हो गयी।

सो मैंने अपना शाही लश्कर ही मूसा बाग़ में मुड़वा दिया।

वहाँ मैं शाही हाथी से उतरकर आपकी तरफ़ बढ़ा, आप दोनों हाथ में हाथ डाले ऐसे चले जा रहे थे मानो मूसा बाग़ न हुआ, जन्नत बाग़ हो। लेकिन वो तो तमन्ना बेगम के मायके का मुँह लगा नक्छेद...।

बालम : अरे चल झूठे, कहाँ मेरी तमन्ना कहाँ तू? बेगम के पैर की जूती भी नहीं। ये कोई झूठा मजमून है।

नक्छेद : दिल की बात आज ज़ुबां पर आ ही गयी। मैं भी तो आप सबकी तरह अँगूठा छाप हूँ।

झूमर : *(नक्छेद से रुक्का लेते हुए)*

इधर लाओ मैं पढ़ता हूँ। मेरी गुमशुदा वाल्दा ने मुझे उर्दू-फ़ारसी की तरबियत दी थी।

मायसा : अब ठीक है, नवाब झूमर अपनी ज़िन्दगी का फ़ैसला ख़ुद पढ़ें।

झूमर : *(शाही फ़रमान को फैलाते हुए)*

अवध की ये शाही अदालत मुक़दमा नवाब झूमर-II बनाम नवाब झूमर-I का बतौर विरासत हक़ पाने के लिए शाह-ए-अवध के सामने पेश हुआ।

कचहरी फ़ैज़ाबाद इस मुक़दमे को बिला सबूत नवाब झूमर-I के हक़ में ख़ारिज कर चुकी है। पिछले 12 बरसों से लखनऊ की लाल कचहरी इस विरासत के मुक़दमे का फ़ैसला करने के लिए 370 गवाह तलब कर चुकी है।

नवाब झूमर-I का दावा है कि उनकी मरहूम बीवी से उनकी कोई औलाद न थी। जबकि नवाब झूमर-II का दावा है कि वो नवाब झूमर-I का इकलौता वारिस है।

एक दिन अवध के मशहूर शाही हकीम एहसन मियाँ छतर मंज़िल वाले से मैंने इस मुक़दमे पर मशविरा किया, उन्होंने कहा कि उन दोनों का कारूरा जाँच को मिल जाये

तो मैं एक तहक़ीक़ करना चाहता हूँ तब ही विरासत के इस मुक़दमे को शाह-ए-अवध अंजाम दे पायेंगे। वैसे भी छतर मंज़िल के हकीम सालों बाद फ़ैसला दे पाते हैं।

अभी चन्द रोज़ पहले छतर मंज़िल से शाही हकीम एहसन मियाँ शाही दरबार आये। उन्होंने कहा कि जनाब नवाब झूमर-I ही नवाब झूमर-II के वालिद हैं। ये लड़का उनका इकलौता वारिस है। मैंने वजह पूछी तो शाही हकीम ने बताया कि छतर मंज़िल में हकीमों ने तहक़ीक़ मेरा मतलब है कि एक ईजाद की है जिसमें नवाब झूमर-I और नवाब झूमर-II का कारूरा मिलान कर गया है। ये मेरी तहक़ीक़ के दस्तावेज़ हैं।

इस तरह 12 सालों की मशक़्क़त के बाद शाह-ए-अवध ने तय पाया कि नवाब झूमर-II ही नवाब झूमर-I के असली वारिस हैं और सारी जायदाद के हक़दार।

ये सनद लिख दी गयी, ताकि वक़्त-ज़रूरत पर काम आवे।

मुकाम-लखनऊ अँगूठा शाह-ए-अवध

(सब झूमर को गले लगाकर मुबारकबाद देते हैं। नवाब झूमर के आँसुओं को पोंछती हुई मायसा)

बालम : मुबारक हो, आज साबित भी हो गया है आप ही हमारे घर दामाद झूमर-II हैं। बरख़ुरदार ये बूढ़ा शिकारी बस एक अदद नसीहत दे सकता है–"बेगम के इशारे में छुपा हुक्म" याद रखना।

मायसा : तुम ही हो मेरे नवाब झूमर-II!

झूमर : एक बार कारूरा मँगवाया 12 साल लग गये, कहते तो कारूरा हर सुबह दे सकता था। चलो मदहोश बाग़ चलें आज फिर ताड़ी से जश्न मनायें।

□□